豊見山和行著

琉球王国の外交と王権

吉川弘文館

目次

II　琉球王国と幕藩制国家

序――本書の課題と構成――

1

民族と国家――琉球・沖縄史研究[1]において、この問題は一九〇〇年代初頭の沖縄学[2]の立ち上げ以来、その現れ方に強弱はあるものの、現在においてもなお軽視することのできない課題のひとつである。本書は、右の課題を全面的に明らかにすることを目的にするものではない[3]。ただ、右の課題のうち国家について、より限定していえば、「琉球処分」（一八七九年）以前に存在した琉球王国のあり方を主に政治外交史の視座から問い直すことによって、右の課題に対するひとつのアプローチを試みることにある。

琉球・沖縄史研究は第二次大戦後に本格的に行われるようになるが、その研究史を前近代史に焦点を絞り、いかなる論点が提示されていたかをまず概観してみたい。一九六〇年代から日本復帰（日本への施政権返還）前後の時期は、大づかみに見ると主に米軍占領下の沖縄という現実を受け止め、近代沖縄の起点としての琉球処分研究、あるいはそれに後続する沖縄近現代史の分野に多くの関心が集まっていた[4]。一九七二年の日本復帰以後には、近現代史への継続的な研究と同時に、これまで手薄であった前近代史研究[5]が大きく進展するようになる。その前近代史＝琉球王国史研究の流れを、便宜的に㈠国内史研究の領域と㈡対外史研究の領域に大別して概観すると次のようになる。

まず、(一)国内史研究の主要な論著には、日本復帰を挟むほぼ一〇年間の成果を取りまとめた渡口真清『近世の琉球』(法政大学出版局、一九七五年)が、近世琉球史論の先駆けをなすといえよう。渡口氏は、琉球の石高制、薩摩藩への年貢(仕上世)の問題等を検討し、幕藩制の原理が琉球国にも表れているとして、近世琉球は「今や地方史として捉えなおし、書き改める」(四八一頁)必要があると主張した。渡口氏は、①幕藩制との関わりにおいて、特に石高制の問題をクローズアップし、さらに②琉球固有の位階称号や官人の昇進システムへ着目するなど先駆的な分析を行った。ただ、その論理展開や史料分析は極めて晦渋・難解というだけでなく、様々な面に「近世封建制の精神がこもっている」(同頁)と日本近世の封建制との表面的類似性によって琉球近世史を総括し、琉球固有の問題を提起しながら、それらを近世日本史との共通性に流し込んだ点に最大の難点があったといえよう。

その後、高良倉吉『沖縄歴史論序説』(三一書房、一九八〇年)は、古琉球から近代沖縄までを包括した論文集を著し、後の辞令書研究へとつながる「古琉球辞令書」論や近世の先島研究を展開した。そして、当該期の琉球・沖縄史研究の活性化に最も大きく寄与したのが安良城盛昭『新・沖縄史論』(沖縄タイムス社、一九八〇年)である。安良城氏は、旧来の琉球処分研究に対する批判的検討とともに、明治政府による沖縄の位置づけをめぐる「旧慣温存期」論争[6]、そして前近代における共同体土地所有の起源をめぐる地割制論、対中国貿易の構造的把握とその特質を論じた進貢貿易論、人頭税制論の全面的見直しなど、多岐にわたる論争を激しく展開した。

ここでは個々の争点ではなく、安良城氏によって提示された琉球・沖縄史に関する全体的見取り図を問題にしたい。すなわち、氏は琉球・沖縄史の「歴史的特質として、日本社会の外にあって、一四世紀末には、独立の琉球王国という階級国家を成立せしめ、島津の琉球征服・明治維新期の〈琉球処分〉の二段階を通じて日本社会のうちに包摂されたが、第二次大戦の沖縄戦によって本土より切りはなされて米軍支配下におかれ、沖縄住民の苦難にみちた闘争によって沖縄住民が主体的に選択した、という歴史的特質(7)を有すると概括した。

この見解を支持・敷衍したのが、高良倉吉氏である。高良氏は、琉球・沖縄を全体史として把握しようとする志向性を強く打ち出すと同時に、特に古琉球国家（＝薩摩藩の征服以前の琉球）の持つ歴史的意義を強調した。すなわち、古琉球国家の成立・展開によって、その後の近世・近現代の琉球・沖縄史は大きく規定されたという主張がそれである(8)。ほぼ同時に高良氏は、前述の琉球・沖縄史の全体像に関わる論考だけでなく、ユタ問題、墓と位牌、海運史、人口問題等、近世史の諸論点をとりまとめた論文集『琉球王国史の課題』（ひるぎ社、一九八九年）を刊行し、新たな視点から近世琉球像を追究した。上記の「安良城・高良シェーマ」による琉球・沖縄史の捉え方は、八〇年代以後の研究に大きな影響を与えたという意味では、琉球・沖縄史研究における一種のパラダイムの転換と位置づけることも可能であろう。

ほぼ同時期に、田名真之氏は約一三年ほどの成果を『沖縄近世史の諸相』（ひるぎ社、一九九二年）として取りまとめている。田名氏は、琉球家譜を網羅的に分析することによって、旧来史料価値において一段低いものとしてほとんど注目されなかった家譜の有効性と限界性を明らかにした。氏は多様な論点を提示しているが、それらを要約すると①近世琉球における身分制の特質を解明したこと（家譜の有無による系持＝士族身分、無系＝百姓身分という截然とした区分）、②美里間切を事例とした近世地頭制の特質を鮮明にしたこと、さらに③真境名安興・東恩納寛惇レベルで止まっていた琉球史書（『中山世鑑』『中山世譜』『球陽』）の新たな書誌学的研究を行ったことなどである。高良・田名両氏の論考は、墓制や人口問題等で一部重なるが、分析対象は大きく異なる。しかしながら、両氏には琉球王国固有の内部構造への視角という共通点が見られる。単純に近世日本との共通性を指摘した渡口段階を乗り越え、近世琉球史固有の特質を析出しようとする視角と方法が自覚的に行われるようになった。その点に、一九八〇年代から九〇年代初頭にかけて

の琉球国内史研究の特徴が見られるといえよう。(9)

2

次に、(二)対外史研究の流れは、琉球・薩摩（幕府）関係史と琉球・明清関係史に大別することができる。まず、前者の対薩摩・幕府関係史研究の主要な成果には、江戸幕府との関係を全体的に論究した宮城栄昌『琉球使者の江戸上り』（第一書房、一九八二年）があげられる。また、江戸への琉球使節や「琉球物刊本」等から琉球認識を書誌学的あるいは文化史的手法で分析した横山學『琉球国使節渡来の研究』（吉川弘文館、一九八七年）の労作がある。ただ、宮城・横山両氏の著書は、文化史的視点からのアプローチにおいては旧来の漠然とした琉球使節像を一新するものであったが、幕府外交ないし薩摩藩による琉球使節の位置づけ等の問題は十分に論究されなかった。

琉球・薩摩関係を幕藩制市場との関連性から構造的に貿易史を分析したのが、上原兼善『鎖国と藩貿易—薩摩藩の琉球密貿易—』（八重岳書房、一九八一年）である。右著は、一般書のスタイルを採ったため典拠史料が省略される等、若干の難点はあるが、琉球の対明清貿易（朝貢貿易）を幕藩制市場と有機的に、かつ近世初頭から幕末に及ぶ時代を一貫した論理でトータルに叙述しており、一九七〇年代から八〇年代初頭の研究水準を示す成果として位置づけられる。

政治史の分野においては、八〇年代の幕藩制国家論の論議の中から、琉球支配の論理を東アジアの変動から追究する成果が著された。紙屋敦之『幕藩制国家の琉球支配』（校倉書房、一九九〇年）がそれである。氏は、①島津氏の琉球侵攻原因を同氏の内部（権力）矛盾から解き明かし、②幕藩制国家へ及ぼした「韃靼」の脅威論を「日琉関係の隠蔽化策」と関連させ、旧来明代から開始されていたとされる「日琉関係の隠蔽化策」は、明清交替後の清朝への脅威から始まったこと、日本・清朝の緩衝地としての「吐噶喇」（トカラ）の役割、等々を明らかにした。これまで、琉球・薩摩関係の枠組み内で認識されていた問題を幕藩制国家レベル、あるいは東アジアの視点から見直す方法を提示し具体的に分析した点に、紙屋氏の特徴が現れている。(10) この徹底した幕藩制国家による上からの支配の論理を重視した分析によって深められた論点が多々あったことは間違いない。しかし、その一方で、他の側面である支配を受ける琉球側の論理がほとんどすくい上げられていないという問題点を残している。

このような支配を受ける琉球側の論理や対抗策をほとんど視野の外に置いた分析方法は、紙屋氏に特有のものではない。約二五年間の諸論考を一書とした喜舎場一隆『近世薩琉関係史の研究』（国書刊行会、一九九三年）もまた、主に琉球を支配する側＝薩摩藩の統治策に分析の力点が置かれている。右著は、薩摩征服以前における琉球・薩摩間の外交の実態＝交隣関係の解明、「薩琉間の交通形態」における楷船・馬艦船等の海上交通史に関する先駆的研究成果が見られる一方、前述の紙屋氏による島津氏の琉球侵攻論、「日琉関係の隠蔽」論など、総じて一九八〇年代以後の新たな研究成果が全く反映されていないという問題点が見られる。

八〇年代以後、近年にかけての研究は、新たな貿易・流通論、豊臣政権と琉球の関係、琉球王国を包摂した幕府外交・儀礼論、キリシタン禁令論、海外情報論等の多様な切り口から着実に分析が深められつつある。その牽引車的役割を果たしているのが、上記の紙屋氏に加え上原兼善・梅木哲人・仲地哲夫・真栄平房昭等の各氏といえよう。(11) それらの研究の特徴は、アジア史の中で琉球・薩摩・幕府の三者関係を多角的に分析する方法を共有すると同時に、実証面での確実な深化が見られる点にある。(12)

近年、上原兼善氏は紙屋氏の分析方法を承けて、一五八〇年代の豊臣政権期から一六三〇年代のいわゆる「鎖国」

（海禁）体制にいたる時期に限定した『幕藩制形成期の琉球支配』（吉川弘文館、二〇〇一年）を上梓した。右著は、当該期の主に幕藩制国家による琉球支配の形成過程を詳細に跡づけた点では研究の大きな前進であるが、かつて氏が追究した薩摩藩島津氏と琉球尚氏政権の権力矛盾や対抗関係、そして琉球側の主体的動向を重視した方法論は、大きく後退しているように思われる。

3

琉球の対中国（明清）関係史研究の潮流は、前述のアジア史への関心の深まりと結びつきながら具体的な成果が相次ぐようになった。その先駆的な著書は、島尻勝太郎『近世沖縄の社会と宗教』（三一書房、一九八〇年）であろう。島尻氏は、主に琉球へ派遣された冊封使の「冊封使録」（使琉球録）を分析することで、琉球と明清両朝の関係を分析する方法を提示した。その後、対中国関係の基本史料である『歴代宝案』を活用した宮田俊彦氏は、『琉球・清国交易史―二集『歴代宝案』の研究』（第一書房、一九八四年）、および『琉明・琉清交渉史の研究』（文献出版、一九九六年）を著した。しかし、氏の分析は、もっぱら『歴代宝案』に依拠した貿易史論、および琉明・琉清交渉史論となっており、その史料的制約や特に近世における薩摩側の動向は視野の外に置かれるなど、前述の上原・真栄平各氏の研究成果と全く交わることのない論議に終始している。幕藩制貿易史研究との有機的関連性を欠如させた研究といえよう。

以上のいわば二国間関係史としての琉球・中国関係史論からしだいに冊封・朝貢関係（体制）論を媒介とした分析にシフトしたのが一九八〇年代の特徴である。冊封体制論は、周知のように西嶋定生氏によって一九六〇年代に提唱され、『中国古代国家と東アジア世界』（東京大学出版会、一九八三年）、『日本歴史の国際環境』（東京大学出版会、一九八五年）

等として取りまとめられた。西嶋氏の冊封体制論への賛否はさまざまであるが、冊封体制をアジア世界を律する固定的構造あるいはアプリオリにそれを前提とした東アジア世界論の克服はほぼ共通の認識になっており、その新たな見直しはすでに始まっている[13]。冊封体制論の内実を豊かにする一つの分析方法として、冊封関係を取り結んだ各国の具体的な歴史展開を詳細に解明する必要があるように思われる。

その意味において、明初の一四世紀後半から清末の一九世紀末におよぶ約五〇〇年間にわたって維持された琉球・中国間における冊封・朝貢関係研究が必要となるが、その本格的研究は、ようやく八〇年代から開始されるようになった。それ以前の琉球史における対中国関係は、一言でいえば冊封＝形式として軽視する論調が通説的位置を占めていた。その代表格が、東恩納寛惇氏の見解である。東恩納氏は、①朝貢関係は、大国にとっては実を捨てて名を取るものに対し、小国にとっては名を捨てて実を取る行為であり、②冊封は名義のみの意味を持つだけで、冊封によって国王の効力が発生することはない、③琉球国内での即位後、「短いもので三年、長くて二十年、平均八年」後に冊封を受けていること、④冊封を受けずに死去した事例（尚純、尚益）があるが、その無効を中国側から「意図表示」されたことはなかったこと、等から「冊封進貢は経済上の欺瞞行為なり」として経済活動の一手段に過ぎないと主張した[14]。近年においても東恩納説とほぼ同様の見解も見られる[15]が、現代の歴史学の水準に立ち、日本史を含む東アジア史論の成果を吸収した東恩納説の批判的検討が必要とされよう。

この徹底した冊封軽視論への批判的検討は本論において具体的に展開するが、ここでは上記について簡単に言及するに止めたい。①は複雑かつ巨大な歴史的特性を持つ中国の対外関係史を名分論で一元的に捉えることに問題があること、②は中国の皇帝権威をどのように琉球が認識していたかを具体的に検討した結果ではないこと、③は逆に、二〇年経過しても冊封に琉球側が固執していたことを示していること、④は冊封されずに死去した国王の処遇（祭祀をめぐる検討を欠いていることの問題性がある。以上のことは、換言すれば琉球王権にとって、冊封関係ないし皇帝権威はいかなる役割を果たしていたかという論点につながる課題である。

前述のように八〇年代以後、中国史を発信源とした冊封体制論の導入が琉球史研究においても行われるようになる。その先駆をなすのが、薩摩藩の直轄下に置かれた近世奄美地域と琉球国の関係を冊封体制論の視点から分析した金城正篤氏の研究である[16]。この後、琉球史の展開と冊封体制論の諸論点を吟味することで、近代初頭における琉球処分の位置づけを再検討した西里喜行氏の包括的な論文が著された[17]。それらに続いて、筆者の冊封関係上の琉球国王位論[18]や真栄平房昭氏による冊封儀礼論[19]、および一九六八年に英文で発表された陳大端氏の論文の紹介[20]、孫薇氏による中国内外を一つの有機体と位置づける視点からの冊封論の研究[21]が登場するようになる。

そして、一九八六年以後の琉球・中国関係史研究は大きな飛躍を迎える。琉球・中国関係史を機軸とした国際学術会議が二年に一度、台湾・那覇・福建・北京で開催されるようになり[22]、またそれと平行して九二年からは、沖縄県教育委員会と中国第一歴史檔案館によって二年毎に交互に、前近代に限定された「琉球・中国交渉史に関するシンポジウム」が行われ、現在にいたっているからである[23]。現在ではかつての琉球・中国関係にほぼ限定されていた領域から、東アジア・東南アジア海域史研究へと広がりを見せ、国内外の研究者[24]や若手による研究成果[25]が質・量ともに拡大して蓄積されつつあるといえよう。

4

以上の研究状況を念頭に置いて、次に沖縄学以来の近世琉球王国論がどのように展開してきたかを大づかみに示し、本書の課題を明らかにしたい。本書の主たる対象時期は、琉球における近世の時代（一六〇九年から一八七九年まで）であるが、テーマによってはそれ以前（古琉球）にさかのぼることもある。

一六〇九年の薩摩藩島津氏による琉球征服から明治政府による一八七九年の「琉球処分」（＝琉球王国の最終的解体）までの琉球王国をいかなる特質を有する「国」ないし「存在」として位置づけるかという問題は、沖縄学の草創期からのテーマのひとつであった。伊波普猷氏は、近世の琉球王国は薩摩藩の支配によって主体性を喪失し、薩摩藩によって操られた対中国貿易のための「機関」として位置づけていた。[26] 同時期の研究者で実証主義を信条とした東恩納寛惇氏も伊波氏と共通の認識（＝薩摩藩の傀儡王国）であった。[27]

戦後の研究において、近世の王国形態への論議は、まず近代史研究の側から問題にされた。琉球処分評価の前提となる琉球王国の性格が、焦点のひとつになったからである。井上清氏は当初、近世琉球を「独立王国」と位置づけていたが、論争の過程で修正を加え、「独自の国家的存在」＝「独自の国」説を主張した。[28] それに対して下村冨士男氏は、近代国際法概念等を用いて、琉球は日本の一部とする「幕藩体制下の一藩主の封土」説によって井上説を批判した。[29] 井上説が、琉球処分の性格を明治政府による「侵略」と規定したため、論争の焦点が侵略か否かという問題となり、さらに論争時の歴史的現実＝占領下の沖縄における大衆運動（＝復帰運動）との結びつきを強く意識した見解、すなわち新里恵二氏による「民族統一」の性格規定をめぐる論議[30]へと争点がスライドしていった。そのため近世の琉球王国問題は、それ以上深められることはなかった。右に見るように、これらの見解は直接的には琉球処分の歴史的評価をめぐる論争の中で提起されていたこともあって、いわば近代史研究に従属した王国評価という限界を帯びざるをえなかったといえよう。

右の論争以後、琉球王国そのものを近世史の歴史展開から位置づけようとしたのが菊山正明氏である。[31] 菊山氏は琉球王国の裁判権、島津氏へ発給した領知判物の記載形式、軍役の非賦課の問題などの分析をもとに「琉球王国は薩摩藩支配を受けながらも、一《（ママ）》の国家として存在」したとして琉球王国の独自性を強調した。その分析は一定の説得力を持つものであったが、薩摩藩の「領分」としての側面が軽視される結果になった。以上の研究状況を踏まえ、その克服を目指して提起されたのが、田港朝昭氏による薩摩藩支配の排他独占支配と琉球の異国的形態の存続を統一的に理解しようとする見解である(32)。この見解は、安良城盛昭氏によって薩摩藩の「領分」でありながら「異国」でもあるとして整理され(33)、現在は高良倉吉氏による「幕藩体制の中の異国」=琉球として位置づけられている(34)。

しかしながら、この「幕藩体制の中の異国」=琉球論は、端的にいえば幕府・薩摩藩による琉球王国の位置づけにすぎない。換言すれば、幕藩制国家に「異国」のまま包摂された状況を説明するものではあっても、ではその琉球王国の「異国」性の根元は何かという論点は十分に追究されてはいない。この概念規定には、琉球の国際関係上の位置づけ=中国との冊封・朝貢関係が決定的に欠落しているといえよう。旧来の近世琉球王国論は基本的に、対中国関係(冊封・朝貢関係)軽視論が主流となっていることは前述した通りである。例えば、対中国関係と対日本関係を総括的に要約した安良城氏は、「日支両属論」の説明において、「島津氏の実質的支配と、形式的な冊封=朝貢関係以外に現実的な支配=隷属関係は一切存在しなかった中国との関係(35)」と位置づけていることからも明白である。安良城氏においても冊封・朝貢=形式、薩摩支配=実質という東恩納説以来の二分法による琉球王国論の認識枠組みから自由にはなっていない。しかしながら、この認識は冊封・朝貢関係を詳細に分析した結果によるものではなく、一種の見通しによるものであり、実証に裏付けられた認識が当然のこととして必要とされよう。

以上のことから、本書の課題は基本的に少なくとも三つある。第一の課題は、対中国関係=冊封・朝貢関係軽視論を実証的に批判・克服することにある。第二の課題は、冊封・朝貢関係を有する琉球王国の対中国外交、さらに対日本外交が歴史具体的にどのように展開したか、という点を政治外交史の視点から分析することにある。そして、第三の課題は、旧来の幕藩制国家による支配の論理を解明することに力点が置かれた方法から、琉球側の歴史「主体性」に機軸を置いた分析[36]へと視座を移して考察することにある。

これまでの「幕藩体制の中の異国」論や「日中両属」論を克服するひとつの視点として、本書では二重朝貢というシステムに着目する。すなわち、中国（明清）への朝貢と日本（幕藩制国家）への朝貢という二重朝貢システム[37]を取る琉球王国という視点である。薩摩藩への従属度が中国に比較してより強いという意味で、近世の琉球王国を「従属的二重朝貢国家」として措定し、考察を行うものである。換言すれば前近代における国家の一類型として近世琉球王国を位置づけ[38]、そのことによって、琉球王国の独自の政治外交の特質、さらに琉球王権の特質へアプローチすることが可能になるものと思われる。

最後に、本書の全体構成を以下に示したい。本書は全体をⅠ「琉球王国と中華帝国」、Ⅱ「琉球王国と幕藩制国家」、Ⅲ「琉球王権と対外関係」の三部構成とした。対中国関係（Ⅰ）、対薩摩・幕府関係（Ⅱ）、そして両者を統合した琉球王権論（Ⅲ）に区分して考察したものである。ただし、事象によっては対中国関係と対薩摩・幕府関係を截然と区別することが困難な場合がある。というよりも、むしろ対中・対日関係が密接に関連した問題が数多く発生していたため、上記の区分は厳密なものではなく、対中・対日関係のいずれかに比重・力点が置かれているという点で便宜的に区分したものである。

Ⅰ「琉球王国と中華帝国」は、主に琉球と中国との関係＝冊封関係を機軸に検討した。第一章では、明初から薩摩藩征服以前の古琉球期において、中国との冊封関係を琉球王国がどのように内在化していったかという問題意識から、中国冠服の受容過程および琉球王権のレガリア（象徴物）の問題を論じた。第二章では、薩摩藩支配下にありながら冊封関係が琉球王国の政治外交史の展開にどのように現出していたかを琉球の内政史を視野に納めてやや包括的に分析した。第三章では、近世中期に発生した朝貢の一回（一貢）免除問題から琉球の朝貢意識について論及した。以上、Ⅰでは、琉球王国の対中国関係＝冊封・朝貢関係の維持・継続が、旧来説かれているように形式的な問題として片づけられる問題かどうかを検討した。換言すれば、冊封・朝貢関係によって引き起こされ、薩摩藩・幕府を巻き込んだ政治問題が冊封・朝貢の論理とどのように密接に関連していたかを分析したものである。

Ⅱ「琉球王国と幕藩制国家」は、幕藩制国家に強制的に組み込まれた琉球王国が幕府を含め、特に対薩摩関係においてどのような政治外交を展開していたかという視点からアプローチした。第一章では、江戸幕府外交の中での琉球の位置づけについて、尚寧王一行を接遇する使節派遣時の問題、初回の江戸上り時における薩摩側の問題、そして江戸幕府と琉球との外交関係を幕府老中・中山王間の書簡＝外交文書から検討し、琉球王国が大君外交の一環に措定されていたことを検討した。第二章では、薩摩藩の征服後における尚寧政権の対薩摩外交を取り上げ、尚寧政権が薩摩・幕府の期待する日明勘合斡旋を拒否していたことを検討した。第三章では、薩摩藩による琉球支配の実態について、琉球側裁判権への介入のあり方を具体的に分析し、その介入においても最終的には琉球側に刑罰執行権が保持されており、法的構造において琉球王国は、薩摩藩の下部機関ではないことを考察した。第四章では、主に近世中期に発生した薩摩藩による年貢増徴要求と海上交通上の紛争を取り上げ、その政治折衝における外交論理と琉球側の政治主体性を問題とした。要するにⅡは、圧倒的薩摩支配における隷属的状況下の琉球王国という旧来の一面的な琉球・薩摩関係史を批判的かつ動態的に捉えることを主眼に置いて論及した部分である。

そして、Ⅲ「琉球王権と対外関係」は、以上のⅠ・Ⅱを承けて近世の琉球王権がどのような特質を持ち、それが政治外交とどのように関連していたかを検討した。第一章では祭天儀礼と宗廟（王廟）祭祀を分析した。琉球土着の祭天儀礼は一八世紀初頭に北京遙拝（中国皇帝）儀礼と融合して変容したこと、またほぼ同時期に宗廟祭祀体系が琉球固有の形態から中国的祭祀に再編されたことなどから、一八世紀以後、琉球王国は中国への指向性を強めることを検討した。第二章では、対中国外交と対薩摩外交のあり方を総括的に朝貢システムの視点から取り上げ、薩摩藩への年貢や中城王子（次期国王）の服属儀礼の実態、そして中国への朝貢品問題、琉球国内における貢納制の分析によって多重構造としての「従属的二重朝貢」を考察した。このⅢでは、特に対外関係（特に対中国関係）を国内支配とリンクさせて考察することによって近世琉球王権の特質を解明することに主眼を置いた。

以上の考察は、琉球王国の歴史「主体性」の質を問い直すことにつながり、旧来の曖昧な「日中両属」論や近世日本国家の枠内における位置づけに力点をおいた「幕藩体制の中の異国」論を批判的に検証し、止揚することを大きな目的としたものである。

註

（1）本書では、基本的に一八七九年（明治一二）の琉球処分を前後として、琉球・沖縄の用語を区別する。すなわち、琉球王国の解体以前を琉球、沖縄県設置以後を沖縄として使用する。

（2）伊波普猷、真境名安興、東恩納寛惇各氏の研究を念頭に置いている。彼らの研究成果は『伊波普猷全集』（全一一巻、平凡社、一九七四〜七六年）、『東恩納寛惇全集』（全一〇巻、第一書房、一九七八年〜八二年）、『真境名安興全集』（全四巻、琉球新報社、一九九三年）としてまとめられている。

（3）琉球・沖縄史における「民族」問題については、拙編『日本の時代史18　琉球・沖縄史の世界』（吉川弘文館、二〇〇三年）において略述した。

（4）沖縄歴史研究会編『近代沖縄の歴史と民衆』（至言社、初版一九七〇年、増補改訂版一九七七年）、新川明『異族と天皇の国家―沖縄民衆史への試み―』（二月社、一九七三年）、新崎盛暉『戦後沖縄史』（日本評論社、一九七六年）、金城正篤『琉球処分論』（沖縄タイムス社、一九七八年）、我部政男『明治国家と沖縄』（三一書房、一九七九年）、同『近代日本と沖縄』（三一書房、一九八一年)、比屋根照夫『自由民権思想と沖縄』(研文出版、一九八二年)、等。

(5) 復帰前に刊行された新里恵二『沖縄史を考える』(勁草書房、一九七〇年)は、沖縄人の起源論から近現代史までを視野に入れ、戦後歴史学の影響のもとに琉球・沖縄史研究に歴史理論・時代区分論を積極的に導入し、旧来の琉球・沖縄史をマルクス主義の歴史理論によって見直しを図った先駆的研究である。当該期の史料的制約による実証性の弱さや歴史理論の性急な適用が目立つが、後の琉球・沖縄史の時代区分論に一定の影響を与えた。また、同氏の編集による『沖縄文化論叢1 歴史編』(平凡社、一九七二年)は、復帰前における琉球・沖縄史研究の主要論文を収録しているが、古代(中世)・近世の計一二編の論文の内、戦後の論文は島尻勝太郎『「陳侃使録」から見た十六世紀初葉の沖縄』、山本弘文「近世沖縄史の諸問題」等の八編で、残り四編は戦前の論文である。このことは、当該期において研究の停滞状況を示す分野が少なくないことを物語っている。

(6) この論争については、本文の安良城著と西里喜行『沖縄近代史研究』(沖縄時事出版社、一九八一年)、参照。

(7) 安良城盛昭『天皇・天皇制・百姓・沖縄』(吉川弘文館、一九八九年)、一九五頁。

(8) 高良倉吉「琉球・沖縄の歴史と日本社会」(『日本の社会史』第一巻、岩波書店、一九八七年)。右の見解は、古琉球期における交易活動を活写した『新版・琉球の時代』(ひるぎ社、一九八九年、初版一九八〇年)として、さらに古琉球辞令書を多角的に分析することによって古琉球国家の制度史を詳細に実証した『琉球王国の構造』(吉川弘文館、一九八七年)によって裏付けられている。

(9) 近年の高良倉吉「琉球王国の展開—自己変革の思念、〈伝統〉形成の背景—」(『岩波講座世界歴史』第一三巻、岩波書店、一九九八年)も、基本的には琉球国内史の視座から取りまとめられた論考といえよう。

(10) 近著の紙屋敦之『大君外交と東アジア』(吉川弘文館、一九九七年)では、前著の琉球支配論から分析領域を蝦夷地・北高麗の北東アジアから奥国の東南アジアまで広げ、その広がりの中で近世日本の海防策等を論じている。

(11) 例えば、上原兼善「琉球の支配」(『講座日本近世史 二 鎖国』有斐閣、一九八一年)、同「豊臣政権と琉球国」(『前近代における南西諸島と九州—その関係史的研究』多賀出版、一九九三年)、梅木哲人「太平布・上布生産の展開について」(『新しい琉球史像』榕樹社、一九九六年)、仲地哲夫「近世後期における藍の生産と流通」(『前近代における南西諸島と九州—その関係史的研究』多賀出版、一九九六年)等がある。真栄平房昭氏は、精力的に多数の論考を発表しているが、その内の琉球・薩摩(幕府)関係論考には、「鎖国形成期の琉球在番奉行」(『琉球の歴史と文化—山本弘文博士還暦記念論文集—』本邦書籍、一九八五年)、「鎖国形成期のキリシタン禁制と琉球―徳川政権のマニラ出兵計画の背景―」(『鎖国日本と国際交流』上巻、吉川弘文館、一九八八年)、「イギリス・オランダ商館の貿易活動と琉球・薩摩―一七世紀初期の動向―」(『史淵』一二五輯、九州大学文学部、一九八八年)、「幕藩制国家の外交儀礼と琉球―東照宮儀礼を中心に―」(『歴史学研究』第六二〇号、一九九一年)、「薩摩藩の海事政策と琉球支配」(『日本水上交通史論集』第五巻、文献出版、一九九三年)、「幕末期の海外情報と琉球―太平天国の乱を中心に―」(『琉球・沖縄―その歴史と日本史像』雄山閣出版、一九八七年)、「近世日本における海外情報と琉球の位置」(『思想』第七九六号、岩波書店、一九九〇年) 等がある。

(12) 旧来、手薄であった薩摩藩支配下の奄美地域については、松下志朗『近世奄美の支配と社会』(第一書房、一九八三年)、弓削政己「近世奄美船の砂糖樽交易と漂着」(『琉球王国評定所文書』第十巻、浦添市教育委員会、一九九四年)、等の成果が著わされている。

(13) 西嶋定生氏の冊封体制論に対する批判的見地から近年の研究状況を整理したものに、山内晋次「日本古代史研究からみた東アジア世界論―西嶋定生氏の東アジア世界論を中心に―」(『新しい歴史学のために』第二三〇・二三一合併号、一九九八年)がある。

(14) 東恩納寛惇『琉球の歴史』九「朝貢関係」(『東恩納寛惇全集』一巻、三三頁、一九七八年、初出一九五七年)、同『沖縄渉外史』四「冊封進貢は経済上の欺瞞行為なり」(『東恩納寛惇全集』一巻、二〇五頁、初出一九五一年)。

(15) 喜舎場一隆氏が東恩納氏の冊封軽視論の系譜を引いていることは、喜舎場『近世薩琉関係史の研究』(国書刊行会、一九九三年)の結章において、「当時の冊封進貢の儀礼は経済上の欺瞞行為であったと言っても過言ではない」(六九二頁)という主張に明示されている。その他、琉球史の展開を日本思想と中国思想の対立・均衡論から結論づける氏の見解(六九七頁)も東恩納氏による「日本思想と支那思想との二大勢力」の「衝突」「小康」論(『東恩納寛惇全集』二巻、五〇〜五一頁)とほぼ同じ論理である。ただし、東恩納説の影響の下にあることは明白であるが、そのことについての言及は見られない。

(16) 金城正篤「冊封体制と奄美」(『琉大史学』第一二号、一九八一年)。金城氏による冊封・朝貢論は、同『沖縄から中国を見る―歴史論集―』(沖縄タイムス社、一九九八年)、参照。

(17) 西里喜行「東アジア世界史研究の視点・方法・論点―諸説の検討―」(『琉球大学教育学部紀要』第二七集、一九八四年)。その後、冊封体制の崩壊と琉球処分との関連性を追究する論考として、「冊封体制崩壊期の諸問題―琉球問題を中心に―」(『沖縄文化の源流を探る―環太平洋地域の中の沖縄―』復帰二〇周年記念沖縄研究国際シンポジウム実行委員会刊行、一九九四年)を発表している。

(18) 拙稿「琉球国王位と冊封関係について」(『第一届中琉歴史関係学術会議論文集』聯合報文化基金会・国学文献館出版、一九八七年)。本論文は、大幅に加筆し「琉球王国形成期の身分制について―冊封関係との関連を中心に―」(『年報中世史研究』第一二号、一九八七年)として改めた。本書Ⅰ・第一章。

(19) 真栄平房昭「琉球国王の冊封儀礼について」(『窪徳忠先生沖縄調査二十年記念論文集　琉球の宗教と民俗』第一書房、一九八八年)。

(20) 陳大端(真栄平房昭訳)「清代における琉球国王の冊封」(『九州文化史研究所紀要』第三三号、一九八八年)。初出は一九六八年。陳論文は、琉球国王の冊封に論点を絞った分析ではなく、清代における琉球・清国関係について冊封使節の編成、中国側での諸問題、冊封儀礼、付随貿易(冠船貿易)、文化活動等を全体的に論じたものである。いくつか興味深い論点も見られるが、当該期の琉球史研究の水準に規定され、十分追究されてはいない。ただ、冊封使節を送り出す側の諸問題については、現在でも参照すべき論点を提示している。

(21) 孫薇「冊封・朝貢について―中琉の冊封・朝貢関係を中心にして―」(『沖縄文化研究』第一七号、一九九一年)。

(22) その成果は、『第一届中琉歴史関係学術会議論文集』(聯合報文化基金会・国学文献館出版、一九八七年、開催地・台北市)に始まり、第八回(二〇〇一年)まで刊行されている。

(23) 初回の『第一回琉球・中国交渉史に関するシンポジウム論文集』(沖縄県立図書館、一九九三年、沖縄開催)から第六回(二〇〇二年)まで刊行されている。

(24) 近年の傾向として琉球・沖縄史プロパーに限らない、異分野の相互乗り入れによるプロジェクト型の調査・研究報告書が相次いでいる。例えば、文部省科学研究費による法政大学沖縄文化研究所を中心に福建師範大学の研究メンバー等の共同調査・報告書である『中国福建省・琉球列島交渉史の研究』(第一書房、一九九五年)、同じく科学研究費による成果を取りまとめた丸山雍成編『前近代における南西諸島と九州―その関係史的研究―』(多賀出版、一九九六年)、小林茂(代表)『漂流・漂着からみた環東シナ海の国際交流』(成果報告書、一九九七年)、重点領域研究「沖縄の歴史情報」(一九九四年度〜九七年度)の成果の一部として、夫馬進編『増訂使琉球録解題及び研究』(榕樹書林、一九九九年)、荒野泰典・濱下武志編『琉球をめぐる日本・南海の地域間交流史』(成果報告書、一九九八年)があげられる。

(25) 例えば、深澤秋人「福州における琉球使節の構造—清代の存留通事像を中心に—」(『歴代宝案研究』第九号、一九九八年)、上江洲安亨「清朝初期における琉球国の官生派遣の復活について」(『沖縄文化研究』第二四号、一九九八年)、岡本弘道「明朝における朝貢国琉球の位置付けとその変化」(『東洋史研究』第五七—四、一九九九年)、渡辺美季「清代中国における漂着民の処置と琉球(1)(2)」(『南島史学』第五四、五五号、一九九九年、二〇〇〇年)、深瀬公一郎「近世日琉交通関係における鹿児島琉球館」(『早稲田大学大学院文学研究科紀要』第四八—四号、二〇〇三年)等、参照。

(26) 伊波普猷『古琉球』(『伊波普猷全集』第一巻、一九七四年、六〇頁、初出一九一一年)。

(27) 東恩納寛惇『沖縄渉外史』(『東恩納寛惇全集』一巻、二三七頁、初出一九五一年)。なお、喜舎場一隆氏は、近年においてもこの「薩摩の傀儡王国琉球」説に立って近世琉球論を展開している(註(14)、喜舎場著、第二編第二節「近世琉球王国の性格」三二三〜三三一頁)。

(28) 井上清「沖縄」(『岩波講座　日本歴史』第一六巻、岩波書店、一九六二年)。

(29) 下村冨士男「『琉球王国』論」(『日本歴史』第一七六号、一九六三年)。

(30) 新里恵二「解説」(『沖縄文化論叢』第一巻・歴史編、平凡社、一九七二年)。なお、復帰運動との関連から沖縄民族という概念の妥当性、運動へ及ぼす影響などが、当時の「民族統一」概念と複雑に絡み合っていた。その一例として、一九五五年一月から三月まで沖縄タイムス紙上で連載された比嘉春潮「沖縄民族の歴史」という論考は、一九五九年六月に同社から刊行される際に、「書名を〈沖縄の歴史〉と改めた。フォルクとしての沖縄民族は嘗て存在したが、今日沖縄人は、ナチオンとして日本民族の一部であり、これとは別に沖縄民族というものがあるわけではない。誤解を与えるといけないと思ったので、民族の二字を削ることにした」(同『新稿沖縄の歴史』三一書房、一九七〇年)とある。当時における「沖縄民族」概念に対する屈折した一沖縄歴史研究者の認識を知る上で興味深いが、ここでは指摘するに止める。

(31) 菊山正明「琉球王国の法的・政治的地位—幕藩体制との関連において—」(『沖縄歴史研究』第一一号、一九七四年)。

(32) 田港朝昭「琉球と幕藩制社会」(『岩波講座日本歴史』第一一巻、岩波書店、一九七六年)。

(33) 安良城盛昭『新・沖縄史論』(沖縄タイムス社、一九八〇年)。

(34) 註(8)高良論文。

(35) 註(33)安良城著、二二一頁。

(36) 砂糖をめぐる薩摩藩との経済交渉において、琉球側による抵抗や反発から琉球の「主体性」を論じた仲原善忠「砂糖の来歴」(『仲原善忠全集』第一巻歴史編、沖縄タイムス社、一九七四年、初出一九六四年)は、近世琉球=薩摩藩の奴隷あるいは傀儡という図式を根本的に批判した論文であり、旧来の平板な琉球・薩摩関係史の見方に転換をもたらした。また、崎原貢「渡唐銀と薩琉中貿易」(『日本歴史』第三二三号、一九七五年)も琉球側の貿易における「主体」のあり方を問題としている。

(37) 二重朝貢は琉球国に特有のシステムではない。中国の歴代王朝とビルマ(ミャンマー)に二重に従属していたシップソンパンナー王国を分析した、長谷川清「〈父〉なる中国・〈母〉なるビルマーシップソンパンナー王権とその〈外部〉」(『王権の位相』弘文堂、一九九一年)は、近世の琉球王国を検討する上で示唆に富む。

(38) 安良城盛昭氏は、近世琉球王国を一九六七年時点では、「幕藩体制社会内部に位置づけられた藩に近い特殊な存在」と規定していたが、一九七八年には「半国家的=疑似国家的存在」と認識を改めている(註(33)、二〇一頁)。この近世琉球=「半国家的=疑似国家的存在」論を十分展開することなく氏は他界したため、右の見解をこれ以上追究することは困難である。ただ、本書の立場は、第一に、従属国は一般的に主権(琉球の場合は中山王権)を制約されるところに特徴が見られること、第二に、二七〇年間の長期にわたって「半国家的=疑似国家的」状況で存続したと位置づけるよりも、他国の干渉を受けない独立した十全な国家形態ではないものの、従属国家(従属的二重朝貢国)の一国家類型として近世琉球王国を捉えることがより妥当なものと考える。

I　琉球王国と中華帝国

第一章　明朝の冊封関係からみた琉球王権と身分制

はじめに

本章の主な目的は、中国（明朝）と琉球王国との冊封関係を具体的に検討することを通して、琉球王国における身分制の形成過程を明らかにすることにある。そのことは、換言すれば琉球王権にとって冊封関係のもつ歴史的意義を探ることにつながる問題である。

周知のように、琉球は明朝の設定した朝貢体制(1)と海禁政策(2)を最大限に活用することによって、東アジアと東南アジア諸国家間の中継貿易を活発に展開することができた。この交易活動については戦前から関心が払われ、豊富な研究蓄積をもっている。(3)ところが、一方、朝貢と表裏をなす冊封関係についての研究は極めて乏しい状況にある。(4)

このように貧困な冊封関係論の研究状況の背景には、東恩納寛惇氏に代表される次のような見解、すなわち冊封関係は単に朝貢貿易を遂行するための一手段＝形式的関係にすぎないという見方がある。(5)だが、この通説的見解に立つ限り、序において述べたように、薩摩藩島津氏の琉球侵攻と明・清交替という二つの政治変動を蒙りながらも、実に明治政府による琉球王国の解体（＝「琉球処分」）まで存続した冊封関係の根本的理由を解明することは困難である。筆者は琉球王国にとって冊封関係を外在的関係とはみない。むしろ、それとは逆に冊封関係が琉球王国（王権）ではいかなる論理の下に内在化していったか、という視点をとる。

さて、以上の課題を具体的に分析する方法として本章では、明朝の服飾制＝冠服制に着目する。その理由は次の二点にある。

第一は、旧来、明代の冊封関係論(6)において明朝冠服制から被冊封国の国王の位置づけを行った専論がほとんど見られないという研究史上の問題がある。(7)管見の限りでは、大庭脩氏、(8)および近年では河上繁樹氏(9)による豊臣秀吉冊封時の冠服の分析があるものの、琉球国王や室町幕府将軍へ頒賜された冠服については、十分な検討は行われていない。そのため、本章では旧来の明朝冊封関係の指標として掲げられてきた大統暦・詔勅・誥命・印章等の研究蓄積を踏まえ、新たに国王の可視的身分表示としての冠服賜与の意味を検討する。その方法によって明朝の設定した冊封関係の秩序構造が浮かびあがってくるものと思われる。

第二は、明朝が頒賜した冠服を琉球王国がいかなるプロセスを経て受容し、それがどのように身分制に反映していたかという問題である。明朝冠服制の影響を追究することは、王国の形成過程の実相を明らかにする上で有効な視座になると思われる。このことは冊封を受ける側の主体的要因を追究することであり、冊封関係の内在化につながる問題である。

一　明朝冠服制と朝貢国の秩序——琉球・朝鮮・日本——

1　明朝冠服制の確立過程

元・明交替によって元朝を打倒した明朝政権(10)は、元朝の服飾制を否定し、漢民族の伝統的な服制＝冠服制に回帰する方針を打ち出した。

洪武元年（一三六八）二月に発布されたその詔[11]は、衣冠を唐代の旧制に復すことを内容としたものであり、理由は次のように説明されている。すなわち、元の世祖による中国支配は、中国の諸制度をことごとく「胡俗」に改変し、士庶ともに「辮髪・椎髻・深襜」となり、髪形や衣装ばかりか、姓氏の胡名への変更、胡語の使用等、深くモンゴル習俗の影響を蒙っていた。このような社会状況を打破（刷新）するため、洪武政権は「辮髪・椎髻・胡服・胡語・胡姓一切」を禁ずる措置を採った、というものである。

これによってまず皇帝の冠服が学士陶安等の建議に基づき、次のように制定された。天地・宗廟を祭る場合には、漢民族皇帝の伝統的冠服である袞冕を着用し、社稷等の祀りには通天冠・絳紗袍を着用する[12]、と。その後、洪武三年（一三七〇）の「大明集礼」の制定が一つの画期となる[13]。それによって皇帝の冕服・常服、皇后・妃の礼服・朝服から一般士庶の巾服等にまで至る、広範囲に及ぶ冠服制が設定されたからである。さらに、洪武二六年（一三九三）の大規模な冠服制の改定によって、明朝の主要な服飾制はほぼここに確立する[14]。それ以降には大幅な制度的改変は行われず、服装の色やその他、細部の規定が設けられたにすぎなかった。例えば、官人・民衆は蟒龍・飛魚・斗牛の図案を有する衣服を着用することは許されず、また、原色や黄・紫色の使用も禁じられた[15]。

2　冊封関係における琉球国王の位置

明代に至って中国と初めて朝貢・冊封関係を取り結んだ新興国琉球の国王の国際関係上における位置づけを、以下、明朝の頒賜品から探ることとする。このことは琉球国王が対外的契機をどのように獲得し、王国内の身分秩序に反映させ、いかなる形態で身分制を整えようとしていたかという問題につながる。

始期は判然としないが、中国側史料から見た場合、明初から一五世紀初頭までの期間、琉球には山北・中山・山南の三つの小国家が存在した。明朝はこれら三小国家を同等に見ていた。そのため、ここでは三小国家における各王の歴史具体的状況をひとまず捨象して考察することにしたい。

洪武五年（一三七二）、洪武帝の詔諭に応えて中山王察度は王弟の泰期等を派遣したところ、大統暦等を頒賜された[16]。この大統暦授与は、琉球が明朝の朝貢体制に参入したことを明示する第一の画期である。

第二の画期は洪武一六年（一三八三）に訪れる。すなわち、中山王察度、山南王承察度は同時に鍍金銀印を賜与された[17]。さらに二年後の洪武一八年に山北王帕尼芝、そして同年、山南王承察度は再び駝鈕鍍金銀印を与えられた[18]。山南王への銀印再給の理由は不明だが、ともあれ三小国の各王は冊封関係の一要素である印章の頒給を受けることはできた。

しかしながら、大統暦・銀印を頒賜されたものの、国王への冠服賜与は容易には達成されなかった。山北・山南に先んじて中国冠服の獲得をいち早く実現したのは中山王察度であった。その経緯は、『明実録』洪武三一年（一三九八）三月癸亥条に、

賜琉球国中山王察度冠帯。先是、察度遣使来朝、請中国冠帯。上曰、彼外夷能慕我中国礼義、誠可嘉尚、礼部其図冠帯之制、往示之。至是、遣其臣亜蘭匏等、来貢謝恩、復以冠帯為請。命如制賜之、并賜其臣下冠服。

とある点から窺知しうる。ここで特に注目すべきは、察度王が再三、冠服の賜与を求請していたことである。それに対して、明朝側は「中国の礼義を慕う」行為としてようやく許容した。要するに、洪武政権は琉球中山側の求請があって初めて国王への冠服制を図り、その後に賜与したのである。換言すれば、洪武政権は琉球国王へ冠服を賜与する事態を当初から想定してはいなかったといえよう。

しかしながら、右の史料から琉球国王へ与えた冠服の形態を具体的に探ることはむつかしい。また、中山王の「臣下」へも冠服が賜与されているが、その数量、あるいは中国の文・武官冠服のいずれを頒賜したのかも見当がつかない。ただし、「臣下」層のうち中国官職を有する在琉中国人（華人）には、その官職に対応する冠服を賜与していたものと思われる。ともあれ、琉球国王への冠服賜与は冊封関係の成立をみる上で、重要な画期をなすものである。

さて、以上の経過を踏まえ、琉球国王の身分標識の中核となる皮弁冠服の問題について次に検討しよう。かつて小葉田淳氏は、中山王への皮弁冠服の頒賜の嚆矢を永楽五年（一四〇七）の思紹冊封時と見なし[19]、その理解が一般化している[20]。しかしながら、その理解は結論を先に示すと修正の必要がある。その理由は、『明実録』宣徳元年（一四二六）三月丙辰条に、「琉球国中山王尚巴志遣使、奏。臣祖父昔蒙朝廷大恩、封以王爵、賜皮弁冠服。（後略）」という記載がある。すなわち、皮弁冠服の頒賜は尚巴志の祖父（実際には血縁関係なし）＝武寧冊封時にさかのぼるからである。

武寧冊封は永楽二年（一四〇四）にあたる。そのことは、『明実録』同年二月壬辰条に、

琉球国中山王世子武寧、遣姪三吾良亹等、以其王祭《察》度卒、来告訃。命礼部遣使祭之、賻以布帛。遂詔武寧襲爵。詔曰（中略）、爾武寧乃其世子。特封爾為琉球国中山王。（後略）。

とある。右の記載には皮弁冠服を賜与したことを明示する文言は見当らない。しかし、前述した尚巴志王の奏と、琉球へ初めて冊封使が派遣されたという点、そして王爵の襲封を抽象的に示す冊封の詔書が与えられている点から考えて、王爵の可視的身分表示としての皮弁冠服が同時に頒賜されていたとみるのが自然な解釈であろう。以上の点から琉球に初めて皮弁冠服が頒賜されたのは永楽二年（一四〇四）、武寧冊封からとみるべきである。

武寧冊封に付言すると、前掲の史料に示されているように、まず先王察度の論祭礼が執行され、その後に新王武寧の冊封礼が挙行されるという形式を採っており、即位儀礼を考える上で注目される[21]。この論祭・冊封というパターン

はその後の国王冊封において定式化され、清朝に至っても踏襲されていた。(22)

さて、次に冊封された琉球国王が明朝の秩序構造において、いかなる位置づけをされていたかを検討しよう。右の課題の手掛りとなるのは、永楽一三年（一四一五）、他魯毎が山南王に冊封された際の頒賜品として、「誥命・冠服及鈔万五千錠」という記述である。(23)注目されるのは、冊封時に誥命が発給されている点にある。

そもそも誥命とは、『万暦大明会典』巻六、誥勅条によれば、一品から五品官までの官僚を任命する場合に発給する文書のことであり、六品から九品官までは勅命によることが規定されていた。(24)ただし、琉球国王を任命した誥命そのもの、あるいはその写も管見の限りでは確認できない。そのため、ここでは琉球国王が五品官以上に叙せられていたことしか判明しない。

しかしながら、『明史』巻六七、輿服志三、外国君臣冠服の項から琉球国王の品級を特定することは可能である。それには、

永楽中、賜琉球中山王皮弁・玉圭・麟袍・犀帯、視二品秩。

とある。「永楽中」とは、前述の武寧冊封時（=永楽二年）とみるべきであろう。ともあれ、右の文言から琉球国王は二品の官僚と同等の位置づけを受けていたことが明瞭となった。このことは、明代における外交文書様式の検討を行った高橋公明氏の見解と符合する。(25)中国国内の同等官庁間で用いられる「咨」が、中国官庁（例えば、礼部）と琉球・朝鮮・日本の各王間でも用いられていたのである。(26)

しかしながら、琉球国王は右に示したように二品の官僚に準ずる位置づけを受けていたものの、そこには単純に官僚的性格、すなわち中国皇帝との君臣関係のみでは理解できない別の論理も内在していたと考えられる。なぜならば、中山王（便宜上、中山王に他の山北・山南王も代表させる）へ頒賜された冠服は、二品の官僚が着用する冠服とは全く異な

っていたからである。それゆえに、官僚的性格＝君臣関係のみで中山王を位置づけることはできない。むしろ、王爵と官僚的性格が齟齬することの意味を問題としなければならない。

以下、具体的に中山王への頒賜品を取りあげ、冊封関係上の王の身分的位置を探り、右の課題に迫ることにしよう。およそ、中山王が中国皇帝から頒賜品を与えられるのは次の二つの場合が想定される。第一は王の一世一代の大典＝冊封時の賜与であり、第二はそれ以外の通常の賜与である。

まず、通常の賜与における中山王と中国官僚体系との関連性を具体的に窺う一例を以下に示そう。宣徳三年（一四二八）一〇月一三日付で中国皇帝から中山王尚巴志に宛てられた勅諭の目録[27]によれば、国王へは「紵糸・織金胸背麒麟紅一匹、同・織金胸背白擇《沢》緑一匹、紗・織金胸背虎豹青一匹、羅・織金胸背海馬青一匹」等が賜与され、王妃へは「紵糸・織金胸背練雀青一匹、羅・織金胸背白鷳紅一匹」等が賜与されていた。

これらの頒賜品を『万暦大明会典』巻六一、文武官冠服の項によってみると、官僚の常服に対応することが理解される。ところで、明朝の官僚身分を表示する完成された服飾制において、文官は仙鶴、錦鶏、孔雀等の禽類、武官は獅子、虎豹、熊羆等の獣類の模様（清朝の補子に相当する）[28]を胸・背部に織り込んだ常服によって視覚的に区別されていた。

この服飾規定に照らすと、前掲の尚巴志と王妃への常服は次のようになる。すなわち、麒麟・白沢は公侯駙馬伯、虎豹は武官三・四品、海馬は同八・九品、練雀（鵲）は文官八・九品、白鷳は同五品を示している（図1）。以上の点から判明するように、通常の頒賜時における中山王の位置づけは、公侯駙馬伯から武官三・四品あるいは同八・九品と一定していない。王妃の位置づけも文官五品あるいは同八・九品とまちまちである。

同様の方法で宣徳七年（一四三二）の頒賜品[29]を検討した場合にも、王・王妃の位置づけはまちまちとした状態を示

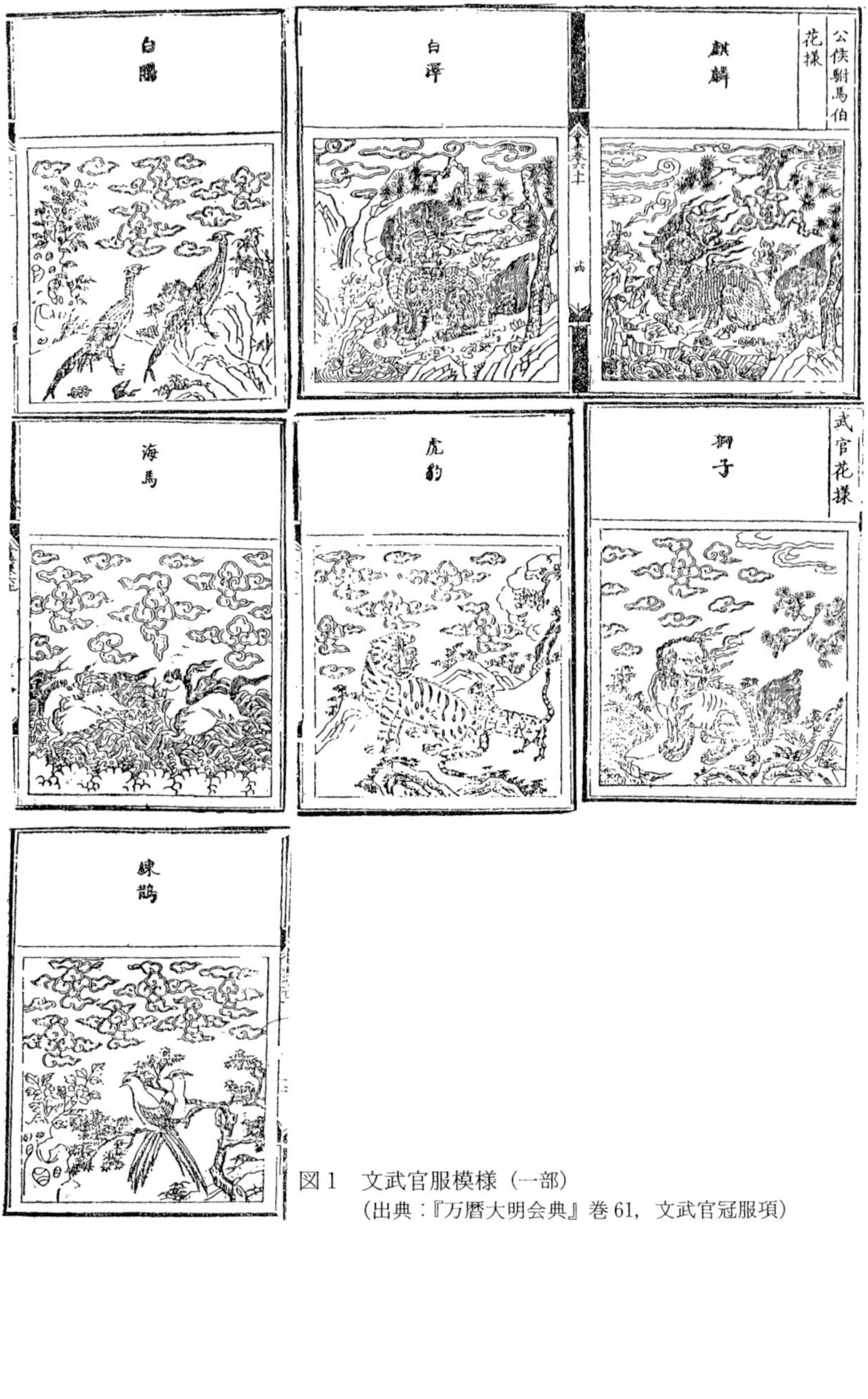

図１　文武官服模様（一部）
（出典：『万暦大明会典』巻61，文武官冠服項）

している。ただし、いずれの頒賜時においても公侯駙馬伯を意味する賜品（紵糸・織金胸背麒麟紅一匹、同・織金胸背白澤）が含まれている点は留意すべきであろう。

さて、以上検討した通常の頒賜品と異なり、冊封時のそれは中山王の位置づけを明瞭に表示するものであった。中山王の冊封は一四〇四年、武寧王から開始されたことは前述の通りであるが、明代において武寧王以降の各王への冊封時には、皮弁冠服の頒賜は不可欠のものになっていた。

以下、成化七年（一四七一）、中山王に冊封された尚円への頒賜品(30)を検討しよう。

皇帝頒賜

琉球国中山王尚円

皮弁冠服一副

七旒皂皺紗皮弁冠一頂旒珠全事件全

玉圭一枝袋全

五章絹地紗皮弁服一套

大紅素皮弁服一件

白素中単一件

纁色素前後裳一件

纁色素蔽膝一件玉鉤全

纁色粧花錦綬一件

纁色粧花佩帯一副金鉤玉叮噹全

紅白素大帯一条

大紅素紵条舄一双襪全

丹礬紅平羅銷金雲包袱四条

常服羅一套

紗帽一頂展角全　金相犀帯一条

大紅織金胷(胸)背麒麟員(圓)領一件

青褡一件

緑貼裏一件

紵糸

織金胷(胸)背麒麟大紅一匹

織金胷(胸)背白沢大紅一匹

暗骨朶雲鶯哥緑一匹

素栢枝緑一匹

羅

織金胸背麒麟大紅一匹

織金胷(胸)背獅子大紅一匹

素黒禄一匹　素青一匹

白氁絲布一匹

王妃
紵糸
織金胷（胸）背白沢大紅一匹
織金胷（胸）背獅子青一匹
素栢枝緑一匹　素青一匹
羅
織金胷（胸）背獅子青一匹
織金胷（胸）背彪大紅一匹
素黒緑一匹　素明緑一匹
白氁糸布一十匹

成化七年七月初八日　再対正之

広運之宝

右に示した冊封時における頒賜品の種類と数量は、少なくとも尚円王以降、万暦三一年（一六〇三）の尚寧冊封に至るまで変化がみられず、ほぼ一定であった。[31] このことから、冊封時の頒賜品を検討することによって中山王の位置を確定することの有効性が示されているといえよう。

さて、問題として取り上げる頒賜品の中の皮弁冠服とは、本来、皇帝・皇太子・親王・親王世子・郡王のみが着用する特権的な冠服であった。[32] 皇帝が皮弁冠服を着用するのは、朔望の視朝、降詔、降香、進表、四夷朝貢、朝観、さらに嘉靖以後は、太歳・山川神の祭祀等においても使用された。[33] これらの儀礼の中で、朝覲や四夷朝貢への答礼に使用されている点は留意する必要がある。というのは、中山王は賜与された皮弁冠服を国家儀礼の中に取り入れていたからである。皇帝の皮弁冠服は、永楽三年（一四〇五）に次のように整えられた[34]。

皮弁、用黒紗冒之。前後各十二縫、其中各綴五采玉十二。縫及冠武弁貫簪繫纓処、皆飾以金玉簪、朱紘纓。玉以赤・白・青・黄・黒、相次。

玉圭、長如冕服之圭、（中略）。

絳紗袍、本色、領《えり》・褾《そでぐち》襈《ひろし》裾。

紅裳、如冕服内裳制。但不織章数。（後略）。

すなわち、皮弁冠とは黒紗（鹿皮）を素材とした冠で、図2の皮弁図に示されるように皇帝の冠は前後一二列に赤・白・青・黄・黒五采の玉を縫い合わせたものである。ちなみに、皇太子・親王の皮弁冠は九縫、親王世子は八縫、郡王は七縫と等差が整然と規定されていた[35]。皇帝の皮弁冠における一二縫とは、明らかに一二章服と照応している。皇帝は一二章のすべてを具有し、下位身分へ下るに従って章数を減した[36]。このような中国衣服制の特徴は、明代の冠服様式にも貫徹していたのである。

さて、前掲の尚円への皮弁冠は七旒皀皺紗皮弁冠一頂とある。旒とは冕冠の前後に糸を通して垂れ下げた玉のことで[37]、七旒とはその装飾が七列の意味である。ここでの七旒は七縫と同義とみてよい。これは郡王皮弁服の規定の中の「永楽三年定。皮弁、用烏紗冒之。前後各七縫、毎縫中綴三采玉七」に対応する。

次に五章絹地紗皮弁服一套とは、本来、五章の模様を有する皮弁服のことを指すと思われる。ちなみに皇帝の一二章服は、日・月・星辰・山・龍・華蟲の六章を衣に、宗彝・藻・火・粉米・黼・黻六章を裳に織り込んだ玄衣黄裳のことである[38]（図3）。しかし、郡王の皮弁服項には五章服の規定は見られない。この規定に合致するものは、大庭脩氏

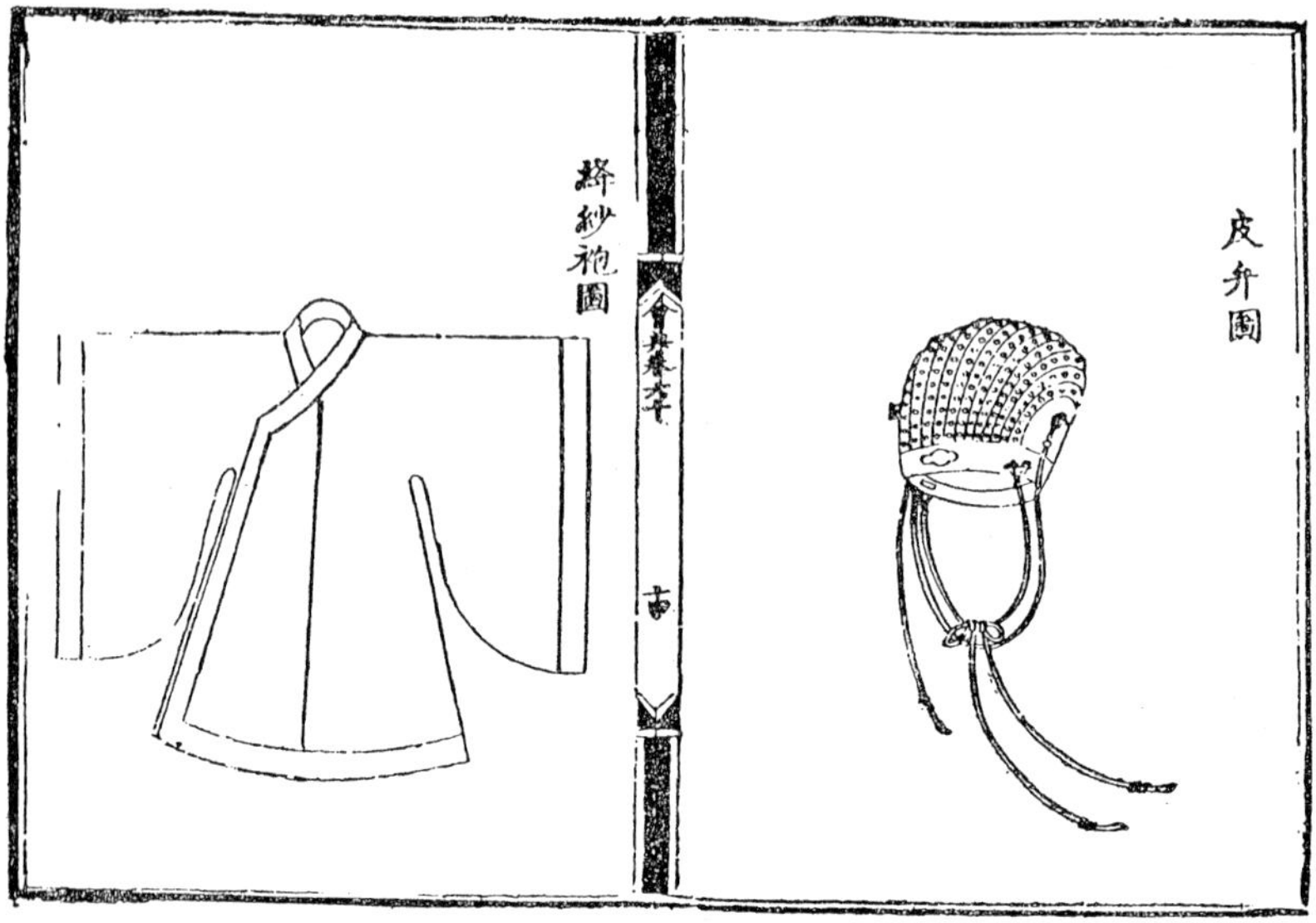

図２ 皇帝皮弁冠服図（出典：『万暦大明会典』巻 60，皇帝冕服項）

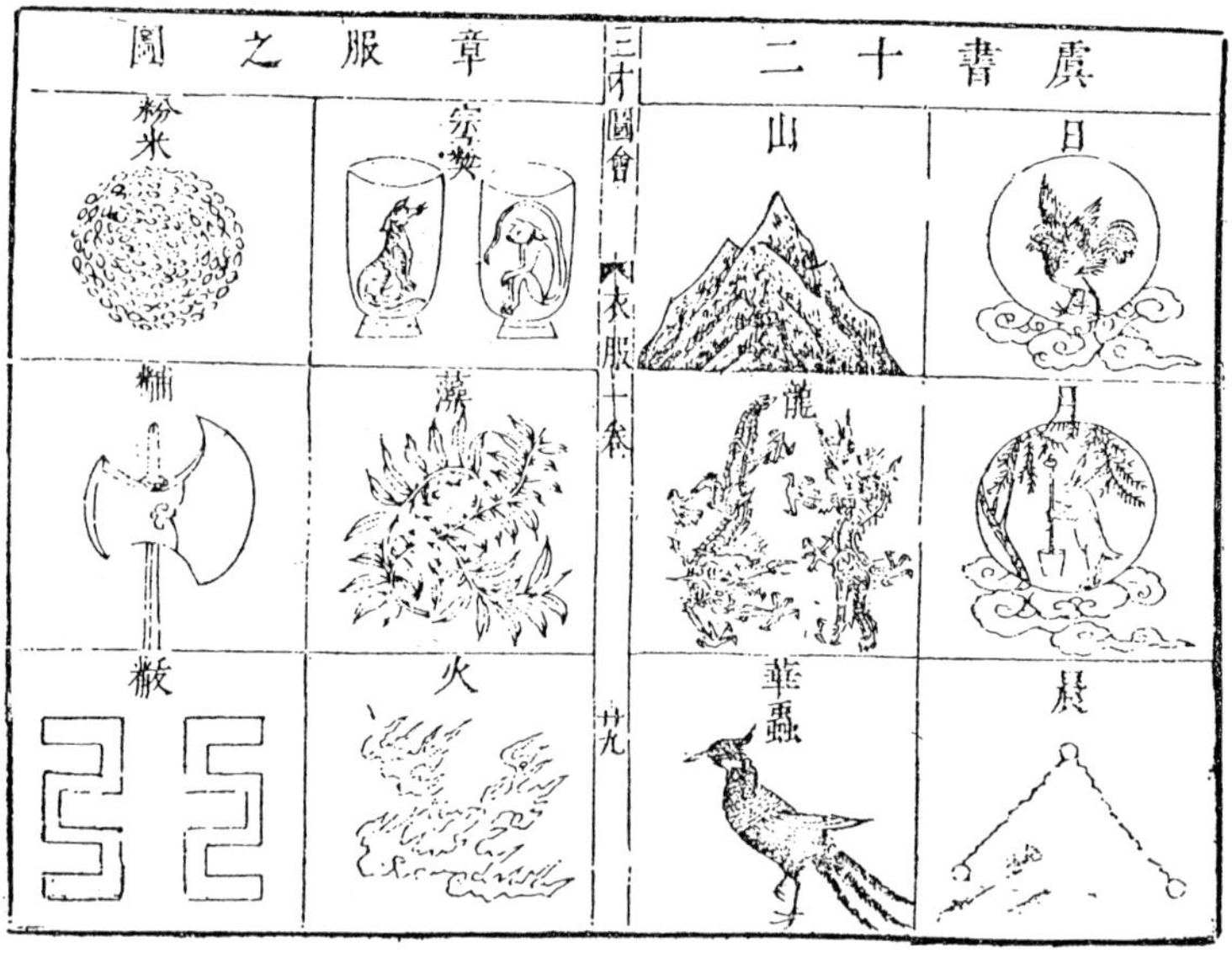

図３ 皇帝十二章服図（出典：『三才図絵』(四)，衣服一巻）

の指摘[39]によれば、郡王衮冕の項の「青衣・纁裳五章。青衣三章、粉米一在肩其二、丼藻・宗彝各三在両袖、皆織成。(中略)。纁裳二章、織黼・黻各二」という規定がそれに当たる。しかしながら、河上繁樹氏は『大明会典』(巻六〇)の皇帝「皮弁服」の項に「但し、章数を織らず」という記述があること、さらに妙法院に現存する豊臣秀吉へ頒賜された皮弁服には文様がないことから、明代の皮弁服には文様が省略され、そのかわり中単の襟に黻文が七つ織り込まれていたことを明らかにしている[41]。

以上のことをあわせて考えると、尚円への五章絹地紗皮弁服一套(一式)の中の大紅素皮弁服一件とは、紅(赤色)の無地の服で、いわゆる絳紗袍(図2)に相当するものと考えられる。

尚円への常服で注目すべきものは、大紅織金胸背麒麟円領一件である。これは、紅(赤色)を基調に麒麟の図柄を胸背部に織り込んだ丸首の袍服のことである。前述したように麒麟は、公侯駙馬伯身分を示すものである(図1、参照)。

ところで、羅・織金胸背獅子大紅一匹は武官一・二品を表示するものであるが、冊封時において重要なものは皮弁冠服と常服である。ゆえに、紵糸、羅の緞物は附属的な賜品と見てよいと思われる。

以上、七旒皀縐紗皮弁冠、五章絹地紗皮弁服、大紅織金胸背麒麟円領等を検討した結果、中山王の位置づけは郡王と同格にされていたことが明らかになった。前述のように、冊封時における中山王へ頒賜された冠服は尚円王から尚寧王に至るまでほぼ一定していた。そのことは中山王の位置づけに変化がなかったことを意味する。中山王が郡王に準じて位置づけられていたことは、換言すれば、中国皇帝と中山王との関係において擬制的な父子関係、より厳密に言えば、擬制的祖父孫関係の論理が貫ぬかれていたことになる。

以上の経緯を経て頒賜された皮弁冠服は、琉球王権(中山王権)の象徴物として明代のみならず、薩摩藩支配下の清代においても機能していた。[42]

二　冊封関係における朝鮮国王・日本国王の位置

1　高麗・朝鮮国王の位置

高麗は恭愍王一九年（一三七〇）、明朝によって初めて冊封された。その際、洪武朝から賜与された頒賜品[43]は、「遠遊冠七梁、加金博山蟬七首上施珠翠犀簪導、絳紗袍、（後略）」等であった。しかし、前述のように当該期において、明朝自体の冠服制は未確立の段階にあり、整然とした身分秩序に対応した頒賜品ではなかった。[44]

辛禑王一二年（一三八六）、高麗は明朝へ国王の便服と群臣への朝服・便服を求請したところ、翌年、紗帽・団領衣が賜与された。[45]これを契機として、胡服を使用していた高麗へ明朝の服飾制が本格的に導入されるようになった。[46]

さて、一三九二年、朝鮮王朝の太祖李成桂は高麗を打倒したものの明朝の冊封を受けることでは困難を極めていた。明朝は朝鮮王朝政権を正統な継承者として容認しなかったからである。[47]そのため、朝鮮王朝は冊封の具体的な表示物（賜品）として冠服の賜与をさかんに懇望していたのである。その結果、太宗三年（永楽元、一四〇三）に至って、永楽朝からようやく冊封を受けた。その際、永楽朝は、「因請冕服・書籍、帝嘉　能慕中国礼、賜金印・誥命・冕服九章・圭玉・珮玉」と、金印・誥命・冕服等を頒賜した。[48]右の頒賜品の中に朝鮮国王の冊封関係上の位置を示す品目が含まれている。九章服がそれに当たる。その事情は以下に掲げる明朝皇帝から朝鮮国王に与えられた勅に明示されている。[49]

勅　朝鮮国王李諱。日者陪臣来朝、屢以冕服為請。事下有司。稽諸古制、以為四夷之国、雖大曰子、且朝鮮本、郡王爵、宜賜以五章或七章服。朕惟春秋之義、遠人能自進於中国、則中国之。今朝鮮固遠郡也。而能自進於礼義、不得待以子男礼、且其地逖在海外。非恃中国之寵数、則無以令其臣民。茲特命賜以親王九章之服、遣使者往諭朕意。（後略）。

すなわち、朝鮮は古来、中国から郡王の位置づけをされ、五章あるいは七章服を賜与されていた。しかし、中国に対する朝鮮王朝の「礼義」の厚さから、初めて「親王九章之服」を賜与することになった、という内容である。要するに朝鮮国王は、中国の親王と同格に処遇されるようになったのである。

右の勅にいう「親王九章之服」とは、『万暦大明会典』巻六〇、親王冠服項（永楽三年定制）によれば、

袞服九章。青衣五章、龍在肩、山在背、火・華蟲・宗彝在袖（毎袖各三）。皆織成。本色。領・褾襈裾。纁裳四章、織藻・粉米・黼・黻各二、前三幅後四幅。（後略）

というものである。右の規定に沿った冠服が実際に朝鮮国王へ賜与されたのは永楽元年（一四〇三）一〇月であった[50]。以上のことから、明・朝鮮間の冊封関係における朝鮮国王は、中国親王と同等に位置づけられていたことが判明したといえよう。なお、朝鮮国王にとって九章冕服は、王権を象徴するものとして清朝との冊封関係下にあっても機能していた[51]。この現象は琉球国王の皮弁冠服と同じような機能を果たしており注目に値する。

2　日本国王の位置

明朝と日本室町将軍との冊封関係の成立は、永楽元年（応永一〇、一四〇三）、明朝から亀鈕の金印を賜与されたことに指標が置かれている[52]。確かにその時点で日本国王＝足利義満は、「冠服・錦綺・紗・羅及亀鈕金印[53]」を頒賜されて

いるが、右の賜品から日本国王の冊封関係上の位置を正確に位置づけることは難しい。

右の問題を解く手掛りは、永楽三年（一四〇五）に潘賜・王進を日本へ派遣した際、「賜王九章冤（冕）服・鈔五千錠・銭千五百緡・織金文綺・紗・羅・絹三百七十八匹」[54]という記載にある。これらの賜品を実際に義満が入手していたことは、翌年の謝恩使の明朝派遣によって裏付けられる[55]。

要するに、右の「九章冤（冕）服」の賜与が義満の冊封関係上の位置を明瞭に示しているのである。この賜品は前述の朝鮮国王へ頒賜された冠服と同じものである。冊封された日本国王は朝鮮国王と同等であり、換言すれば中国の親王と同等に位置づけられていたことになる。

明朝は琉球国王同様、日本国王に対する通常の頒賜においても織物類を賜与していた。そのことは次に掲げる宣徳八年（一四三三）の事例からも明らかである[56]。

別幅

皇帝頒賜

日本国王

白金弐百両（中略）

紵絲二十匹

織金胸背麒麟紅乙匹　織金胸背獅子紅一匹　織金胸背白沢緑乙匹　晴花骨朶雲青一匹

（中略）

羅二十匹

織金胸背麒麟紅一匹　織金胸背獅子紅一匹　織金胸背虎豹緑一匹　織金胸背海馬藍一匹　織金胸背

海馬緑一匹　　素紅五匹

（中略）

王妃

（中略）

紵絲十匹

織金胸背犀牛紅一匹　　織金胸背海馬青一匹

（中略）

羅八匹

織金胸背獅子青一匹　　織金胸背虎豹紅一匹

（中略）

宣徳八年六月十一日

これらの頒賜品を当該期の琉球中山王のそれと比較すると、全体的に数量は多いものの、身分表示の品目はほぼ同じである。公侯駙馬伯（麒麟）、武官一・二品（獅子）、同三・四品（虎豹）、同八・九品（海馬）と、その身分表示はまちまちである。右のことは、中山王への通常の頒賜品と同じ傾向を示している。

さて、室町期の日本へ派遣された冊封使については、永楽元年（一四〇三）の趙居任らが画期となる[57]。すなわち、その時の皇帝「制[58]」には、印章の賜与と、「世《よよ》、爾の服を守らしむ」とあり、さらに同四年一月一六日付の皇帝「勅諭[59]」から誥命も頒賜されていたことが分かる。そのことから足利義満への冊封儀礼が執行されたことは明らかである。

足利義満以後、冊封使が派遣されたことを明確に示すものは、永楽六年（一四〇八）、義持冊封時である。[60]すなわち、

日本国世子源義持、以父源道義卒、遣使告訃。命中官周全往祭。賜諡恭献、賻絹布各五百匹。復遣使賚詔。封義持、嗣日本国王。賜錦綺・紗・羅六十四。

とあることがそれを示している。注目すべきは、中官周全を遣わして義満への諡号授与と絹五〇〇匹・麻布五〇〇匹を贈って諭祭し、[61]その後に義持を日本国王に冊封している点である。すなわち、この諭祭・冊封という一連の儀礼を執行するために、冊封使周全が派遣されたと考えられる。このことから王統の連続性を重視する明朝の姿勢が読み取れよう。

ところで、万暦二三年（一五九五）、日本国王に冊封された豊臣秀吉への頒賜品[62]は、万暦三一年（一六〇三）に琉球中山王へ冊封された尚寧のそれ[63]と品目・数量とも完全に一致する。ただし、秀吉宛ての勅諭には王妃分の頒賜記載はない。秀吉の冊封が尚寧に先行することから秀吉への頒賜品に準じて尚寧へ頒賜したと見なすべきではない。事態は全く逆である。前述のように、中山王への頒賜品はほぼ一定していた。さらに、秀吉冊封に対して明朝は、「其朝見冊封遣使等儀、倶照朝鮮・琉球事例、封事既定[64]」と朝鮮・琉球の事例に準じて冊封することを決定していた点からも明白である。

以上のことから、秀吉は室町将軍の九章冕服＝親王ランクから、琉球中山王と同等の皮弁冠服＝郡王ランクに落されて冊封されていたことになる。秀吉の冊封上の地位が室町将軍のそれと異なり、ワンランク落されていたことの一因には、朝鮮出兵という秀吉の軍事行動が影響していたものと推測されるが、詳細は検討の余地を残しているように思われる。[65]

3　冊封と擬制的父子・祖父孫関係

以上、検討した結果、明朝冠服制から朝貢国の秩序を見た場合、その頒賜品中に明朝宗室の一員に擬える原理が貫徹していたことが明らかとなった。すなわち、朝鮮・日本(室町将軍)国王は中国親王と同格、琉球中山王、豊臣秀吉はワンランク下の郡王と同格とする秩序構造が存在していたのである。

従来の冊封関係論は、詔勅、誥命、印章、大統暦等の分析から明朝皇帝と被冊封国王間の君臣関係のあり方に着目してきた。その中で、外交文書様式を詳細に分析した高橋公明氏が、冊封された琉球・朝鮮・日本国王は「ほぼ正二品の官僚」と同等に位置づけられていた点(66)を析出することによって、明と被冊封国間の君臣関係は一層鮮明になったといえよう。

しかしながら、本章で検討してきたように、明朝の冊封関係には、宗室の一員としての親王・郡王身分を可視的に表す冠服を冊封時に頒賜していた。このことは、いわば擬制的父子・祖父孫関係の原理もその中に伏在していたことを意味する(67)。

明朝は成立当初からこのような擬制的父子・祖父孫関係(68)を表現する冠服を冊封した各国王に頒賜していたわけではない。少なくとも、琉球・朝鮮・日本は、永楽朝に至って初めて親王・郡王と同格の冠服が頒賜された。

琉球を例にとると、皮弁冠服(=郡王)の頒賜は永楽二年(一四〇四)からであり、さらに、明朝が琉球に冊封使を初めて派遣したのも永楽朝の事項に属する。要するに、洪武朝の冊封形式は大統暦、鍍金銀印、詔勅の頒賜にとどまっていたものが、永楽朝に至ると皮弁冠服の頒賜と冊封使の派遣という段階に進展し、後代における冊封形式の規範となったということである。

永楽朝が琉球・朝鮮・日本国王へほぼ同時期に、親王・郡王身分の冠服を頒賜したことは偶然の一致とは考えられない。永楽朝は洪武朝とは異なる対外秩序を構築したと考えられる。ともあれ、少なくとも永楽朝において明朝の冊封形式が完成形態を取るに至ったとみて大過ないものと思われる。[69]

三　琉球の身分制と明朝冠服制

1　冠服制導入と三山

中国・朝鮮・日本という先行国家の取り巻く国際環境の下にあって、国家形成途上の琉球の三小国家[70]（山北・中山・山南）が、明朝冠服制をどのように受容し、身分制に反映させていたかを以下に検討しよう。[71]

洪武五年（一三七二）から天啓七年（一六二七）に及ぶ期間において、明朝から琉球へ与えられた頒賜品を『明実録』から、その傾向を示すと次のようになる。まず、頒賜物の種類は、およそ次のように分類できる。

①大統暦、②鍍金銀印、③文綺・紗・羅等の織物類、④皮弁冠・冠類、⑤皮弁服・襲衣・公服等の衣服類、⑥帯類、⑦靴・韈、⑧鈔・永楽銭等の紙幣・貨幣類、⑨陶器、鉄釜、⑩船舶、等である。

右の頒賜品を受給者毎に分類すると、①国王・王妃、②王の近親者、③朝貢使者、④官生（中国への留学生）、⑤国内の群臣、等となる。

以上のように便宜的に分類した頒賜品の中で、賜与される頻度の高いものは、文綺・鈔幣である。それに次ぐものが衣服類の賜与であった。

一般的に言って、朝貢使節一行は朝貢毎に鈔幣や衣服類を回賜品として賜与されることが慣列となっていた。織物類や衣服等の中国製品が、朝貢関係を契機として琉球社会へ流入するようになったのである。これらの頒賜品が山北・中山・山南の小国家へ及ぼした影響をみてみよう。

明朝への遣使者、遣使回数ともに圧倒的な数字を示すのが中山であり、以下、山南、山北と続く[72]。遣使回数に比例して回賜品を与えられる機会が最も多かったのも中山であった[73]。朝貢・回賜の慣例からすれば当然の結果である。以上の諸点を踏まえ、頒賜品と受給者との関係を次に検討しよう。

中国製衣服をいち早く賜与されたのは、中山王とその朝貢使者であった。洪武五年（一三七二）、中山王察度による初めての朝貢に対して、明朝は回賜品として「大統暦、織金文綺・紗・羅各五匹」を賜与し、使者の王弟泰期等へは「文綺・紗・羅、襲衣」を賜与した[74]。これが公的に琉球社会へ中国製衣服が流入した嚆矢であろう。朝貢使者は、その他に「靴・韈」をも頒賜[75]されていたように、中山王とはやや異なる頒賜に与かっていた。

他方、朝貢使者とは別に、中国服を賜与された人々に官生層があげられる。官生への頒賜の嚆矢は、洪武二五年（一三九二）、日孜毎・闊八馬・仁悦慈への「衣・巾・靴・韈・夏衣一襲」の賜与である[76]。

朝貢使者の中で注目すべきは、在琉華人の動向である。対中国・朝鮮・東南アジア諸国との外交実務に携っていた華人集団は、琉球社会では最も敏感に明朝冠服制に反応していた。そのことを示すのが洪武二五年（一三九二）の次の事例である[77]。

琉球国中山王察度表言、通事程復・葉希尹二人、以寨官兼通事、往来進貢、服労居多。乞賜職加冠帯、使本国臣民有景仰、以変番俗。従之。

すなわち、寨官（グスクの按司）と通事を兼務する華人の程復・葉希尹両者の長年にわたる進貢業務の労に報いるた

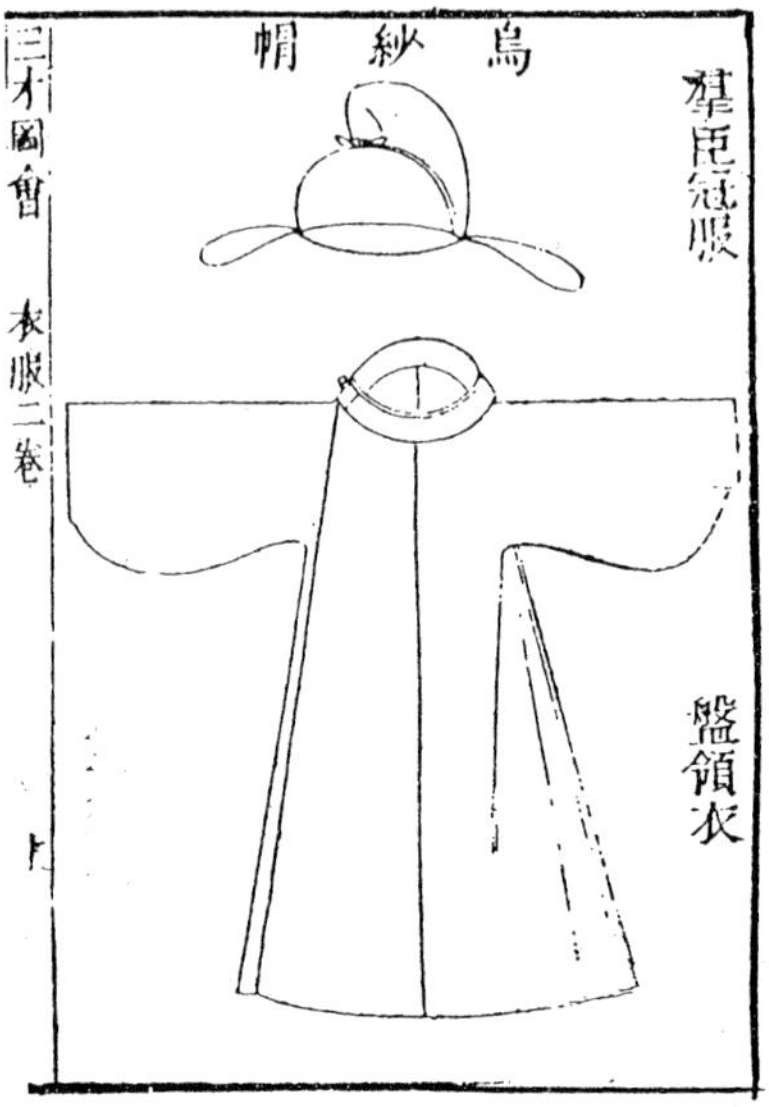

図4　盤領衣図
（出典：『三才図絵』（四），衣服二巻）

め、中国官職の授職とその身分表示としての冠帯の求請が行われ、皇帝の許可を得たという内容である。この表による求請は、中山王と華人の結合関係を知る上だけでなく、次の点でも興味深い。それは授職されて中国冠服を着用する者が琉球社会内で崇敬されるという点である。さらに、このような身分序列観念の形成を促進することによって、ひいては「番(蕃)俗」を改変しようとする意図が窺われよう。中国冠服着用者と非着用者（＝他の官人）との身分的区別方法の萌芽が発生していたといえよう。

華人層にとって明朝冠服の賜与は、授職と同義であった。そのことは次の事例にも示されている。洪武二七年（一三九四）、中山王察度は朝貢使者亜蘭匏の陞授と冠帯の給付、通事葉希尹等二人には千戸への陞授を求請し、その結果、亜蘭匏は「正五品」の「公服一襲」を賜与された[78]。

ところで、明朝はその前年の洪武二六年（一三九三）に公服を次のように規定していた[79]。

　文武官公服。洪武二十六年定。毎日早晩朝奏事及侍班・謝恩・見辞則服之。在外文武官、毎日公座服之。

明朝の文武官服には、朝服・祭服・公服・常服等があり、その中で、公服は右に示したように朝奏・侍班・謝恩・見辞等の時と場において着用することが規定されていたのである。

亜蘭匏が授職された正五品の公服そのものの具体的な規定[80]は、

其制、盤領右衽袍。用紵糸或紗羅絹。袖寛三尺。……五品至七品、青袍。……公服花様、……四品・五品、小雑紋、経一寸五分。……幞頭、漆・紗二等、展角長一尺三寸。……笏依朝服為之。腰帯、……五品以下烏角。鞓用青革、……鞾用皁。

というものである。盤領右衽袍とは図4に示すように、右側に衽のあるいわゆるつつえりの袍衣のことである。品級に応じて袍衣の色と図柄は異なる。一品から四品までは緋色、五品から七品までは青色、八・九品は緑色である。袍に織り込まれた花様（図柄）は、一品は大独科花（経五寸）、二品は小独科花（経三寸）、三品は散答花無枝葉（経二寸）、四・五品は小雑花紋（経一寸五分）等であった。

すなわち、亜蘭匏が賜与された五品の公服とは、青色の袍に小雑花紋が織り込まれた盤領衣、幞頭、象牙製の笏、烏角の腰帯、青革の鞓、黒色の靴一式であったと思われる。以上のことから在琉華人らは、明朝冠服制と深く関係していたことが分かる。

前述のように、洪武三一年（一三九八）に至って中山王察度は、明朝へ強く要請した結果、王とその群臣は中国の冠服を獲得することができた。このような中山の動向が、山南・山北にも刺激を与えることになる。すなわち、永楽元年（一四〇三）、山北王攀安知は善住（佳）古耶を明朝へ派遣し、「丐賜冠帯衣服、以変国俗」と「冠帯衣服」を求請した。その結果、「上嘉之、命礼部、賜其国王暨陪臣冠服」と国王以下陪臣層へも冠服が頒賜されたのである。(81)

この山北王の明朝への働きかけに今度は山南王が刺激され、翌永楽二年（一四〇四）に世子汪応祖の請封と同時に、「且奏、乞如山北王例、賜冠帯衣服。……遂遣使賚詔封之。并賜之冠帯等物」と山北国同様の求請を行い、冠服を獲得した。(82)

山南王が冊封と冠帯を求請した背景には、同年二月に中山王世子武寧が父察度の跡を継ぎ、山北・山南に先んじて琉球で初めて冊封使を迎え入れ、冊封儀礼を挙行していたことが大きく影響していたと考えられる。ともあれ、以上のことから中山・山北・山南の各王は、次々と明朝冠服の頒賜を求請し、その獲得をめぐって競合していた状況が窺知されよう。

琉球が明朝冠服を琉球社会へ導入した要因には、中山・山北の事例に明示されているように、琉球の「番俗」「国俗」を転換する梃子として意味づけられていた点にある。統一王国の形成途上にあって自生的に冠服制＝身分秩序を確立しえなかった三山は、明朝の完成された冠服制を模範とすることがより現実的であった。そのため、まず王と群臣（特に華人）層が明朝冠服制を導入・受容することによって、国内の身分秩序を可視的に表示する方法を獲得していた。換言すれば、明朝冠服を媒介として身分秩序を構築しようとしていたのである。

2　冠服の機能

以上の経緯において、明朝冠服をいちはやく受容したのは華人層であった。その華人の中で、明らかに中国官職を授与された人物として、林佑・王茂・懐機等をあげることができる。彼らは中国官職と同時に冠服も賜与されていた。これらの動向に巻き込まれるように琉球の各王は王位に即応する冠服を明朝へ求請していた。その最高形態が皮弁冠服であった。

このようにして導入された明朝冠服は、それではいかなる時と場において使用されたかが次の問題となる。その手掛りは、永楽元年（一四〇三）、山北王が上表した際の理由に見出される。前述のように、それには冠帯衣服を得て「以て国俗を変えん」と表現されていた。この「国俗」とは一般的な意味あいの習俗ではない。つまり、明朝の冠帯衣服は日常的な生活空間において着用するものではなく、より限定された場において着用されていたと考えられる。

その推定を裏付けるのが次の事例である。

正統元年（一四三六）九月二四日付の中山王尚巴志から礼部へ宛てた咨[83]において、尚巴志は以下のように朝服を求請した。

> 一件朝服事。洪武年間、欽蒙太祖高皇帝給賜本国各官冠・笏・公服等□（件カ）。欽遵奉受外、今照本国各官朝服、已経□（多カ）年。倶以朽壊無存、及不能裁製。凡遇聖節・正旦等事、行礼未便。合咨乞為具奏給賜便益、咨請施行。（後略）

右の咨からさしあたり、次の四点を指摘することができる。①中山の各官（具体的人数は不明）は洪武年間に頒賜された朝服を実際に使用していたこと。ちなみに、右の「洪武年間」とは『明実録』洪武三一年（一三九八）年三月癸亥条に記載された中山王察度とその群臣への冠服賜与の史実をさすものであろう。②その群臣の朝服はすでに朽壊し、使用に支障をきたしていたこと。③朝服を着用するのは、中国皇帝の聖節（誕生日）、正月元日の朝賀等の国家的儀礼の時であったこと。④その儀礼遂行の必要上、群臣への朝服の再給を求請していたこと。以上である。

ところで、中国において朝服は、以下の儀礼の際に着用するものであった。『万暦大明会典』（巻六一、冠服二、文武官冠服）朝服の項によれば、

> 凡大祀・慶成・正旦・冬至・聖節及頒降・開読・詔赦・進表・伝制、則文武百官各服朝服（後略）。

という規定であった。文武官の着用する朝服の冠は、『万暦大明会典』（同右）に、「一品至九品、倶以冠上梁数分第第」とされ、一品冠七梁、二品冠六梁、三品冠五梁、四品冠四梁、五品冠三梁、六・七品冠二梁、八・九品冠一梁と制定されていた。そして朝服は文・武官の別、品級毎に胸・背部の図柄が異なっていたことはもちろんである。

要するに、前掲の礼部宛中山王咨の例から理解されるように、中山王は中国皇帝へ収斂される儀礼を琉球社会（Ⅱ

中山王を頂点とした官人社会）において執行していた。その中国的儀礼の場において中山王は皮弁冠服を着用し、官人ら（群臣）は朝服を着用していたのである。

ところが、中山王尚巴志による朝服の求請は許容されなかった。すなわち、明朝は正統二年（一四三七）六月六日付の中山王宛ての礼部咨において、「今称朽壊、合無令本国照依原降制度、自行成造応用」とあるように、今後は琉球独自で製造すべきことを回答してきたのである。そのため、正統二年以降は、朝貢使者への冠服賜与を除くと、琉球は独自に官人の冠服を仕立てなければならなかったのである。(84)(85)

正統二年以降における儀礼と冠服の関係を示すのが次の事例である。景泰元年（一四五〇）、漂着した朝鮮人万年・丁禄等の言によれば、(86)

一、琉球国王、或一二月、一受朝、或一月内、再受朝。朝会時、坐于三層殿上、羣臣具冠帯、拝于庭下。

というものであった。「朝会」の場において、「羣（群）臣」は「冠帯」を着用していた。そして、「朝官の衣服は、則ち中国人と異なること無し」とも記されていることから、この「冠帯」が明朝の冠服を模倣して製造されていたことは間違いない。(87)

以上のことから、国家的儀礼に冠服は不可欠のものとなっていたことが了解されよう。しかし、冠服の機能はそれだけではなかった。そもそも「朝会」＝国家的儀礼に参列する「群臣」とは、当然のことだが、王との君臣関係を有する人々であった。その君臣関係を成立させる媒介物が、正統二年以前においては明朝製の冠服であり、それ以後は明朝冠服を模倣した琉球製の冠服であった。特に、華人集団にとって、明朝冠服の意味は極めて大きかった。このような華人集団と国王との結合関係を次に検討しよう。(88)(89)

思紹・尚巴志父子によって樹立された統一王朝＝第一尚氏王朝にとって、地方に盤踞する按司層の抵抗を押え込む一方、新王朝の権力基盤を確立することは急務であった。当該期の琉球において、対外貿易においてとりわけ対中国貿易は権力基盤の主要なものであった。そのことは各地のグスクから大量に出土する中国製貿易陶磁器から窺知されよう。[90]

武寧政権から中山王位を簒奪することによって成立したばかりの第一尚氏王朝が、その王権の安定・拡充を得るためには、対外関係の専門集団をいかに掌握するかが大きな課題であった。その方法の一つは、以下のように行われた。永楽九年（一四一一）四月、中山王思紹は中国皇帝へ次のように上表した。[91]

琉球国中山王思紹、遣使坤宜堪弥等、貢馬及方物。并長史程復来（奉）表言。長史王茂、輔翼有年。請陞茂為国相兼長史事。又言、復饒州人。輔其祖察度四十余年、勤誠不懈。今年八十有一。請命致仕、還其郷。従之。陞復為琉球国相兼左長史、致仕還饒州。茂為琉球国相兼右長史（後略）。

すなわち、右の内容は、①中山王から長史王茂を琉球国国相へ陞授することが要請され、王茂は国相兼右長史への陞授が許可されたこと。②長史程復は四十余年間、中山王察度に仕えたが、八一歳の高齢になったため致仕して故郷饒州へ還ることを請願し、その結果致仕の許可と琉球国相兼左長史号を授与されたこと。以上である。

要するに、国王思紹と対外関係に従事する華人の上位者王茂は、中皇国帝による国相、長史等の授職を媒介として中山内で新たな君臣関係を取り結んでいたのである。

本来、国相（王相）や長史は中国の王府制度にみられる官職名である。布目潮渢氏によれば、明朝は、太祖洪武帝の諸子（諸王）を冊立して各地に就藩させる「擬制的封建体制」をとっていた。[92]王府とは就藩した諸王の居邸やそれから派生した諸機関（同一王城内に存在）の総称であり、その内部に長史司・審理所・典膳所・奉祠所等々が設定されていた。例えば、長史司は左右長史各一人（秩正五品）、典簿一人（正九品）、審理正一人（正六品）、同副一人（正七品）

等々から構成されていた。この長史は王府官の中で、王府の政令、親王と中央政府との連絡、王府に所属する諸郡王等の統轄を職掌とする重要な官職として位置づけられていた。(93)

この王府制度は琉球国に大きく影響を与えていた。(94)洪武二七年（一三九四）、中山王察度の使者亜蘭匏は、明朝から初めて琉球国王相（正五品）に授職され、その品秩は中国王府の長史と同列に並べられた。(95)洪武二九年（一三九六）の中山王使臣の程復は典簿の官職名を持っており、(96)永楽元年（一四〇三）の使者王茂は長史を称していた。(97)いずれも明朝から授職されたものといえよう。中山はこのように明朝官職体系の中から、特に王相・長史・典簿等の王府官職を求めていた。換言すれば、中山は中国王府制度を国家モデルとしていたと考えられる。(98)

以上のような歴史的な状況下にあって、思紹は前中山王武寧と華人集団との間に形成されていた君臣関係を絶ち切るため、王茂を新たに王相に推挙・授職させ、そのことを通じて華人集団を自らの王権の中に組み込むことに成功したのである。(99)その華人の中から登場してきた懐機は長史、王相に授職され、尚巴志政権と極めて密接な関係を持っていた。(100)このように明朝からの授職＝冠服の賜与は中山王を頂点とする官人組織を統合する原理の一つとなっていた。中山王権における君臣関係は琉球人・華人のみで構成されていたわけではない。始期は不明であるが拡大されて日本商人をもゆるやかに包摂するようにもなっていた。そのことを示すのが、博多商人平佐衛門尉信重と中山王との関係である。

成化七年（一四七一）、中山王尚徳は信重を朝鮮へ遣わし、その際、彼に「金帯・紗帽・胸背衣」を与えた。ところが信重は、「然我已親受図書。為朝鮮臣、則今不宜服琉球国冠服。願受朝鮮爵命、永為藩臣」と朝鮮に授職を要請した。(101)注目されるのは、信重が琉球国の「臣」の証しとして「琉球国冠服」を身に纏っており、中山王との君臣関係を破棄する象徴的行為として、「琉球国冠服」を脱ぎ捨てると述べている点にある。これはもとより一つの事例にすぎないが、君臣関係を可視的に表示するものとして冠服が機能していたことを如実に示していると言えよう。

ところで、明朝は冠服規定に関して厳格な禁制を設けていた。その点については前述の通りであるが、その規制力は琉球国をどの程度包摂していたのであろうか。詳細は不明だが、少なくとも中国へ渡航した使者は、確実に明朝の規制の適用を受けていた。その事を示すのが次の事例である。

成化七年（一四七一）三月、中山王世子尚円は、請封使者として蔡璟等を明朝へ派遣した。(102)ところがこの時、蔡璟は私に大紅織金蟒龍羅段二匹を用いて製剪し、そのことが明朝当局に露顕するという事件が起こった。蔡璟は問題となった蟒龍羅は、宣徳三年（一四二八）時点で琉球に頒賜された品を中国に携帯したにすぎないと弁明した。しかし、調査の結果、宣徳三年に頒賜した事実はなく、さらに「蟒龍花様、此係応禁之物」という理由で、蟒龍羅衣を没収する旨が皇帝の勅によって諭告されたのである。(103)官・民の衣服においては蟒龍・飛魚・斗牛・大鵬等の図柄（花様）を禁ずる天順二年（一四五八）の規定(104)が蔡璟に適用されたわけである。右の事件から、中国へ渡航した琉球使臣は、明朝冠服制の規制を確実に受けていたことが分かる。

3　身分制の確立と冠服制

以上において、中国冠服の受容過程を検討してきたが、次に受容された冠服がどのように琉球独自の服飾制へ展開していたかを身分制との関連から探ることにする。

景泰四年（一四五三）、朝鮮へ使者として派遣された博多商人道安の言(105)によれば、「朝官衣服、則与中国人無異。無職人之衣、袖口稍寛。以色糸刺繡袖口、以別尊卑」と、琉球国における「朝官」（＝官人）の衣服は明朝のそれと同じとされ、非官人は袖口が多少広いという。注目されるのは「尊卑」＝身分差が袖口を色糸で刺繡した衣の差による点である。

この点は、前述の万年・丁禄等の見聞[106]においても、

一、男子常服、袖広如長衫。尊者袖口及衣上、以五色糸、繍獣形。衣色則或黒或白或紅。婦人或着広袖衣如長衫。或着短襖及裾無繍。短襖之制、似我国而差長。僧人長衫、亦似我国。

とあるように、男子の「尊者」の着用する衣服は、五色糸を用いて獣形を袖口と衣の上に刺繍している点で共通している。獣形を衣服に織り込んでいる点は、明らかに明朝冠服制中の武官の着用する常服の影響によるものと思われる。衣色の黒・白・赤も何らかの形で身分制との関連を持つものであろう。

天順五年（一四六一）、琉球仇弥島（久米島）へ漂着した梁成は那覇へ転送され、次のような見聞[107]を残している。

一、衣服・飲食。男服則如本朝直領之制、但袖広闊。色尚黒・白。女服則衣裳、一如我国。君臣上下男女、皆不冠巾。

すなわち、男服（日常の場における衣服と考えられる）は朝鮮の「直領之制」に類似するとされるが、それ以上の点は判然としない。衣服の色において黒・白を尊ぶとの記述は前述の万年・丁禄等の見聞と一致する。注目されるのは、「君臣上下男女、皆不冠巾」という点である。「巾」、すなわち被り物による身分区別は、日常的な場においては存在しないという。

しかしながら、完全に無巾であったわけではない。万年・丁禄等は、「一、男子頭髪、結于左耳上、余髪環結于右耳上、以白布裹之。如回回之形[108]」と、白布を用いて「回回」＝イスラム教徒のように頭髪を裹む琉球人の存在について言及している。

要するに、一五世紀中葉の琉球社会（王都とその周辺）において、裹頭習俗は萌芽的には見られるものの、一般的に

は無巾であり、身分表示は衣服の差異によっていたと考えられる。ただし、国王は別であった。すなわち、天順六年（一四六二）、漂着朝鮮人肖得誠等によれば、(109)「一、国王燕居、或用紅白綃、或用黒綃裹頭。（中略）服飾与朝官無別」と、国王は日常生活の場では、頭部を紅白綃あるいは黒綃で裹むが、衣服は官人と区別がないとされている。これは官人が無巾であるのに対し、王のみが紅白・黒綃を用いて、その身分的区別を設けていたことがわかる。

さて、一般的に古琉球期の身分制・位階制が大きく転回したのは一六世紀初頭の尚真王代とされている。(110)尚真王の事蹟を刻んだ「百浦添之欄干之銘」(111)は、身分制を考える手掛りを次のように記している。

其五曰、千臣任官、百僚分職、定其位之貴賤上下、以其帕之黄赤、以其簪之金銀。是後世尊卑之亀鏡也。

とある。官僚制の整備と同時に、その官位に対応する身分を設定したという。その身分制は中国の官僚制のように体系化されたものではない。しかし、尚真王は黄・赤色の「帕《はちまき》」と金・銀製の「簪《かんざし》」による序列化を打ち出した。高良倉吉氏は、官人層を位階制へ編成した意義として、王府権力機構の強化・充実、ひいては王権の絶対化を促進した点にあると位置づけている。(112)確かに、大局的にみると、その見解は妥当であろう。

しかしながら、衣服制の視点からみた場合、身分表示方式の転換が果たして右の時点で初めて達成されたかどうかは問題である。一四五〇から六〇年代においては無「巾」が一般的であり、身分表示は専ら衣服によって機能していた。尚真王代に至って「帕」「簪」という、いわば「巾」に相当するものによって身分表示方式が確立したことは間違いない。だが、このように無「巾」から裹頭への移行は、尚真王代に突如として登場したわけではない。少なくとも、一四七〇年代にはすでに裹頭へと移行しつつあった。それを示すのが、朝鮮人漂着民の金非衣・姜茂等の琉球王都近辺での次の見聞(113)である。

一、男女推髻於頂辺、以帛裹之。庶人皆着白苧衣。婦人推髻於脳後、皆着白苧布衫・白苧布裳、或着白苧布長衣。

其貴者亦服綵叚（緞）。有襦襖児・襦裳。其守令用班染絵裹髻、着白細苧布衣、帯紅染帛。

すなわち、男女とも「帛」で髻を裹む裹頭習俗が成立していたことを示している。さらに、「守令」は「班染絵」と「紅染帛」の帯を用いて身分を表示する方法が採られている。この点は、近世における帯（大帯）への展開を想起させる。

以上の前史があってはじめて、「帕」「簪」を媒介とする身分表示が尚真王代に制度化されたものと理解すべきであろう。だが、尚真王代に制度化された身分表示方式は細分化されたものではなく、黄・赤の「帕」、金・銀の「簪」を組み合せた程度の大雑把な区分でしかない。換言すれば、そのような区分で十分対応しえる小規模な官人組織であったと考えられる。

尚真王代以後、身分表示方式の展開が、嘉靖一三年（一五三四）の冊封使陳侃「使琉球録」[114]の中にみられる。それによれば、①官人は金簪を使用していたこと、②華人らは髻を頭頂の中央に結び、琉球人との区別があったこと、③裹頭の場合、国王は錦帕を、官人は黄・紅・青緑・白の色布を用いて序列化していたこと、④大帯は裹頭の色布に即応したものであったこと、等々が理解される。官人の黄・紅・青緑・白色による身分序列は、嘉靖二五年（一五四六）に漂着した朝鮮人朴孫等の見聞[115]における黄・紅・黒・青の帛色の序列とほぼ一致する。黄・紅が高位身分を示す点では尚真王代と同様であるが、その下位に青緑・白の身分を設定している点に特徴が見られる。

以上のことから、旧来、尚真王代に設定されたと言われている帕制による身分区別法は、実際にはそれ以前から定着・機能していたことが了解されよう。

しかしながら、右の帕制による身分規定のみが全面的に展開していたわけではない。前記、朴孫等の言によれば、「衣制如我国緇徒之衫、唯於朝衙、着紗帽・金銀玉帯、一如上国制度[116]」、と官人層（特に華人の末裔）は「朝衙」の場では、明朝冠服の「紗帽・金銀玉帯」を着用していたからである。

以上のことから、一六世紀中葉における官人の身分秩序の表示方式は、前代以来の明朝冠服制と尚真王代に確立をみた帕制による二つの方式が併存していたといえよう。この二つの身分表示方式はそれぞれ異なる役割を果たしていた。すなわち、中国冠服は専ら国家的儀礼や官衙における官人秩序を可視的に表現するものであった。他方、帕制による身分表示は、上記以外の日常的な場において機能していたのである。しかし、併存していたとはいえ、帕制による身分表示方式は、近世にいたると主流となる方式であり、尚真王代に琉球独自の身分表示方式が確立した意義は大きいといえよう。

おわりに

琉球は一七世紀初頭には、明朝から朝鮮・暹羅と並んで「冠帯之国」(117)と称されるようになる。このように琉球が明朝冠服制を導入・受容する歴史は、琉球における身分制の形成過程そのものであった。換言すれば、それは冊封関係を琉球が内在化するプロセスのひとつでもあった。中山王を頂点とする身分秩序は、明朝郡王ランクを表示する皮弁冠服を獲得することで明瞭な形を取ることになった。皮弁冠服は琉球王権の象徴物(レガリア)として確立し、定着していたのである。そのことは、清代には皮弁冠服の頒賜がなかったにもかかわらず、琉球は独自に皮弁冠服を仕立てていた点からも了解されよう。このことはたんに明朝の遺制として片付けられる問題ではない。近世において、薩摩藩による琉球支配と明清交替という政治的変動を視野に入れて検討する必要がある。(118)

ともあれ、以上において検討してきたように、明朝冠服制の受容過程から琉球国における冊封関係の役割とその意義が了解されたものと思われる。冊封を受ける際には、琉球群臣層連名によって明(清)朝へ「結状」を上呈する請封形式が採られていた。[119] この問題は琉球王権、ひいては首里王府の権力構造を解明する上でひとつの有効な手掛りとなる。それらの問題を含め、近世の琉球王国にとって冊封関係のもつ政治外交史上の意義については、次章以降において具体的に検討したい。

註

(1) 明代の朝貢については、百瀬弘「明代における中国の外国貿易」(『東亜』八巻七号、一九三五年、後に『明清社会経済史研究』研文出版、一九八〇年に所収)、市古尚三「明代の進貢貿易、及び国際貿易の状態と銀の中国流入並びに貨幣銀両化への影響」(『拓殖大学論集』第一六号、一九五八年)、金城正篤「明代初・中期における海外貿易について―朝貢貿易を中心に―」(『琉球大学法文学部紀要　社会篇』第一五号、一九六一年)等、参照。

(2) 佐久間重男「明朝の海禁政策」(『東方学』第六輯、一九五三年)。なお、右の論考を収録した同『日明関係史の研究』(吉川弘文館、一九九二年)は、朝貢と海禁について全体的に論及している。

(3) 琉球の海外貿易に関する先行研究には、小葉田淳『中世南島通交貿易史の研究』(臨川書店、一九九三年、初出一九三九年)、秋山謙蔵『日支交渉史研究』(岩波書店、一九三九年)、東恩納寛惇『黎明期の海外交通史』(一九四一年、後に『東恩納寛惇全集』第三巻、第一書房、一九七九年に所収)、安里延『沖縄海洋発展史』(三省堂、一九四一年、一九六七年、琉球文教図書、再刊)、真栄平房昭「琉球＝東南アジア貿易の展開と華僑社会」(『九州史学』第七六号、一九八三年)等がある。

(4) 琉・明間の冊封関係については、註(3)の諸書にも断片的な言及があるが、専論としては以下の論稿がある。島尻勝太郎「冊封体制下の琉球」(同『近世沖縄の社会と宗教』第一章、三一書房、一九八〇年)、金城正篤「冊封体制と奄美」(『琉大史学』第一二号、一九八一年)、長瀬守「政治文化よりみた明・琉球関係の展開」(『東洋史論』第四号、一九八二年)。

(5) 東恩納寛惇『琉球の歴史』(至文堂、一九五七年)。後に『東恩納寛惇全集』(第一巻、第一書房、一九七八年)に所収、三三頁。島津氏支配下の近世についても、東恩納氏は、一貫して冊封関係を軽視する立場にたっている。そのことについては、本書Ⅰ・第二章、参照。

(6) 包括的な先行研究としては、田中健夫『中世対外関係史』(東京大学出版会、一九七五年)、同『対外関係と文化交流』(思文閣出版、一九八二年)がある。なお、冊封関係の全体的構造に関しては、西嶋定生氏の一連の論稿中、「東アジア世界と日本」(『歴史公論』一九七五年一二月号〜七六年一一月号連載、雄山閣出版)参照。さらに、冊封関係論の学説史的総括には、鬼頭清明『日本古代国家の形成と東アジア』(一九七六年、校倉書房)第二章第三節、菊地英夫「総説—研究史的回顧と展望—」(『隋唐帝国と東アジア世界』汲古書院、一九七八年)、西里喜行「東アジア世界史研究の視点・方法・論点—諸説の検討—」(『琉球大学教育学部紀要』第二七集、一九八四年)、参照。

(7) 日本古代史の分野において、冊封関係を衣服制との関連性において論及した武田佐知子『古代国家の形成と衣服制』(吉川弘文館、一九八四年)は示唆に富む。

(8) 大庭脩「豊臣秀吉を日本国王に封ずる誥命について」(『関西大学東西学術研究所紀要』第四号、一九七七年)。本章の冠服分析は、大庭論文から多くの示唆を得た。

(9) 河上繁樹「豊臣秀吉の日本国王冊封に関する冠服について—妙法院伝来の明代官服—」(京都国立博物館編『学叢』第二〇号、一九九八年)。

(10) 初期明朝政権に関しては、山根幸夫「明太祖政権の確立期について—制度史的側面よりみた—」(『史論』第一三集、一九六五年)、宮崎市定「洪武から永楽へ—初期明朝政権の性格—」(『東洋史研究』第二七巻第四号、一九六九年、後に同『アジア史論考』下巻・近世編、朝日新聞社、一九七六年)、檀上寛「明王朝成立期の軌跡—洪武朝の疑獄事件と京師問題をめぐって—」(『東洋史研究』第三七巻第三号、一九七八年、同「元・明交代の理念と現実—義門鄭氏を手掛りとして—」(『史林』六五巻二号、一九八二年)、同『明朝専制国家の史的構造』(及古書院、一九九五年)等、参照。

(11) 『明実録』洪武元年二月壬子条。

(12) 『明史』巻六六、志第四二、輿服二。

(13) 註(10)山根論文。

(14) 『明史』巻六六、輿服志二。『中国歴代服飾』(学林出版社、一九八四年)、二二六頁。

(15) 同右。

(16) 『明実録』洪武五年一二月壬寅条。

(17)『明実録』洪武一六年正月丁未条。
(18)『明実録』洪武一八年正月丁卯条。
(19)註(3)小葉田著、一一八頁。
(20)新崎盛敏「明清朝廷から琉球王に贈られた竜衣・竜文について」(『南島史学』第二七号、一九八六年)も通説に依拠しており、問題点が多い。
(21)琉球国王の固有(土着)の即位儀礼に関する専論は極めて乏しく、伊波普猷「君真物の来訪」(『伊波普猷全集』第五巻、平凡社、一九七四年、初出一九三六年)があるにすぎない。ただし、伊波氏は固有の即位礼に着目し、冊封儀礼との内的関連性については全く言及していない。聞得大君の即位礼(オアラオリ)に較べて国王固有の即位儀礼が背後に押しやられた様相となっていることの理由の一つは次の点にあると思われる。つまり、中国の皇帝権威による冊封儀礼は前王の諭祭と新王の冊立をワンセットとするものであり、王統の連続性が対外的権威によって保証されていたことになる。そのため琉球固有(土着)の即位儀礼が十分発達しえなかったのではないかと考えられる。
(22)諭祭・冊封儀礼の具体相は「冊封使録」類に散見される(『那覇市史』資料篇第一巻3、冊封使録関係資料、一九七七年)。
(23)『明実録』永楽一三年五月己酉条。
(24)凡誥勅等級。洪武二十六年定。一品至五品皆授以誥命。六品至九品皆授以勅命。
(25)高橋公明「外交文書、「書」・「咨」について」(『年報中世史研究』第七号、一九八二年)。
(26)ただし、琉球・室町幕府間においては、和文の仮名文書が使用されていた(田中健夫「室町幕府と琉球との関係の一考察—琉球国王に充てた足利将軍の文書を中心に—」『南島史学』第一六号、一九八〇年、後に同『対外関係と文化交流』所収)。琉球から室町幕府へ宛てた文書については、佐伯弘次「室町前期の日琉関係と外交文書」(『九州史学』第一一一号、一九九四年)、参照。
(27)『歴代宝案』第一集・巻一・九号(『歴代宝案』訳注本、第一冊、沖縄県教育委員会、一九九四年)。以下『宝案』訳注本1、一・九号のように略す。
(28)瀧川政次郎「清代文武官服制考」(『史学雑誌』第五三編第一号、一九四二年)。
(29)宣徳七年正月二二日付、琉球国中山王尚巴志宛皇帝勅諭(『宝案』訳注本1、一・一〇号)。
(30)『宝案』訳注本1、一・二〇号。

（31）尚真王から尚寧王に至るまでの冊封時の頒賜品は以下に示す勅諭（別副）等に拠る。成化一四年（一四七八）七月九日付、中山王世子尚真宛皇帝勅諭（『宝案』訳注本1、一・二三号）。嘉靖一一年（一五三二）八月一七日付、中山王世子尚清宛皇帝勅諭（同右、二・三号）。万暦三一年（一六〇三）三月三日付、中山王世子尚寧宛皇帝勅諭（同右、一・二九号）。

（32）『明史』巻六六、輿服志二。

（33）『万暦大明会典』巻六〇、皇帝冕服項。

（34）同右。

（35）同右、皇太子・親王・親王世子・郡王冠服項。

（36）註（7）武田著、一三八〜一四〇頁。

（37）『万暦大明会典』巻六〇、郡王冠服項。

（38）『明史』巻六六、輿服志二。

（39）註（8）大庭論文。

（40）『万暦大明会典』巻六〇、郡王冠服項。

（41）註（9）河上論文。なお、本章の初出誌（『年報中世史研究』第一二号、一九八七年）では、五章絹地紗皮弁服一套と大紅素皮弁服一件を別個のものとして理解し、「尚円へ頒賜した五章皮弁服は、衣に粉米・藻・宗彝の三図柄、裳に黼・黻の二図柄が織り込まれていたと思われる」と推測した。しかし、河上論文によって皮弁服は大紅素皮弁服一件のことを指すことが判明したため、右の「尚円へ頒賜した」云々の部分は削除し、本文のように改めた。

（42）清代における冊封時の頒賜品は、以下に一例を掲げるように皮弁冠服等の冠・衣服類は一切賜与されず、緞物類だけあった。

順治一一年（一六五四）七月一日付、琉球国世子尚質宛皇帝勅諭（『宝案』校訂本1、三・七号）。

国王　蟒緞貳疋・青綵緞参疋・藍綵緞参疋・藍素緞参疋・衣素貳疋・閃緞貳疋・錦参疋・紬肆疋・羅肆疋・紗肆疋。

妃　青綵緞貳疋・藍綵緞貳疋・粧緞壹疋・燗緞壹疋・藍素緞貳疋・衣素貳疋・錦貳疋・羅肆疋・紗肆疋。

中山王は右の頒賜品中の蟒緞を用いて独自に皮弁服に仕立てて着用していた。頒賜品のあり方からみた場合、このように清朝の冊封秩序と明朝のそれとは異なっていたことが分かる。なお、清朝の中華意識については、安部健夫「清朝と華夷思想」（同『清代史の研究』創文社、一九七一年）、参照。

(43)『高麗史』巻七二、輿服。
(44)柳喜卿・朴京子『韓国服飾文化史』(源流社、一九八二年)、一二三頁。
(45)『高麗史』巻一三六、辛禑四。
(46)註(44)柳・朴著、一二三頁。
(47)末松保和「麗末鮮初の対明関係」(『青丘史艸』一、一九六五年)。
(48)『明史』巻三二〇、外国一、朝鮮。
(49)『朝鮮王朝実録』太宗二年(建文四)二月己卯条。
(50)『朝鮮王朝実録』太宗三年(永楽元)一〇月辛未条。
(51)註(44)柳・朴著、一七一頁。
(52)田中健夫『中世対外関係史』第二章、冊封関係の成立(東京大学出版会、一九七五年)、六七頁。
なお、明朝の対日関係については、佐久間重男「明初の日中関係をめぐる二、三の問題—洪武帝の対外政策を中心として—」(『北海道大学人文科学論集』第四号、一九六五年)、同「永楽帝の対外政策と日本」(『北方文化研究』第二号、一九六七年)。後に註(2)著所収、参照。
(53)『明実録』永楽元年一〇月乙卯条。
(54)『明実録』永楽三年一一月辛丑条。
(55)『明実録』永楽四年六月庚午条。
(56)田中健夫編『善隣国宝記　新訂続善隣国宝記』(集英社、一九九五年)、二〇六〜二一六頁。
(57)中村栄孝『日鮮関係史の研究』中(吉川弘文館、一九六九年)、二五頁。なお、高橋公明「室町幕府の外交姿勢」(『歴史学研究』第五四六号、一九八五年)は、建文四年(一四〇二)の明使(天倫道彝・一庵一如)を冊封使と見なしている。しかし、右の明使は単なる招諭使であり、冊封儀礼も執行していない。以上の点から中村説を改める必要はないように思われる。
(58)註(56)田中編、一一六〜一一八頁。
(59)同右、一二〇頁。
(60)『明実録』永楽六年一二月戊子条。

(61) 論祭文は『善隣国宝記』巻中の永楽六年一二月二一日付、皇帝勅にみえる。
(62) 註(8)大庭論文中の掲載写真、および論文中の史料紹介に拠る。
(63) 万暦三一年三月三日付、尚寧宛皇帝勅(『宝案』訳注本1、一・二九号)。
(64) 『明実録』万暦二二年一一月己卯条。
(65) 豊臣秀吉冊封の経緯に関しては、李光濤『万暦二十三年封日本国王豊臣秀吉考』(台北、中央研究院歴史語言研究所専刊五三、一九六七年)、註(8)大庭論文、および中村栄孝「豊臣秀吉の日本国王冊封に関する誥命・勅諭と金印について」(『日本歴史』第三〇〇号、一九七三年)等、参照。
(66) 註(25)高橋論文。
(67) 堀敏一氏は、唐代における冊封関係の中に、君臣関係と父子・兄弟関係が併存していたことを指摘している(同「近代以前の東アジア世界」『歴史学研究』第二八一号、一九六三年)。同『中国と古代東アジア世界　中華的世界と諸民族』(岩波書店、一九九三年)、参照。
(68) なお、明朝宗室における皇太子・親王等の封爵に関しては、『明実録』洪武二八年(一三九五)八月戊子条が参考となる。
「詔更定皇太子・親王等封爵冊宝之制。皇太子・親王、倶授以金冊金宝。皇太子妃・王妃、止授金冊、不用宝。皇太子嫡長子為皇太孫。次嫡子並庶子、年十歳、皆封郡王、授以塗金銀冊銀印。親王嫡長子、年十歳、授以金冊金宝、立為王世子。次嫡子及庶子、年十歳、皆封郡王、授以塗金銀冊銀印。凡王世子必以嫡長。如或以庶奪嫡、軽則降為庶人、重則流竄遠方。若王年三十、正妃未有嫡子、其庶子止為郡王。(中略)若王世子襲封、及王世子並郡王娶妃、郡王授封、並郡王嫡子長襲封、朝廷遣人、行冊命之礼。郡王子授鎮国将軍、孫授輔国将軍、曾孫授奉国将軍、玄孫授鎮国中尉、五世孫授輔国中尉、六世孫以下世授奉国中尉。(後略)」。

右により①皇太子・親王は金冊・金宝をもって冊授されること、②皇太子の次嫡子・庶子は一〇歳になると郡王に冊封されること、③郡王は塗金銀冊・同銀印をもって冊封されること、④親王世子の襲封、同世子の娶妃、郡王の授封等の場合、中央より冊命(冊封)の儀礼を執行する使者が派遣されること、等々が制定されたのである。

皇太子・親王は金印、郡王は塗金銀印を授与された点は朝鮮・日本国王＝金印、琉球国王＝鍍金銀印の授与と冠服による身分序列とが符合する。右の印章授与からも冊封された国王を宗室の一員に擬していたことが裏付けられる。ただし、豊臣秀吉冊封時には金印が頒賜されており(『明実録』万暦二四年五月辛巳条)、郡王格を示す皮弁冠服との不一致が見られる。

(69)　註(10)檀上論文「明王朝成立期の軌跡」は、永楽政権が洪武朝の「南人政権」から統一王朝へと飛躍・発展した政権であることを指摘する。同『永楽帝―中華「世界システム」への夢』（講談社、一九九七年）、参照。
(70)　三山時代の政治史に関する先行研究には、和田久徳「琉球王国の三山統一についての新考察」（『お茶の水女子大学人文科学紀要』第二八巻、一九七五年）、生田滋「琉球国の「三山統一」について」（『東洋学報』六五巻三・四号、一九八四年）、安里進「琉球国中山・山南の王位継承と権力構造」（『球陽論叢』ひるぎ社、一九八六年）、辺土名朝有「対明入貢と琉球国の成立」（『球陽論叢』ひるぎ社、一九八六年）、安里進「琉球王国の形成」（『アジアの中の日本史　Ⅳ地域と民族』東京大学出版会、一九九二年）等がある。
(71)　田中俊雄・田中玲子『沖縄織物の研究』（紫紅社、一九七六年）は服飾史研究の立場から琉球へ頒賜された中国服飾品を全体的に検討した先駆的研究である。
(72)　野口鐵郎『中国と琉球』（開明書院、一九七七年）所収の「琉明往来表」、一八六〜二〇六頁、参照。
(73)　『明実録』から頒賜回数（官生への頒賜を含む）を概算すると、中山は明代を通じて約二四五回、山南は洪武一二年（一三七九）〜宣徳四年（一四二九）間に約三一回、山北は洪武一七年（一三八四）〜永楽一三年（一四一五）間に約一〇回である。
(74)　『明実録』洪武五年一二月壬寅条。
(75)　『明実録』洪武七年一〇月庚申条。
(76)　『明実録』洪武二五年八月丁卯条。
(77)　『明実録』洪武二五年五月庚寅条。
(78)　『明実録』洪武二七年三月己酉条。

命授琉球国王相亜蘭匏秩正五品。時亜蘭匏以朝貢至京。其国中山王察度、為請於朝、以亜蘭匏掌国重事、乞陞授品秩、給賜冠帯。又乞陞授通事葉希尹等二人、充千戸。詔皆従其請。俾其王相秩、同中国王府長史、称王相如故。仍賜亜蘭匏公服一襲、副使傔従以下鈔有差。

(79)　『明史』巻六七、輿服志三。
(80)　同右。
(81)　『明実録』永楽元年三月丙戌条。

(82)『明実録』永楽二年四月壬午条。
(83)『宝案』校訂本1、一七・二号。
(84)『宝案』校訂本1、四・二号。
(85)『明実録』正統二年六月癸亥条にも同内容の記載がみられる。なお、註(3)小葉田著、二九一頁、参照。
(86)『朝鮮王朝実録』端宗元年(景泰四)五月丁卯条。
(87)同右。
(88)嘉靖一三年(一五三四)、尚清の冊封使として渡琉した陳侃は、「凡遇元旦・聖節・長至日、王率衆官具冠帯、設龍亭行拝祝礼」(陳侃「使琉球録」『那覇市史』資料篇第一巻3、九頁)と記している。このことから中国的儀礼が定着していたことが分かる。なお、儀礼の政治的統合機能については、青木保「儀礼と国家―人類学的考察・試論―」(『思想』七〇〇号、一九八二年。後に同『儀礼の象徴性』岩波書店、一九八四年に所収)が示唆に富む。
(89)東南アジア貿易での華人集団の役割については、註(3)真栄平論文、高瀬恭子「歴代宝案第一集における火長について」(『東南アジア―歴史と文化―』第一二号、一九八三年)等、参照。
(90)グスク出土の中国製貿易陶磁器については、矢部良明「日本出土の元様式青花磁器について―沖縄、とくに勝連城の出土品を中心にして―」(『南島考古』第四号、一九七五年)、三上次男「沖縄県勝連城跡出土の元染付とその歴史的性格」(『考古学雑誌』第六三巻第四号、一九七八年)、亀井明徳『日本貿易陶磁史の研究』第五・六章(同朋出版、一九八六年)、同「琉球陶磁貿易の構造的理解」(『専修大学人文論集』第六〇号、一九九七年)、國吉菜津子「琉球における陶磁貿易の一考察」(『南島史学』第三八号、一九九一年)、金武正紀「舶載陶磁器からみた琉球の海外交易―中国陶磁器を中心に―」(『第四回琉中歴史関係国際学術会議　琉中歴史関係論文集』琉中歴史関係国際学術会議編、一九九三年)等、参照。
(91)『明実録』永楽九年四月癸巳条。
(92)布目潮渢「明朝の諸王政策とその影響」(『史学雑誌』第五五編第三・四・五号、一九四四年)。
(93)『明史』巻七五、職官四。なお、王府制度の概容については註(92)布目論文、参照。
(94)註(3)小葉田著(一一六、七頁)に明の王相府(王府)制と琉球華人についての簡潔な言及がみられる。
(95)『明実録』洪武二七年三月己酉条。

(96)『明実録』洪武二九年正月己巳条。
(97)『明実録』永楽元年三月辛卯条。
(98)正統七年（一四四二）一〇月五日付、暹羅国宛て琉球国王の咨（『宝案』校訂本2、四〇・二九号）の冒頭は「琉球国王府見為礼儀事」と書き出し、琉球自身を「王府」と自称していた。また、嘉靖一〇年（一五三一）に編纂された「おもろさうし」（第一巻）は「首里王府のおさうし」の表題であること等から、琉球が中国王府制を強く意識していたことは明白である。
(99)明朝海禁体制下において、華人集団にとっても王権と結びつくことは、朝貢使節として公式ルートを通じて彼らの交易活動が保証されることを意味した。そのため王権と華人集団とは相互依存関係にあったと言えよう。このような構造は東南アジア諸国の華人と現地王権の関係と共通した性格をもっている。この点については、和田久徳「一五世紀のジャワにおける中国人の通商活動」（『論集近代中国研究』一九八一年）、同「前近代アジアの海上交通」（『南島―その歴史と文化―』五、第一書房、一九八五年）参照。
(100)拙稿「統一王国形成期の対外関係」（『新琉球史　古琉球編』琉球新報社、一九九一年）、参照。
(101)『朝鮮王朝実録』成宗二年（成化七）一一月辛酉条。
(102)『明実録』成化七年三月甲申条。
(103)成化七年四月八日付、尚円宛て皇帝勅（『宝案』訳注本1、一・一七号）。なお、『明実録』成化七年三月戊戌条にも同様の記載がある。
(104)『万暦大明会典』巻六一、冠服二、文武官冠服項。
(105)『朝鮮王朝実録』端宗元年（景泰四）五月丁卯条。
(106)同右。
(107)『朝鮮王朝実録』世祖八年（天順六）二月辛巳条。
(108)註(105)に同じ。
(109)註(107)に同じ。
(110)高良倉吉『新版琉球の時代』（ひるぎ社、一九八九年、初出一九八〇年）、一九九～二一四頁、同『琉球王国の構造』（吉川弘文館、一九八七年）一七～二〇頁、参照。

(111) 沖縄県教育委員会文化課編『金石文　歴史資料調査報告書Ⅴ』一九八五年、二三五頁。
(112) 註(110)高良『新版琉球の時代』、二二二頁。
(113)『朝鮮王朝実録』成宗一〇年(成化一五)六月乙未条。
(114)『那覇市史』資料編第一巻3、八〜九頁。
風俗、男子不去髭、(中略)但結髻於首之右。凡有職者、簪一金簪。漢人之裔、髻則結於髪之中。俱以色布纏其首、黄者貴、紅者次之、青緑者又次之、白斯下矣。王首亦纏錦帕、衣則大袖寛博、製如道服。然腰束大帯、亦各如纏首之布之色、弁貴賤也。
(115)『朝鮮王朝実録』明宗元年(嘉靖二五)二月戊子条。
(116) 同右。
(117)『明実録』万暦四〇年丑月壬寅条。
(118) 琉・清間における冊封関係の締結をめぐる問題は、江戸幕府・薩摩藩を巻き込む事態を引き起こした。その政治的課題が「辮髪」や中山王の「衣冠」に集中的に表れていたことは、明朝冠服制の深い影響を蒙っていた琉球王国の立場を象徴的に物語っているといえよう。この問題については、本書Ⅰ・第二章、参照。
(119)「結状」については、拙稿「近世琉球の王府制度に関する一考察―『おかず書』・『結状』の分析を中心に―」(『沖縄文化研究』第一五号、一九八九年)、参照。

第二章　冊封関係からみた近世琉球の外交と社会

はじめに

一八七九年（明治一二）の「琉球処分」の断行によって琉球王国は解体され、日本国に編入された。その解体過程において最大の紛争事項は、清国との冊封・朝貢関係の廃絶問題にあった。(1) この事実は、琉球王国の根幹にかかわる問題である。国家の崩壊過程においてその国家の本質部分が顕在化するとするならば、琉球王国の場合はまさしく中国との冊封関係がそのことに該当すると考えられるからである。しかしながら、ひるがえって従来の近世琉球王国論をみると、「序」において述べたように総じて冊封関係を軽視する東恩納寛惇氏以来の見解(2)が、半ば通説的位置を占めている。この見解は貿易は実質、冊封は形式とみなす単純な理解にもとづくものであり、冊封と朝貢貿易が緊密に絡みあっていたことを看過ないし軽視しているのである。

さて、一九八〇年代における琉球史研究の到達点は、島津氏支配下の琉球＝「幕藩制国家の中の異国」という総括に示されている。(3) その異国性の根拠は、冊封・朝貢関係の存続に求められている。しかし、琉球の異国性と島津氏の領分性を統一的に理解するという田港朝昭氏(4)や安良城盛昭氏(5)の提起にもかかわらず、冊封関係の政治的機能については問題提起の段階にとどまり、その実証的研究は未開拓の状況にあるといえよう。そこで、本章では、以上の研究状況を踏まえ、次の視点から分析することにしたい。

第一に、冊封関係（異国の側面）の内実を幕藩制支配（島津氏の領分の側面）と統一的に検討すること。そのことによって冊封関係のもつ政治機能が浮彫りにされよう。

第二に、島津氏支配下における琉球の「主体性」「自律性」の特質を検討すること。

第三に対外関係と社会の関係を冊封関係を媒介することによって有機的に検討すること。以上である。

一　首里王府の権力構造と尚豊政権の位置

1　「結状」と「おかず書」の機能

琉球・中国間の冊封関係において、一つの特徴をなす形式に「結状」による冊封の申請（請封）がある。「結状」とは本来、中国社会において保証書・承諾書を意味する文書のことである。[6] 琉球の請封時における「結状」も、世子（次王）の正統性を臣下層が連名で保証する点で中国における「結状」・「甘結」と同じ用法である。

例えば、尚敬請封時（一七一六年）の「結状」における連署者は、以下のような構成であった。

三司官三名（翁自道・馬献図・毛応鳳）／長史二名（陳其湘・鄭廷極）／王叔四名（尚監・尚裕、等）／王舅五名（毛邦秀・金鴻基、等）／紫金大夫三名（程順則・鄭永安、等）／紫巾官一三名（松君鼎・向思欽、等）／耳目官六名（向秉乾・翁欽忠、等）／正議大夫八名（王可法・鄭明良、等）／中議大夫五名（紅自煥・金世銘、等）／那覇官二名（毛天枢・郭宗儀）／遏闥理官九名（吉如茂・向洪鑑、等）／毘那官三名（翁得功・馬元英、等）／郷耆老五名（馬廷器・向元良、等）、以上である。[7]

このように首里王府権力の中枢を構成する臣下六八名の連署によって請封が行われていた。琉球の冊封には「結状」が不可欠であった。そのことは、一六〇〇年の尚寧請封の際に中国側は、琉球の襲封＝冊封には必ず結状が必要であるとした点からも明白である。[8]このことは琉球王権が臣下層の支持・同意によってはじめて承認される存在であることを如実に示している。なぜなら、臣下層の「結状」への連署拒否にあうことは冊封にあずかれないことを意味しており、冊封によって王権を最終的に完成する中山王にとっては大きな打撃となるからである。

さて、このような特定の集団による特定人物の保証・推戴は、冊封関係にのみ見られる現象ではなかった。すなわち、琉球社会では任職には「おかず書」という形式が用いられていた。「おかず書」とは伊波普猷氏によれば「公儀で人を職に任ずるに当り、その姓名を録して上司に伺ふこと」である。[9]推挙・推薦を意味するこの琉球語の用例は、多様な階層において用いられる一般的な形式であった。村落の神女ノロ役の交替から村掟、間切掟（大掟・南風掟・西掟）、首里大屋子・夫地頭・地頭代等の「さばくり」役の交替、そして王府官人の任職にも使用された。

たとえば、ノロ役の交替規定は、親類や村掟等の「おかず書」を「大さばくり」がその人柄を勘案したうえで承認の次書きを加え、さらに間切を領有する両惣地頭の承認の次書きを経て王府へ上申されるものであった。[10]このように下からの推挙状を次々に上級役人が次書きを加え、役職に任命する形式が「おかず書」であった。

ところで、王府地頭層の相続の場合には、「おかず書」という形式を用いてはいない。しかし、本人ではなく親類による相続願いの「書付」が上呈される点に留意する必要がある。[11]さらに、親類・与・村は下知に従わない人物を「気任者」として王府に対して科刑（多くは流罪）を申請し、それが許可される刑罰慣習が存在した。[12]この刑罰慣習は百姓だけでなく士族社会でも確認される一般的現象であった。これら地頭職の相続願いや「気任者」への刑罰申請に共通する点は、親類・与・村という集団が相続願いや告発の主体となっていることである。要するに「おかず書」とは、このように特定集団による申請という社会慣習に深く根ざした推挙様式であった。

以上の「おかず書」の性格は、冊封関係において使用される「結状」と原理的に同一のものとみることができる。なぜなら、「結状」による冊封の申請（請封）は、中国に対する琉球臣下層の「おかず」（推挙・推戴）行為にほかならないからである。首里王府の権力構造は、このように特定集団による保証構造に基礎づけられていた。そして、外交と社会の結節点を集中的に表現するのが「結状」と「おかず書」であったのである。(13)

2　尚豊政権の特徴

さて、以上のあり方を尚豊即位をめぐって惹起した問題から検討しよう。島津氏は尚寧王の跡目として当初、佐敷王子の長子（尚恭）を指示し、尚寧は元和二年（一六一六）六月一五日付でその命令に服する旨の請文を提出していた。(14)しかし、事態が容易に推移しなかった点は尚恭ではなく佐敷自身が王位に就任し、尚豊政権が誕生したことからも明らかである。尚豊自身は、自らの即位は島津家久の「御意」によると寛永一六年（一六三九）二月八日付の書状で記している。(15)だが、このことからただちに尚豊政権を島津氏の傀儡政権の誕生とみなすことはできない。王府の論理＝「結状」の機能を考慮に入れる必要があるからである。

前述のように、冊封には臣下層連名の「結状」が不可欠であり、尚豊冊封もその例外ではありえなかった。一六二一年、二五年、二六年、二七年の四度に及ぶ請封のすえ一六二九年に至ってようやく明朝は請封を許容した。(16)初回の請封には「通国の結状」が欠如しているという理由で拒絶された。後の三度の請封には「結状」を備えていたにもかかわらず容易に承認されなかった。その背景には、明朝が島津氏支配下の琉球に不信感を抱いていたからと考えられる。中国側が再三、「通国の印結」（結状）を要求したのは、尚豊の正統性と諸臣下による推戴の確認のためでもあったのである。

琉球側における尚豊の推戴事情は、当時九歳という幼い尚恭の即位に危機感をいだいた三司官・読谷山親方盛韶（毛鳳朝）らの擁立によるものとされている。(17)この記載は「結状」の論理から見て蓋然性の高いものといえよう。それらのことから、前述のように島津氏と尚寧王との間で取り交わされた尚恭の即位は結局反故にされ、尚豊自身が即位することになったのである。(18)すなわち、尚豊政権の成立においても、王府臣下層の意向（＝「結状」の論理）は無視し得ない一つの大きな要因であった。

近世における琉球王位は、尚豊即位に典型的に見られるように、王府臣下層による下からの同意と中国の皇帝権威による上からの承認＝冊封という旧来の形態に、島津氏の追認という新たな要素が加わった複合的要素から構成される王権であった。ただし、島津氏支配によって王権の変容を余儀なくされながらも琉球王権の基軸は、臣下層の同意・承認と冊封関係にあった。その複合的特質は、例えば次のような尚豊の国家意識に表れている。崇禎六年（一六三三）、冊封使を迎えた尚豊は、同年六月九日付、喜友名大夫(蔡堅)宛の書状(19)において、次のように記している。

一書申下候、抑　大明之衣冠　勅使相催之旨奉願処、臣下衆仍被精入、今日者御無事ニ被成御来着、誠以喜悦之至難尽筆紙候、然者連々如申、球国者唐之御恩情ニテ彼是今分ニ相調候、我禁中唐人之覚可然様ニ、就中御国本之御奉公罷成様ニ被廻思慮肝要ニ候、委細之段者三司官衆可有談合候間不及助言候、余ニ〳〵祝着之故、以書面中通候、不具、

以上

六月九日　城御内原ヨリ

喜友名大夫

すなわち、①冊封使の来琉は臣下衆の協力によったこと。つまり「結状」での同意・協力のことを指すと見てよい。

②以前から述べてきたように琉球の存続は明の御恩情、つまり冊封・朝貢関係の継続にあること。③とりわけ、島津氏への御奉公には意を尽くすべきこと、とある。注目すべきは、②に示されるように、琉球国の存立は明国との関係＝冊封・朝貢関係にあるとしながら、一方③の島津氏に対する奉公を強調している点にある。冊封・朝貢関係と島津氏への奉公の両立こそ王国存続の根本であるという意識が、そこには見られるのである。

島津氏への奉公とは、具体的には「唐口之商売」の専念にほかならなかった。崎原貢氏[21]や上原兼善氏[22]によってすでに明らかにされているように、島津氏はこの時期悪化した藩財政を打開するため、対中国貿易の拡大策を展開しており、琉球衆による「唐口之商売」への専念の要求は切実であった。[23]だが、島津氏の思惑は完全に裏切られ予想外の不振に終わった。島津氏は一連の琉球側の対応は、「奉公疎意」が歴然としており、将来における御用を拒絶するための「陰謀」と琉球側を激しく指弾してきたのである。[24]この琉・薩間の対立原因を首里王府役人の執拗なサボタージュと位置づけたのは崎原氏であり、さらに、一歩踏み込んで上原氏は、琉球側による「非協力体勢」すなわち「尚氏の抵抗」によるものと位置づけた。両氏が説くように「非協力」は確かに存在する。しかし、子細に検討すると、王府を一体のものとして把握することはできない。つまり、王権と臣下層のズレを考慮する必要があるからである。

前述のように、尚豊は島津氏支配と冊封朝貢関係を両立・整合させようとはかっていた。しかしながら、その意識は即座に王府役人層全体に共有されることはなかった。特に渡唐役人には内面化されていなかったのである。すなわち、朝貢貿易の運営に直接介入してきた島津氏に対して、粗悪品の購入や個人貿易を優先させることによって、不満・抵抗を表す者もいたのである。島津氏権力と妥協しつつ王権を維持しようとした尚豊と臣下層の意識のズレが、ここにおいて露呈したといえよう。そのため、尚豊政権は「見懲」らしとして「手くだり悪敷」渡唐役人に対する死罪方針を島津氏へ回答した。[25]

さらに、尚豊は島津氏と深まった亀裂の修復を、いわゆる「鎖国」（海禁）へと傾斜しつつあった幕藩制国家の動向に対処することによって打開しようとはかった。

すなわち、幕府は一六三九年ポルトガル船を日本から締め出すのに際し、琉球口から唐物の補塡を島津氏を介して打診していた(26)。それに対する琉球側の対応は、翌四〇年閏正月三日付で渡唐中の喜友名へ宛てた尚豊の書状に示されている(27)。

一、糸売買之御佗何程済候ハン哉、爰元者朝暮其左右計待入候、就夫毎月弁嵩（嶽）・敷那（識名）・末吉参詣仕候事、

一、去秋従　御国本御条書下候而、江戸之　将軍様ヨリ日本国ニ薬種幷マキ物糸之御不自由之由ニ候而、琉球口ヨリ誂進上申由ニテ、カゴシマ御老中ヨリ具志上可差渡由被仰付候儘若輩ト申、又々新度ニテ難成由申候へハ必定御定被成候間不及力候、今度船頭ニテ渡候、其方以校量万端御奉公罷成様ニ才覚頼入候事、

（中略）

一、今度之天下之御用之儀、能調候へハ麑島之御為ニモ能御座候、又琉球迄可然カトモ出合ニテ候間、カヘス〱モ難成ナカラ頼存候事、

（後略）

閏正月三日　琉球国尚豊御在判

喜友名大夫

すなわち、第一条目は、一六三七年三月に琉球の明国での白糸貿易が全面的に禁止されたことへの対処を指すものである。琉球への通告遅れのため一六三八年の貿易は容認されたが、次回（一六四〇年）以後の白糸貿易は一切厳禁とされた(28)。そのため、喜友名らによる白糸貿易禁止措置の解除要請が成就するよう、国王自ら弁嶽や識名寺・末吉宮へ

参詣し、祈願していたのである。第二条目は、日本国内における中国薬種や巻物・生糸類の不足に対して、江戸幕府は琉球口から補塡するよう島津氏を介して琉球へ伝えていたことを示している。特に、注目されるのが第三条目である。すなわち、尚豊は「天下（幕府）の御用」（第二条目の補塡要請）を達成することによって、鹿児島（島津氏）の要求に応えることとなり、ひいては琉球の利益ともなる（第一条目）と意味づけていた。換言すれば、尚豊は朝貢貿易に専念することによって幕藩制国家の「鎖国」（海禁）への動向に対処しつつ、かつ島津氏との間に生じた軋轢・矛盾を処理しようと図っていたことが窺われる。しかしながら、前述のように反薩的な渡唐役人を押え込むことができず、島津氏の糾弾を契機として「見懲」らしの処分を下すことによって、かろうじて島津氏の全面的な介入を回避しえたのである。端的にいえば、近世琉球の王権は島津氏支配と冊封・朝貢関係を矛盾なく整合させて初めて成り立つ王権に変容していたのである。そのことを最初にして、かつ最も顕著に表したのが尚豊政権であった。

さて、このような島津氏支配と冊封朝貢関係の存続のバランスの上に乗った琉球王権にとって最大の危機は、中国の動乱すなわち明清交替にあった。

明初以来、琉球王国に大きな影響を与え、かつ琉球王権にとって不可欠の権威として存在した明朝の崩壊は、そのまま琉球王権の危機へと直結したからである。

二　明清交替期における琉・薩・幕関係の再検討

1　「等距離外交」の問題

近年、明清交替期における琉球の在り方に関してさまざまな局面が解明されつつある。ここでは琉球側に視座をおき、動乱の中で示された琉球の動向を中心に検討する。いわゆる「等距離外交」と明を捨て清への乗り換えについての再検討である。

「等距離外交」とは、明清両者への対応を島津氏が指示していたとする、戦前の『鹿児島県史』（一九四〇年）以来の見解のことである。上原兼善氏[29]や紙屋敦之氏[30]の見解も基本的に、それを踏襲している。これらの見解に共通する点は、幕藩制国家による琉球支配の論理を重視するあまり、琉球がたんなる支配の客体にすぎなくなっていることにある。むしろ、琉球の動向をも組み込んだうえで幕藩制国家の琉球支配を検討すべきであり、そのことによって幕藩制国家に対する琉球外交の「主体性」の質と限界が明確になると考えられよう。

島津氏の指示による明清への「等距離外交」の内容は、慶安四年（一六五一）九月一八日付の在番奉行宛「覚」[31]に明示されている。

一、来春唐へ左右聞船被差渡ニ付、書簡之宛所双方を兼候而可被遣哉、従琉球之儀ニ候間、三司官相談次第と申渡候処、右同前ニ被仰下候者、韃人方へ一通、大明方へ一通、書簡二通被調、片付候方へ状可被差出候□（欠）、若又未片付候ハヽ、何方ニ成とも船之着所勝手次第ニ申通候而可然候、勿論後年之障ニ不成様ニ入念可被書由候、

其段牒可被申越者也、

すなわち、この条項は琉球側による明清双方を兼ねる書簡の宛所について、その承諾を得るための前半部分と、それを承認し、さらに具体的な指示を下した後半部分からなっている。しかし、多くの見解は後半の指示に着目し、前半の琉球側の伺いを軽視ないし無視する傾向にある。(32)注目されるのは、琉球の伺いに対して島津氏は三司官の協議次第という点にある。三司官の協議次第という回答は、この時点にのみ見られるものではなかった。

まず、琉球が島津氏に打診したのは、正保三年（一六四六）という明清交替の早い時期から、清国の使者による辮髪の強制へいかに対処すべきかという伺いをたてていた点に見られるように、辮髪への危機感を募らせていた。(33)そして、つぎに琉球が島津氏へ伺いをたてたのは、一六四八年、南明政権へ派遣する左右聞船に武器携帯の許可を求めた時である。島津氏がさらに幕府へその件の可否を伺ったのは、幕府法に異国への武器搬出が禁じられていたためである。幕府は後年、琉球が中国への渡海・通交の支障となることを懸念し、その要求を許容した。(34)

さらに、一六四九年の清国の招撫使・謝必振に対する島津氏の姿勢は注目される。すなわち、謝必振への対応は「琉球之国司・三司官など（等）談合次第」によるべきものとして在番奉行による介入を抑制していた。その理由は、「琉球国之儀、自古来唐と日本ニ相随罷居候、当時御当家ニ被成拝領候へとも日本国之内にて無之候間、如此沙汰ハ従此方御指図可難成候」という点に示されている。つまり、琉球は当該期、島津家が「拝領」しているものの本来、日本国の内ではない。それゆえ、謝必振＝清国への対応法の具体的指図はできないと述べ、「菟角向後琉球国之為能様ニ相談を以可有挨拶」(35)と、将来における琉球の対中国関係の支障にならないよう対応すべきことを指示していた。明清いずれかの選択権は、最終的には琉球に存すると考えていたのである。

謝の目的は、高瀬恭子氏がすでに指摘(36)しているように、琉球に対し前明（故明）の印勅の返還（＝明朝との冊封関係の破棄）と清国の冊封を受諾させることにあった。しかし、琉球はこの時期（一六四九年二月）、南明政権に対して「隆武三年九月二十二日、痛ましくも我が先君、世を辞し薨逝し、哀疚して忍びず。……理として合に貴司に先報すべし。天子の褒綸を奉ぜざれば、惴躬、奚んぞ絶域に安瀾たるを得んや。況んや祖封は例に照らして、宜しく当に亟かに請封・進貢の旧章に循うべし[37]」と先王尚賢の死去と尚質自身の冊封要請を行っていた。それに対する監国魯王政権の返答は、「是に璽書を用って、勤勤として汝が国を致慰す。我が朝の藩屏として忠志を殫宣すれば、允に旧徳を嘉し、将さに新封を錫わらん[38]」と、冊封使派遣の実現性は別としても、冊封の意志を表明していたのは明らかである。

そのため琉球は、謝（＝清国）に対しては明確な態度表明を避け、清国への返答を引き伸ばす方針をとっていたのである。だが、清国は再び招撫使の派遣を通告し、その来航を翌年にひかえた琉球は対応法を島津氏へ再度打診していた。それに対する島津氏の回答は、「弥前々首尾ニ、三司官相談を以能様ニ返事被申可然[39]」というものであった。ここでも琉球側の選択に委ねていることは明らかである。

しかし、問題となるのが、明暦元年（一六五五）七月一二日付、島津家家老連署「覚」である[40]。この「覚」の第一条は、琉球の対処法に関する島津氏と幕府の協議内容である。謝必振が初めて渡琉した一六四九年、幕府は島津氏と琉球の対応方法に関して細かい協議をしており、島津氏が提案した明清双方を兼ねるという等距離外交方針案を了承した。ここでの等距離外交案とは、動乱の鎮静化を待って明清いずれかの覇権確立後に琉球から使者を派遣するというものであり、清国への返答の引き伸ばし策であった。この幕藩制国家の指示は、将来における琉球と中国の通融の支障とならないよう配慮されており、琉球の意向が反映したものであった。なぜなら、島津氏は前述のように明清への対応は琉球中山王・三司官の協議次第と返答していたが、逆に琉球側は幕藩制国家の動向に腐心せざるをえなかった。そのため、再三にわたって島津氏から承認を取り付けつつ大陸の動乱に対処していたのである。

しかしながら、明清いずれかの覇権確立を待つという幕府・島津氏の協議方針は、一六五二年、謝必振の再度の渡琉によってあっさり覆された。すなわち、翌年、琉球は謝に従って慶賀使者を清へ派遣したからである。

このことは明を捨て清へ乗り換えた時期の問題と関連する。研究史上では、一六四九年の謝必振の渡琉時に求める紙屋氏の見解(41)と、一六六三年＝清国による冊封使の渡琉時に求める高瀬氏の見解(42)がある。紙屋氏は、前述のように琉球が一六四九年二月に南明側へ請封している事実を看過しているため、その見解は疑問である。結論的にいえば、高瀬氏の見解に基本的に従うものであるが、高瀬氏は幕藩制国家による琉清関係の承認という問題を看過しているため、なお十分ではない。

すなわち、以下のように段階的に清との冊封・朝貢関係が形成されたと見るべきであろう。まず、第一段階は一六五三年に故明の印勅を返還し、清の勅印を要請した段階である。第二段階は清国の辮髪を受容することもやむをえない、とする幕藩制国家による琉清関係容認の時期、すなわち一六五五年である。そして、第三段階が一六六三年の清国の冊封使による尚質の冊封が執行された時期である。

ここで注目すべきは、第二段階の辮髪問題である。清俗＝辮髪を忌避する姿勢は幕府・島津氏・琉球三者に共通していた。清国冊封使の派遣を目前にした藩主島津光久は、一六五五年八月六日付の覚で、幕府老中へ清俗の強制への対応法を次のように伺っていた。すなわち、辮髪に対して「琉球人迷惑ニ存、右之為体ニ罷成間敷と可申儀ハ必定ニ候」(43)、と琉球側が清俗への強い拒否姿勢を示していることを理由に、それに対する幕府の回答を要請した。島津氏は基本的には幕藩制国家の外聞の保持を懸念するものであったが、琉球の清俗忌避をも考慮しなければならなかったことになる。幕府はそれに対し、同年九月六日付で清俗の強制に甘受すべきことを指示した。注目されるのは同年九月一三日付島津家家老連署状において、幕府受容の指示について、「此上は琉球王位も異儀被(有カ)間敷候、無口能仰出、乍恐我々も安堵仕候[44]」と幕府の指示であるならば、琉球側も異議を唱えないであろうと安堵している点にある。すなわち、島津氏側は琉球の清俗忌避の姿勢を幕府の指示によって説得・容認させようとしていたのである。このことは幕府による琉清関係の最終的承認として琉球に伝えられたものと考えられる。

この背景には、幕府の対琉球認識が大きく作用していた。すなわち、幕府は「琉球国之儀、唐へ無通候へ者万事難成由[45]」とあるように、中国との通融＝冊封・朝貢関係なしには存立しえない「国」柄という認識をもっていた。清俗を受容させてまで清国との関係成立を容認したのは、清国と敵対することで幕藩制国家に混乱を持ち込ませないための幕府の保身であったことは否定できない[46]。しかし、注目されるのは、中国との関係の維持なくして琉球の存立があり得ないという点で幕府・島津氏は共通の認識をもっていたことにある。中国との冊封・朝貢関係を有する琉球は、島津氏の領分でありながら幕藩制国家の枠内では処理しえない異国でもあった。島津氏の領分の側面か、あるいは冊封・朝貢関係をもつ異国の側面のいずれに力点をおいて処理すべきかを迫られた幕藩制国家は、結局後者を重視して琉清関係の樹立を容認したことになる。

一方、清の冊封を受容する際、辮髪や清国の冠服の強制に最も強く危機感を抱いたのは琉球であった。すなわち、琉球王権のシンボルは明代では、冊封時に与えられた皮弁冠服であった[47]。明朝での郡王ランクを示す皮弁冠服から清俗への転換は、琉球王権にとって大きな打撃として受け止められたと考えられる。それゆえに、辮髪に対する忌避姿勢を幕藩制国家に示していたのである。

しかしながら、一六六三年に渡来した清国冊封使は辮髪等の清俗を強制しなかったため、琉球・島津氏・幕府三者の懸念は取り除かれた。中山王は清俗に迎合することなく、基本的には明朝の皮弁冠服の様式を保持しつつ清国の冊封を受け入れたのである。ここに琉球のギリギリの選択があったといえよう。

2　三藩の乱と琉球

清国との冊封関係の樹立によって琉清関係が安定しかけたものの、延宝元年（一六七三）の三藩の乱で琉球・幕藩制国家は再びその動乱にまきこまれる。とくに琉球は硫黄の供与を要求してきた靖南王側へ直接対処しなければならなかったため、その影響は深刻であった。

さて、三藩の乱と琉球との関係については、真栄平房昭氏[48]が全体状況を明らかにしている。ただし、琉球の対処方法に関してはなお検討の余地を残しており、以下においてその特徴を再検討してみたい。

一六七六年六月二八日に琉球へ到着した遊撃・陳応昌は、三藩側の優位を説き、中山王宛靖南王の令諭、三司官宛福州役人の咨文、河口通事の書簡、久米村長史宛の文書を渡して硫黄の供与を要請した。そのため首里王府は即座に島津氏へその可否を伺い、島津氏はさらに幕府へと転達した。幕府が最終的にその要求を許可したのは同年九月三日付であった[49]。旧来の研究は幕府の指示にのみ注目し、琉球側の動向を看過している。つまり、この硫黄供与について琉球は主体的な対応策を欠き、無策のまま島津氏・幕府の指示を仰ぐだけの「傀儡」のように位置づけているからである。だが、子細に検討すると、そのような理解は一面的であることが分かる。延宝四年（一六七六）九月二一日付、琉球摂政・三司官宛ての諏方采女返書には、次のようにある[50]。

七月三日之御状致拝見候、然者上将軍より硫黄所望之由、以使者被申越候、就夫久米村衆相談仕候ハヽ、琉球之儀者往古より北京通融之津口ニて候、殊ニ唐国半分大明之手ニ為罷成由候処ニ硫黄所望不相達、後年之障ニも罷成候ハん、偶使者渡海為仕儀ニ候条、少々ハ被達可然候哉、縦大清之天下ニ罷成候共、其時節ハ可被仰様も可有之由ニ付、阿多六兵衛殿被成相談御伺被仰上候、御赦免御座候者、硫黄二万斤程ニてハ可相済と久米村衆申候由被

仰越候、且又硫黄所望之儀ニ付、久米村衆へ僉議被仰付候書付、何も遂披露候、硫黄之儀二万斤被遣候通御免之
上ハ口能無御座候間、為御□（報）如斯候、恐々謹言、

九月廿二日　　諏方采女

池城親方

伊野波親方

大里按司

すなわち、①対中国外交の専門集団の久米村衆による協議書が陳一行らの硫黄供与要請の文書等とともに幕府へ転達されていた。②その協議内容は、硫黄二万斤の供与が適切であるという具体案を付したものであった。③久米村衆は琉球の採るべき外交方策は、清国側・三藩側いずれへも対処できるように陳一行を待遇すべし、として在番奉行阿多六兵衛と相談のうえ「軽き馳走」で接遇していた。そして、④琉球の要望通り硫黄供与が許可されたことを返答する、というものである。

以上、琉球の明清交替期における外交姿勢は「小国」の存立のため明・清、そして三藩・清いずれへも対応しうるものであった。しかし、その姿勢は幕藩制国家の承認を取り付けつつ展開されたものであった。換言すれば、琉球はつねに島津氏へ「御伺」をたてる政治構造の中にあった。この姿勢を「主体性」とみなすには、あまりに微弱なものといえよう。しかし、旧来の見解のように幕藩制国家による一方的指示に振り回された対応方法ではなかった。押え込まれていた琉球側の「主体性」は、次に検討するように徐々に回復の度合いを強めていくようになる。

三　主体性回復の契機と琉薩間の矛盾

1　北谷・恵祖一件と接貢船の制度化

康熙帝慶賀船の不祥事に端を発した北谷・恵祖一件は、最終的には一六六七年三月、島津氏によって被疑者への処分が下されるという、琉球の裁判権に直接介入してきた最大の事件であった[51]。以下、この事件のさなかに模索された接貢船の制度化から琉球側の「主体性」回復を検討してみよう。

寛文六年（一六六六）四月、首里王府側による一件糾明の進捗状況に対し不満を抱いた島津氏は、ついに在番奉行による直接糾明に乗り出した。このことを契機に一件の主導権は島津氏側へ移り、同年六月と一〇月に被疑者は鹿児島に送られて審問を受けた。このような緊迫した政治状況にあって、同年八月四日付、仁礼覚左衛門宛の三司官連署状[52]において王府は次のように提起した。

一、二年ニ壱度之進貢船差渡候儀も、従古来之掟と乍申、御国之御用相達申候儀、仕合奉存候故、国中衰微仕候へ共、無懈怠相調申候、此上ニも毎年御用相達候様ニと奉存、当年於唐訴訟申達候而、間之壱年ハ左右聞船と名付、一艘差渡候筈ニ申済候、ケ様成ニも唐役人中方々へ礼銀入申候、御奉公迄仕候事、

すなわち、①これまで琉球の衰微にもかかわらず、御国（島津氏）の御用として二年一貢を勤めてきた。さらに、②島津氏へ毎年の御用に供するため、当年は清国に対して隔年の朝貢貿易から毎年の貿易、すなわち「間の一年」に左右聞船を派遣することを清国と交渉し、ほぼその許可を得ているとして、左右聞船（接貢船）の創出を打診してい

たのである。翌年、王府案は許可され、銀三〇貫が計上された[53]。

接貢船の制度化が提起された理由は、以下の点にあった。すなわち、前述の一件が王府首脳部へおよぶことを恐れ、その幕引きをはかったことである。島津氏への奉公を印象づけ、一件によって動揺した朝貢体制の再建・強化策によって琉薩間に生じた軋轢を緩和しようとする方策であった。しかし、この方策にもかかわらず、三司官の北谷等の計二二名（北谷・恵祖の子供七名を含む）という大量処分が寛文七年（一六六七）三・四月に王府へ通告された[54]。ともあれ、この政治的緊張状況の打開策を直接の契機として、接貢船の制度化がはかられていたのである。

しかし、琉球のこの対清貿易の再建策には大きな障害があった。それは鄭成功らによる琉球朝貢船に対する海賊行為からの防衛という問題である[55]。羽地朝秀（向象賢）は摂政就任以前からその問題への対処策を講じていた。すなわち、寛文二年（一六六二）三月一五日付の「口上之覚」で鄭氏勢力の海賊行為によって清国との通融が妨害されているとして幕藩制国家へその打開策を訴えた。だが、この時点では島津氏・幕府からの反応はなんら示されなかった。清国への朝貢行為を敵視する鄭氏の攻撃は依然として継続され、寛文一〇年（一六七〇）には、進貢小唐船が船もろとも掠奪された。北谷・恵祖一件の数年後のため、島津氏からまたも「臆病之至」と非難を受けながらも首里王府は鄭氏の海賊行為を島津氏を通じて幕府へ訴えた。それに対して幕府は、長崎へ来港した鄭氏勢力の東寧船を差し押え、琉球進貢船の代償として銀三〇〇貫を没収し、琉球へ償還したのである[56]。海賊行為（ばはん）に対する幕府の処置が示されたものといえよう。

琉球の要求は幕藩制国家を介して実現されたものの根本的な解決にはいたらなかった。なぜなら、鄭氏勢力による襲撃の不安は払拭されなかったからである。鄭氏勢力が琉球を攻撃したのは琉球が清国とのみ関係を持ち、鄭氏側とは完全な外交断絶状態にあったからである。琉球への償銀没収に反発した鄭氏は翌年（一六七一）、東寧船を長崎へ一艘も派遣せず、さらにまた一六七三年には、福州付近で琉球進貢船二艘を襲撃するという報復行動にでたのである。[57]

このような鄭氏勢力の攻撃にさらされていた状況は、接貢船の創出によって朝貢貿易の再建・拡大を図ろうとする琉球側にはきわめて不利であり、打開策を見いだせないまま三藩の乱に巻き込まれることになる。だが、前述のように三藩の乱をようやく乗り切った琉球にとって東アジア情勢の鎮静化は、進貢船・接貢船の安定した運行をもたらすようになる。そして遷界令の撤廃を契機として、琉球の「主体性」回復の動きが顕在化してくるのである。

2　遷界令撤廃と琉球の対応

清国は一六八一年、台湾の鄭氏を降伏させることで海禁の緩和、すなわち展海令を発令した。それは康熙二三年(一六八四)八月二二日付の中山王宛中国礼部咨文において、以下のように通達された。すなわち、①海禁の解除によって海上貿易に従事する中国商人が増加していること、②それに随伴する漂流・漂着民を収養・救恤し中国へ送還すること、③送還してきたものには、先年の朝鮮国のように賞賜すること、等々の内容であった。[58] その指示に琉球は即座に対応し、翌々年(一六八六)一〇月四日付の皇帝宛尚貞の奏文で遵守することを上奏した。[59]

しかし、この琉球の回答は、幕藩制国家の構築した長崎を中核とする送還体制に抵触するものであった。すなわち、琉球への漂着民は基本的にはすべて長崎へ送り、長崎から本国へ送還されるべきものであった。幕藩制の送還体制の枠内に琉球も組み込まれていたのである。この送還方法の変更を琉球は、島津氏へ上申することなく処理していた。その経緯を示すのが、次の元禄七年(一六九四)一一月二六日付、島津家家老連署「覚写」である。[60]

一、琉球江唐船漂着之儀候ハヽ、馳走仕、進貢使之節本国江可送遣候、朝鮮国江漂来之者有之、致馳走送越於大清国御褒美被下候、其例相守様ニと甲子年礼部之以咨文申渡有之候付而、去年北谷按司・三司官より被申出趣承届、右之儀当年茂又々被申出之段令承知候、漂着之唐船致馳走候儀者　公義之御禁止候、琉球之儀者万端当国之御仕置不被相守候而不叶事候間、異国船漂着候ハヽ、不飢様仕置候迄ニ而可然候、不飢様介抱候得者、大清之申渡致違背筋ニ茂無之候、進貢之使船ニ而大清江可送遣之由者、　公義江被得御差図追而可申越候、其内者有来通被相心得尤候、

一、右之咨文十ヶ年以前到来、写之儀者、其節為被差出由候得共、何様可仕哉之由者噂茂不仕、去年漸被申出段大形之儀ニ候、且又去年被申出候節問届趣有之候處、右咨文之御請者于今不申達候、此方之御仕置之様可仕と存罷在候由答被申候処、当年琉球より申越候書物者、大清之仰渡琉球国中江申渡候旨、翌丑年御請之奏文差上候由相見得候、相違之申分無心許候、御咎目可有之儀ニ候得共、北谷按司者近年之役儀、三司官茂十ヶ年已来段々役替有之候故、此節者右之趣達　御聴、相違之申分御用捨被成候間、向後被入念可然候、

右之趣琉球江可被申越候、以上、

要点を示すと、①前述の展海令を通達した「甲子年」（一六八四）の礼部咨文が、去年（一六九三）になって島津氏へ報告され、また当年（一六九四）も報告があったこと。②漂着唐船の処理に関しては幕法によって「馳走」が禁止されており、当国（島津氏）による「万端」の「御仕置」に琉球は服さなければならないため、漂着異国民へは飢渇に及ばない程度に介抱すれば、大清の通達にも違背しないこと。③漂着民を進貢船で福州へ送還する問題は、公義（幕府）の指示を待ち、それまでは旧来通り（長崎送還）と心得るべきこと。④一〇年以前に到来した礼部の咨文に対して、その時点ではたんに写しを島津氏へ提出しただけで、それへの対処法を去年になってようやく伺ってきたことは「大形」（疎略、いい加減）であること。⑤清国への対処法を琉球へ通達しようとしたところ、すでに琉球側による受諾の奏文が「丑年」（一六八五）に清国へ上呈されていたことが今年判明したこと。⑥琉球の矛盾した申し分（釈明）は心許

ない次第であり、「御咎目」＝処罰に値するが、現職の摂政・三司官は役代わりとなっているため、今回は「御用捨」となったこと。以上のように、琉球の独断による対処法を、島津氏は「当国」（島津権力）の仕置から逸脱した行為として強く牽制・威嚇を加えながら、結局は琉球側が積み上げてきた事態を容認（「御用捨」）することになったのである。

　そして、漂着唐人・朝鮮人を進貢船に便乗させて福州へ直接送還するという変更案を幕府へ要求し、その回答は元禄九年（一六九六）六月二八日付の薩摩藩主宛老中奉書(61)によって承認された。それには「（前略）今度琉球国中山王、其方迄相願候者、如跡々大清国江進貢船遣候付而、以来漂着之唐人出所不相知候異国船致破船候共（者カ）、福州迄送遣度候、且又南蛮船者不及申、切支丹宗門疑敷異国船漂着、若破船候者唐人幷荷物共長崎江送越度候之旨、中山王願之通被差免之（後略）」とあるように、琉球・島津氏はともにこの要請が清国展海令への対処であることには全く触れず、専ら琉球進貢船に便乗させて清国福州へ送還する方法であることを中山王の嘆願という形で要請していた。南蛮船やキリスト教の疑いのある漂着船は旧来通り長崎へ送付すべきものとされたが、琉薩間の緊張は幕府の承認によってひとまず決着した。

　以上の琉薩間の交渉は次のことを示している。すなわち、第一に、琉球は清国の展海令をテコにして幕藩制国家の構築した送還体制から結果的に離脱することになった。第二に、最終的には幕藩制国家による許可を得たものの、当初島津氏の判断を仰ぐことなく琉球単独で決定していたことが特に注目される。要するに、この琉球の「主体性」の発揮は、清国との冊封・朝貢関係をテコにしていることは明瞭といえよう。

　しかしながら、この展海令へ琉球が即応したのは、さらに次のような事情があったこともまた事実である。すなわち、久米村総役という対中国外交の重職にあった蔡鐸の「家譜」は、次のように記している。「（前略）今、海禁大いに開き、天下通藩を勅許す。若し茲に日本に送り遣帰せば、則ち一路の来歴、定めて官に啓を為し、二国に事え奉るの責め将に有るに至らんか。(後略)」。[62]すなわち、海禁令の解除によって、旧来どおり漂着人を長崎へ送還することは、琉球が日本の従属下にあることを清国官憲に露見されてしまうという危惧を抱いていたためである。琉日関係の隠蔽化策は、紙屋敦之氏が的確に指摘するように、清代になって確立した国制であった。[63]この隠蔽化策は島津氏によって、まず渡唐役人への布達として開始され、やがて首里王府自身がその隠蔽化策を王国全体へ積極的に及ぼすようになるのである。

蔡鐸の反応に顕著に見られるように、琉球は清国の疑惑に対し危機意識を持っていた。そのため島津氏へ上申することなく即座に清国からの送還方法の変更指示を受諾したのである。すなわち、島津氏が持ち出した琉薩関係の隠蔽化策を琉球は展海令への対応にも適応し、自国に有利な方向へと導き、その結果として幕藩制国家の送還体制から離脱することに成功したのである。このような琉球の動向は、朝貢品を島津氏へ打診することなく独断で変更するなど朝貢貿易での「主体性」回復の動きと通底するものである。[64]

四　王国の再編と冊封・朝貢関係

羽地朝秀(向象賢)の一連の改革策によって古琉球社会から「近世」社会への転換がはかられたことは、近年の研究の説くところである。[65]その施策は蔡温によって継承・展開され一八世紀以後の首里王府の基本路線となるものであった。羽地による改革の特徴は、大づかみに言って当該期東アジアの政治理念である儒教イデオロギーにもとづく統治形態の萌芽であったと考えられる。また、羽地の改革策は日本の近世社会との整合化でもあった。

では中国との関係すなわち冊封・朝貢関係は、いかなる形態で琉球の政治にはね返ったかを次に検討しよう。清国が琉球との冊封関係の簡素化の動きを見せていた点については、すでに上原兼善氏が指摘している。摘記すると、一六八一年の尚貞請封に対して礼部は、シャム国の改革に照らして琉球への冊封使派遣を改め、福州で進貢使に皇帝の勅諭を託すという議論がなされていた(66)。このような冊封関係の見直し・簡素化の動向だけでなく、朝貢貿易においても朝貢停止処分という危機をはらんでいた。琉球は、交趾・占城両国に対する朝貢貿易の停止処分を危機的に受け止めていたのである。すなわち、両国は商売（貿易）を優先させ、朝貢を副次的にしているという清国側の疑念をはらすことができなかったのである。この疑念は琉球へも向けられたが、辛うじてその場を乗り切ることに成功した。しかし、そのような一時的な弥縫策の限界を感得した王府は、根本的対処法として清国の忠実な朝貢国たることを内外に示す政策を強く打ち出すようになるのである。以下、その点について略述しよう。

清国側役人との想定問答集である「旅行心得之条々」(67)（一七五九年）は、その危機意識の産物である。たとえば、遠海の小国琉球へ冠船（冊封使船）を派遣し、冊封儀礼を執行することは琉球百姓の過重負担となり、朝貢国の静謐・安寧を重んずる清国の本意に反するものである。それゆえ以後シャム国同様に朝貢使へ冊封の勅書を手渡すことで百姓への負担を軽減すれば、琉球の利にも合致するのではないか。このような問いを想定し、次のような回答を用意していた。すなわち、「天朝」へ朝貢し北京との往還によって、「中国之礼法・風格抔見馴聞馴仕候故、琉球政務之為ニ者大粧之補益ニ相成候、弥以冠船渡来之時ハ、国王茂中国之礼法・風格等直致拝見、天朝之御徳化深相蒙候故、（中略）依之冠船御渡来之儀、百姓致難儀候へ共件之訳有之候付而、百姓老若男女共其儀付而致難儀候儀ハ、却而奉願罷居申事候、（後略）」というものであった。中国の礼法・風格を直接見聞し、それを受容することが政治において「大粧之補益」になるとされているのである。これが徳化の内容であった。この弁明がたんなる空文でないことを示すために一八世紀以降、王府は急速に王国の中国化をはかっていくのである。儒教イデオロギーによる王国の再編はその方策の一つであり、農村支配の強化と同時に、いわば中国の徳化の及ぶ国であることを対外的に表明するための手段でもあった。

善行褒賞による儒教道徳の鼓吹は、次のような方法で展開された。蔡温の「御教条」（一七三二年）において孝行を奨励し、雍正一三年（一七三五）に各間切へ布達された「間切公事帳」によって「御教条」を間切役人は毎月読み合わせ、百姓は村番所で拝聞することを義務づけられていた。(68) そして、一七三二年発布の「位階定」(69) で諸士・百姓への叙爵ないし爵位の昇進を規定していた。『球陽』に夥しく記述されている善行褒賞の記事は、このような王府の儒教イデオロギーによる統治政策の所産であった。(70)

旧来、漠然と一八世紀以降、琉球王国が中国的色彩を強めることについては指摘されてきた。しかし、その根本的理由についての追究はない。私見によれば、前述のように、王国の中国化、その一例としての儒教イデオロギーによる琉球社会の統合策は、冊封・朝貢関係の簡素化・見直しへの一つの表れであった。(71)

一七一九年、冊封使への「評価」品買上げの資金繰りに窮した王府は、その不足を補うために献金を募った。その際、蔡温によって布達された「口達」(72) には冊封・朝貢関係に対する意識が鮮明に示されている。すなわち、「至今般者是程迄及御当迫、最早守礼之邦之御瑕瑾ニ茂成立、依体ニ者大唐通融断絶之基茂偏ニ此一涯之働次第ニ候」とあるように、冊封儀礼にともなう冠船貿易での接遇の粗略は琉球の「瑕瑾」となり、ひいては冊封・朝貢関係断絶の要因になることを憂慮していた。冊封儀礼に付随する冠船貿易は、王国の過重負担にもかかわらず遂行・維持されねばならなかったのである。(73)

おわりに

以上、冊封関係の政治機能について具体的に検討してきた。その結果、旧来の冊封関係を形式的儀礼的関係とみなす理解がきわめて一面的であることを示した。すなわち、琉球は島津氏の領分という従属した地位におかれながらも、冊封・朝貢関係をテコとすることによって幕藩制国家内に解消されない王国として存続していたのである。

このことは幕藩制支配の原理が琉球におよばなかったことを意味するものではない。旧来の研究史が示すように、幕藩制支配に大きく制約されていたことは間違いない事実である。だが、そのことを強調するあまり冊封関係が無視され、あるいは無意味なものとして位置づけることは歴史の実態から大きく懸け離れたものになる、というのが本章の主旨である。

以下の諸章において、対中国関係（冊封・朝貢関係）と対日本関係（幕藩制支配）との複合的構造を多様な局面から分析するものであるが、そのことによって近世琉球の「国家」的特質へと迫ることが可能となるものと思われる。

註

（1）琉球処分研究は一九七〇年〜八〇年代において一定の高まりが見られ、その成果としては、金城正篤『琉球処分論』（沖縄タイムス社、一九八七年）、我部政男『明治国家と沖縄』（三一書房、一九七九年）、安良城盛昭『新・沖縄史論』（沖縄タイムス社、一九八〇年）、西里喜行『沖縄近代史研究』（沖縄時事出版、一九八一年）、比屋根照夫『自由民権思想と沖縄』（研文出版、一九八二年）等があげられる。近年における外交史・国際関係史の側面からの研究には、西里喜行「琉球処分と樺太・千島交換条約」（『アジアのなかの日本史　Ⅳ地域と民族』東京大学出版会、一九九二年）、茂木敏夫「中華帝国の「近代」的再編と日本」（『岩波講座近代日本と植民地』第一巻、岩波書店、一九九二年）、真栄平房昭「十九世紀の東アジア国際関係と琉球問題」（『アジアから考える［3］周縁からの歴史』東京大学出版会、一九九四年）、西里喜行「冊封体制崩壊期の諸問題―琉球問題を中心に―」（『復帰20周年記念沖縄研究国際シンポジウム　沖縄文化の源流を探る』同シンポジウム実行委員会、一九九四年）等がある。

(2) 東恩納寛惇「島津氏の対琉球政策」（『東恩納寛惇全集』第二巻、第一書房、一九七八年、七九〜八四頁）。なお、右の論考は東京帝国大学文科大学史学科国史学卒業論文（一九〇八年稿本）である。同様の論旨は、東恩納寛惇『沖縄渉外史』においても「冊封進貢は経済上の欺瞞行為なり」との項にも示されており、氏の一貫した認識であったことが分かる（『東恩納寛惇全集』第一巻、二〇五頁、一九七八年。初出一九五一年）。

(3) 高良倉吉「琉球・沖縄の歴史と日本社会」（『日本の社会史』第一巻、岩波書店、一九八七年）。

(4) 田港朝昭「琉球と幕藩制社会」（『岩波講座日本歴史』第一一巻、岩波書店、一九七六年）。

(5) 安良城盛昭「日支両属」（同『新・沖縄史論』沖縄タイムス社、一九八〇年、二二〇〜二二一頁）。

(6) 星斌夫編『中国社会経済史語彙』（光文堂書店、一九六六年）。

(7) 康熙五五年一〇月一一日付、中国宛琉球国中山王府結状（『歴代宝案』校訂本第三冊、第二集巻八・一一号、沖縄県教育委員会、一九九三年）。以下『宝案』校訂本3、八・一一号のように略す。

(8) 『明実録』万暦二八年二月丁丑条。

(9) 伊波普猷「琉球語大辞典」（『伊波普猷全集』第一一巻、平凡社、一九七六年、初出一九三四年）。

(10) 「久米仲里間切公事帳」一七三五年（『沖縄久米島資料篇』弘文堂、一九八三年）。

(11) 例えば、一六八七年の高志保親雲上跡目僉議（『沖縄旧法制史料集成』三）。

(12) 例えば、『参遣状』康熙三六年（一六九七）条。

(13) 拙稿「近世琉球の王府制度に関する一考察―『おかず書』・『結状』の分析を中心に―」（『沖縄文化研究』第一五号、一九八九年）、参照。

(14) 『鹿児島県史料　旧記雑録後編　四』一三五六号。以下『後編』四、一三五六号のように略す。

(15) 『後編』六、九号。

(16) 請封の情況は以下による。万暦四九年八月二一日付、福建按察使司宛尚豊咨文（『宝案』訳注本1、一八・九号）。天啓五年二月一九日付、礼部宛尚豊咨文（同、一八・一〇号）。天啓六年二月付、尚豊奏文（同、一三・三号）。天啓七年付、琉球国結状（一

八・二三号)。礼部から冊封許可の通知は、崇禎二年六月二〇日付、尚豊宛咨文(同、四・八号)による。
(17)『球陽』附巻一、尚豊王項(『球陽』読み下し編、角川書店、一九七四年)、六九一~六九二頁。
(18)尚寧から尚豊政権への移行期における対薩摩外交については、本書Ⅱ・第二章、参照。
(19)「蔡氏家譜」九世蔡堅項(『那覇市史』資料篇一巻6、二六〇~二六一頁)。
(20)『後編』五、八五二号。
(21)崎原貢「渡唐銀と薩琉中貿易」(『日本歴史』三二三号、一九七五年)。
(22)上原兼善「琉球の支配」(『講座日本近世史 二』有斐閣、一九八一年)。
(23)その時期の朝貢貿易拡大策については、本書Ⅲ・第三章、参照。
(24)『後編』六、一〇号。
(25)『後編』六、七三号。なお、この際の裁判については、本書Ⅱ・第三章で論及した。
(26)『後編』六、六二号。この点については、梅木哲人「近世における薩藩琉球支配の形成」(『史潮』一一二号、一九七三年)、真栄平房昭「東アジアにおける琉球の生糸貿易」(『近世近代史論集』吉川弘文館、一九九〇年)、参照。
(27)註(19)に同じ、二六〇頁。
(28)本書Ⅲ・第三章、参照。
(29)註(22)に同じ。
(30)紙屋敦之「七島郡司考―明清交替と琉球支配―」(『南島史学』二五・二六号、一九八五年。後に同『幕藩制国家の琉球支配』校倉書房、一九九〇年に所収)。
(31)『鹿児島県史料 旧記雑録追録』一、三九六号。以下『追録』一、三九六号のように略す。
(32)その中で、喜舎場一隆「琉球国における明末清初の朝貢と薩琉関係」(『日本前近代の国家と対外関係』吉川弘文館、一九八七年)は、前半部分の琉球からの伺いについて簡単に指摘しているが、そのことの持つ意義には言及していない。
(33)『追録』一、六二五号。
(34)『追録』一、二三五号。
(35)『追録』一、二八五号。

(36)　高瀬恭子「明清交替時の琉球の対中国姿勢」(『お茶の水史学』二二号、一九七八年)。
(37)　隆武五年二月付、福建等処承宣布政使司宛の尚質咨文(『宝案』校訂本1、三七・一九号)。原文は、次の通り。
(前略) 隆武三年九月二十二日、痛我先君辞世薨逝、哀疚不忍、(中略) 理合　貴司先報不奉天子褒綸、惴躬奚得安瀾於絶域、況祖封照例、宜当亟循請封進貢旧章 (後略)。
(38)　隆武五年五月付、尚質宛の魯王勅(『華夷変態』上冊、東洋文庫刊、一九五八年、三五〜六頁)。原文は、次の通り。「(前略) 是用璽書、勤勤致慰汝国、我朝藩屛殫宣忠志、允嘉旧徳、将錫新封、(後略)」。
(39)　『追録』一、三四七号。
(40)　『島津家列朝制度』巻之二十一(『藩法集8　鹿島藩上』一二二八号、創文社、一九六九年)。以下、『列朝制度』と略す。
(41)　註(30)紙屋論文。
(42)　註(36)高瀬論文。
(43)　『追録』一、六四六号。本文書の付年号は明暦二年であるが、内容および前後関係から明暦元年と見る。
(44)　『列朝制度』一二三一号。
(45)　明暦元年九月六日付、島津家家老宛松平隠岐守定行書状(『列朝制度』一二三一号)。
(46)　註(22)上原論文。
(47)　本書I・第一章、参照。
(48)　真栄平房昭「近世琉球の対中国外交―明清動乱期を中心に―」(『地方史研究』一九七号、一九八五年)。
(49)　『追録』一、一六八三号。
(50)　「内務省文書」七二号(小野まさ子・里井洋一・豊見山和行・真栄平房昭(翻刻)「内務省文書の紹介」『沖縄県立図書館史料編集室紀要』第一二号、一九八七年)。
(51)　その裁判については、本書II・第三章、参照。
(52)　「内務省文書」二八号。
(53)　「内務省文書」三〇号。
(54)　「北谷親方恵祖親方斬罪一件糺書」(沖縄県立図書館蔵)。

(55)当該期における海賊問題については、真栄平房昭「一七世紀の東アジアにおける海賊問題と琉球」(『経済史研究』第四号、二〇〇〇年)、参照。
(56)「内務省文書」五〇号・五九号。
(57)(延宝二年)七月二〇日付「従琉球国大清へ貢納之船帰帆仕往還之様子申上候覚」(『華夷変態』上冊、八九〜九一頁)。
(58)『宝案』訳注本1、六・一三号。該当史料および遭難民送還の具体的分析は、拙稿「琉球国の進貢貿易における護送船の意義について」(『第五届中琉歴史関係国際学術会議論文集』福建出版社、一九九六年)で論及した。
(59)『宝案』訳注本1、一五・八号。
(60)『追録』一、二四六二号。
(61)『追録』一、二六二四号。
(62)「小宗蔡氏家譜」十世蔡鐸項(『那覇市史』資料篇一巻6、九三四頁)。
(63)紙屋敦之「幕藩制下における琉球の位置―幕・薩・琉三者の権力関係―」(『幕藩制国家成立過程の研究』吉川弘文館、一九七八年)、註(30)同『幕藩制国家の琉球支配』所収。
(64)註(22)上原論文。本書Ⅲ・第三章、参照。
(65)註(5)安良城『新・沖縄史論』。高良倉吉『琉球王国の構造』(吉川弘文館、一九八七年)、同『琉球王国史の課題』(ひるぎ社、一九八九年)。同「向象賢の論理」(『新琉球史 近世編(上)』琉球新報社、一九八九年)。上原兼善「琉球国における寛文改革の意義―いわゆる羽地「仕置」の性格をめぐって―」(『西日本史学会宮崎支部報 一九八五―一九八八年』一九八九年)。
(66)上原兼善「明清交替期における幕藩制国家の琉球支配」(『鎖国日本と国際交流』上、吉川弘文館、一九八八年)。
(67)沖縄県立図書館東恩納寛惇文庫蔵。
(68)例えば、「越来間切公事帳」(『那覇市史』資料篇第一巻10、一九八九年)。
(69)琉球大学附属図書館蔵。
(70)安達義弘「政策としての異文化導入と文化統合の問題―近世琉球における儒教化政策と褒賞体制―」(『西日本宗教学雑誌』第一一号、一九八九年)。
(71)王権儀礼と対中国外交の関係については、本書Ⅲ・第一章、参照。

（72）「冊封使渡来之時之覚書」（那覇市歴史資料室蔵）。

（73）冠船貿易の具体的分析は、拙稿「冠船貿易からみた琉球王国末期の対清外交」（『琉球大学法文学部紀要　日本東洋文化論集』第六号、二〇〇〇年）等、参照。

第三章　一貢免除問題からみた対清外交

はじめに

近世の琉球王国の対明・対清外交は、薩摩藩島津氏、時には幕府をもまきこむ問題が発生することがあった。[1]このことは、明・清との冊封・朝貢関係を保持した琉球が、その関係を基本的に変更することなく幕藩制国家に組み込まれていたからに他ならない。その点に近世琉球外交の一つの特徴が見られるといえよう。[2]

さて、本章では以上のような特徴をもつ琉球外交を主に一貢免除問題からさぐることにしたい。一貢免除問題とは、雍正帝による頒賜品への答礼として琉球から派遣された謝恩の献上品を次回の進貢年に充て、そのかわり進貢使者の派遣を一回免除するという清国の処遇に端を発した外交問題である。史料の上では「一年之進貢使御用捨」あるいは「准作二年一次正貢」のように表現されている。

研究史の上では、すでに宮田俊彦氏がある程度その問題の推移を概観している。[3]しかし、氏の分析はもっぱら『歴代宝案』にのみ依拠しているため、その史料的制約から一貢免除問題の全体像が解明されたとはいいがたい。というのは、一貢免除問題は琉球・清朝間の問題にとどまらず、琉球・薩摩間の問題でもあり、両者を統合して考察する必要があるからである。そこで本章では、清朝との交渉のみならず、琉球・薩摩間における一貢免除問題の処理過程を解明することにしたい。さらに、一貢免除を撤回しようとする琉球の外交姿勢の中から冊封・朝貢関係の維持が、いかなる意識のもとになされていたかという点もあわせて検討するものである。

一　雍正帝慶賀の問題――一貢免除の前史――

康熙六一年（一七二二）、康熙帝の死去にともない雍正帝即位の報に接した琉球は、さっそく慶賀船の派遣準備にとりかかった。しかし、通常の進貢船・接貢船の準備とは異なり、予期しない突発的な中国皇帝の代替わりへの対応は容易ではなかった。首里王府は自前で渡唐銀・献上品等を調達することができず、それらを大きく薩摩藩に依存していたからである。そのため王府は玉城親雲上朝薫を同年六月末に鹿児島へ急派し、雍正帝の即位の件、前年の進貢頭号船沈没の件を報告するとともに、慶賀使派遣にともなう具体的要請を次のように行った。すなわち、先例に従い「金之丸抜太刀二腰、銀之丸抜太刀二腰」と、通常の接貢料銀以外に「慶賀使遣銀・賦銀九十五貫」の調達方を願った。(4)その際、慶賀船の派遣によって薩摩藩の御用向を欠くことなく福州での貿易が可能であることをも進言し、例年のように「一番方銀」の送達を要請した。(5)このことは、慶賀船の派遣がたんなる新帝即位の祝賀にとどまらず、貿易活動をあわせもつ使船であることを示している。薩摩藩への奉公と清朝との冊封・朝貢関係を同時に実現することによって、両側面を矛盾なく統一しようとする琉球外交の一特質が表現されているといえよう。

さて、琉球側の要請は、即座に容認されたわけではなかった。儀式用の金銀製の太刀は、たとえ「礼式太刀」であっても異国へ武具を搬出することは幕法に抵触するとして、江戸幕府の許可を得る必要があったからである。ただし、それ以外の献上品や渡唐銀の用意については内密に準備し、その事が露見しないように指示が下されていた。(6)同年八月に幕府の許可を得た薩摩藩は、藩内で調達することを玉城や在番親方へ通達した。(7)

準備を調えた琉球は、同年冬、王舅・翁国柱、正議大夫・曾暦を使者として清朝へ派遣した。琉球側が慶賀船を緊急に派遣することを強く薩摩藩に要請したのは、新帝慶賀のタイミングを逸することの危惧と同時に、さらにもう一つの理由があった。雍正元年（一七二三）九月付の書状[8]によれば、「皇帝即位付而、指揮与申使者、琉球江被差渡候儀も有之候間、早々慶賀使差渡、指揮使之断を茂可申遣」というように、清朝から新帝即位を報じる指揮使が来航することを懸念していた。右の書状に続けて「冠船之引続、若指揮使被差渡候而者猶以難調、必至与当迫」という文言に明示されているように、万一、指揮使が来航してきたならば、先年（一七一九年）の冊封使の来航から数えて四年程しかたっておらず、財政的逼迫は必至であるとして、その来航を強く恐れていたのである。

指揮使の来航を未然に防ぐためにも緊急に慶賀使を派遣することが必要とされ、指揮使の謝絶の要請上、礼式太刀以外にも皇帝へ献上する品々の用意には神経を使っていた。その表れは、当初中国で購入して献上する予定の「胡椒二百斤、すわう《(蘇方)》千斤、紅花百斤」が調達できない場合、指揮使謝絶において支障をきたすとして、その代用として例年中国へ持ち渡る品目のなかから「から《(唐)》紙五千枚、銅五百斤、錫五百斤」を調達してほしい旨を薩摩藩側へ要求している点に見られる。薩摩藩側は、通常の場合、余分に携行することは容認できないが、今回は慶賀使という「重き祝儀」であり、かつ指揮使断りのため格別であるとして琉球側の要求を認めた[9]。

当該期、首里王府は薩摩藩から琉球検地を突き付けられていたが、前述の冊封使の来琉、近年の不作状況とあわせて慶賀船派遣による「物入」を理由に、その延期を願っていた[10]。対薩交渉において対清関係を楯として譲歩を引き出そうとする首里王府の姿勢が読み取れよう[11]。

さて、以上の経緯を経て派遣された慶賀使節の首尾は上々であった。雍正帝は、中山王へ例年の頒賜品以外に皇帝の直筆入り「扁額」（輯瑞球陽）、「法瑯炉瓶盒」などの器物二五品目、緞子二〇本を下賜したからである[12]。この破格の頒賜品に対し、首里王府は答礼の謝恩使を即刻、派遣しないならば、中国の「格式」に叶わず、「疎略」な対応として将来いかなる「難題」が発生しないとも限らない、と謝恩使派遣の許可を薩摩藩に求めた。雍正三年（一七二五）八月、田里親雲上盛僙は、以上の要請とあわせて例年の接貢料銀以外に中国での「遣銀・附々持高銀」として七九貫六〇〇目、主要な献上品として「金之鶴一対」の調達方をも願った。献上品のなかには、京都などで調達しなければならない品目もあるとして、幕府の許可を得る前から準備することを要請していた。王府の要求はほぼ認められたが、その準備は公然となされたわけではなかった。慶賀使派遣の際と同様に、「金之鶴」の準備一件も極秘事項として薩摩藩内では取り扱われていたのである(13)。

右の交渉のなかで、「渡唐銀之儀ハ御定数有之、聊相重候儀者難成事候得共、使者遣銀・賦銀ハ格別」であるとして処理されていた点は注目に値する。「使者遣銀・賦銀」は、幕府の規定した渡唐銀の総額の枠外に位置づけられていたからである。

以上が、一貢免除問題の前史である。

二　一貢免除問題と琉・薩関係

雍正三年（一七二五）、謝恩使者として渡唐した米次親方朝雅（向得功）等の謝恩行為は、琉球にとって予想外の展開となった。宮田氏がすでに指摘しているように(14)、雍正帝は当初、琉球からの献上品受納を固辞したが、結局朝鮮国の先例に照らし、貢物を収受する代わりにその貢物を次の進貢に充当して一貢を免除する措置を講じたのである。この雍正帝の勅命は、琉球にとって大きな打撃であった。なぜなら、雍正四年の進貢を免除されることは、必然的に翌年の接貢船の派遣理由を失わせることになり、二年間の進貢貿易の空白を生じることを意味するからである。この一貢免除問題は容易に解決しえず、その決着がひとまずつくのは雍正一二年（一七三四）であった。以下、その間の推移と問題状況をいかなる方法で琉球が打開しようと図ったかを具体的に検討しよう。

一貢免除の一件を薩摩藩が問題視するようになったのは、雍正七年（一七二九）頃と思われる。同年九月一二日付の書状(15)が、その一端を伝えている。

一、去巳年（雍正三）、唐江之謝恩使米次親方渡唐之節、献上物之儀慈愛之筋ニ而免許有之候、然共遠国より差渡候を被差返候儀者如何付而、去午年（雍正四）之進貢物に引当被差置候段、礼部咨文を以被申越候得共、右咨文琉球江不相達内午年進貢使田里親雲上致渡唐候故其訳を申立、田里事、例年之通上京被申付候、右ニ付米次持渡候品ハ格護被申付置、去申年（雍正六）之進貢ニ引当可相納候条、申年使者不及差渡、来戌年之進貢使より表文迄を可差越旨勅諚之段、当三月田里帰帆ニ而、礼部より之咨文渡来候由、

すなわち、雍正四年の進貢を免除するという内容の礼部咨文が琉球に到来する前に、同年の進貢使・田里親雲上等はすでに渡唐していた。清朝は進貢使節を受入れ、北京への上京を許可したものの一貢免除は解消せず、次回の進貢（雍正六年）に引き充て、その年の進貢使者の派遣は無用であり、次々回の進貢の際（雍正八年）に表文のみを呈上するように、という勅命が下されたのである。ところが、雍正六年の進貢使・奥平親雲上等は、田里等の帰国前に渡唐したため皇帝の勅命に違背する結果となった。上京願いは田里の前例に従って許容されたが、一貢免除は雍正八年の進貢に引き充てることが確定したのである。

「来戌年（雍正八）進貢船幷翌亥年（同九）接貢船差渡候儀、絶而不罷成事候」という通達によって苦況に追い込まれた首里王府は、薩摩藩との協議の際、次のような打開策を図った。

一、右之通、来戌亥両年渡唐船差渡候儀難成筈候付而、滞無之様ニ与於琉球折角申談候処、外ニ了簡無之候、依之申談候ハ、米次持渡候品慈愛之筋を以被差免、其外例外之賜物等有之、使者ニも例格之外拝領物有之、且又官生首尾能勤学仕致帰国候付而、為謝礼来戌年（雍正八）謝恩船、翌亥年（同九）迎船差渡候へハ、両年共無懈怠相済、唐之礼節ニも相叶、進貢・接貢之料銀茂御定数之通差渡何そ支之儀も無之、旁可然由吟味仕候段、琉球より中越候趣承届候、米次ニ而差渡候品物進貢ニ引当被差置、其訳を以一年分之進貢可差免旨段々申渡有之候儀者、先達而差越候咨文ニ相見得候、左候得者此上来戌年進貢船差渡候様ニハ難致筈与相聞得候付、弥琉球吟味之通、来戌年ハ謝恩船、翌亥年ハ右使者迎船差渡、両年渡唐銀も御定数之通可差渡候、

すなわち、進貢使者に対する格別の拝領物と官生の就学・帰国に対する謝礼の名目で謝恩船を雍正八年（一七三〇）に派遣し、翌年はその迎船を差出すことによって二年間の空白を埋めることが可能となり、かつ中国の礼式にも合致すると提言した。薩摩藩はその提案を了承し、通常の進貢・接貢の渡唐銀の用意を約束した。謝恩船という名目での派船は、「名相替たる迄之筋」であり、実態においては「常例」の進貢・接貢の形態となんら変わるものではなかった。そのように薩摩藩も認識していたのである。[16]

以上の方策のもとに諸準備を調えていたところ、翌雍正八年、中国から帰国した奥平親雲上がもたらした中山王宛の咨文は、琉球の方策を打ち砕く内容となっていた。すなわち、雍正八年の進貢使、謝恩使のいずれの派遣も無用と通告してきたからである。窮地にたたされた王府は、河口通事の助言を容れ次のように方策の手直しを図った。

雍正八年八月九日付の書状[17]によれば、王府は、薩摩藩へ対し、

当年ハ、先年皇帝即位之節慶賀使差渡候格重キ使者差渡、常例之進貢物相備、謝恩ニ付而者献上物受用無之積候間、献上物不及、書翰迄ニ而段々其断ヲ申遣候ハヽ、首尾克相調儀茂可有之候間、当年ハ右通重キ使者差渡候筋

ニ被仰付被下度旨（後略）、

と上申した。つまり、通常の進貢使に比して格の重い使者を派遣することによって局面を打開しようとしたのである。その案は了承され、同年冬、王府は高位身分の「王舅」に前川親方朝夷（向克済）を充て、使者の派遣を強行することになった。前川等の任務は、一貢免除の撤回を図り、進貢が断絶することなく継続されるよう清朝の諸官人に働きかけることにあった。[18]

雍正一〇年（一七三二）にも使者を派遣して進貢を行った琉球は、清朝から琉球国王の厚礼をつくした要請に鑑み例年のように使者を派遣してよい旨の内容を受けた、と薩摩藩に報告していた。ところが、薩摩藩は前川親方が携えてきた琉球国王宛の礼部咨文と同一〇年の礼部宛の琉球国王咨文の中身を質したところ、例年通り断絶なく進貢使の派遣を許容するという内容にはなっておらず、一貢免除が根本的には解決されていないとして琉球側に釈明を求めた。翌年六月、事態の紛糾を懸念した王府は前川親方、識名親方朝栄を鹿児島に送り、以下の釈明文を提出した。[19]

進貢使之儀ニ付被仰渡候趣承知仕候、右御請申上候、

一、去ル戊年（雍正八）前川使者相勤候儀者何様可有之哉、太粧之訴訟候故、於福州河口通事江深頼入、心之及相働申候処、差而口能之儀茂無之、使者差渡候儀ハ厚心入之由ニ而首尾能被請付安堵仕候、然共一貢被差免候筋ニ而、雍正十年之進貢茂十二年ニ差引可有之由候得者、訴訟相済不申筋候故、先キ〳〵之儀、折角河口通事江申談承合候処、一年之進貢使御用捨之儀者皇帝上意之事ニ候、其上唐之作法ニ而、一度右之通申渡有之候儀者取返不罷成事候、前川使者被仰付候上者、先キ〳〵進貢使差渡候而茂何之故障者有之間敷旨、官人より承候間、其通可相心得旨、河口通事より申聞落着仕候、

一、咨文之内、十一年之使者差渡不及由相見得申候、十一年者進貢期ニ而無之間違候故、河口通事江内々申談候

処、此儀茂上意之事候、其上十一年使者差渡候儀無之候ハヽ、定期無構最前より被差免候一年分之貢物差引罷成相済候儀茂可有之候、其通候得者幸之事候間、不及沙汰由、内々ニ而承候、

一、咨文之表ニ而者、先キ〳〵之儀落着不仕候得候(共カ)、河口通事存寄迄ニ而茂無之、官人江得差図、右之通為承事候得者、申渡同前之事候間、何そ故障有之間敷与於琉球茂段々吟味之上、何れ使者差扣候儀者無礼罷成候趣を以、去年之進貢使茂定例之通被差渡候、右之段於御国許御尋之御答可申上旨、於琉球被申付候、此上者何分ニ茂御差図次第、琉球江茂可申越候、右之趣宜被仰上可被下儀奉頼候、以上、

六月　　識名親方

前川親方

第一条は、福州において河口通事へ依頼したところ、前川等の使者の受入れについて紛議は発生せず、その点について安堵したこと。しかし、一貢免除の件については、雍正一〇年の進貢を同一二年（一七三四）に充て、琉球側の嘆願は受け容れられなかったこと。一貢免除は皇帝の上意であり、中国では一度そのように通達されたならば、撤回は不可能であること。ただし、前川等を受け入れたことから将来的に進貢使者の派遣にはなんら支障はないこと。以上の点を河口通事を介して清朝官人から確認した、というものである。

第二条は、咨文に雍正一一年（一七三三）の使者を派遣することには及ばないという文言が見られること。しかし、同年は進貢年に該当せず清朝の誤認であるが、このことも皇帝の上意であること。以前から懸案問題となっている一貢免除をその年に引き充てることができ、その通りであれば琉球にとっては好都合であること。

第三条は、咨文そのものには将来的に琉球使者の派遣を保証する明確な文言はないこと。しかし、以上の清朝官人の指示から支障はないものと琉球側では協議し、使者を差し控えることは逆に「無礼」になると判断して雍正一〇年

の進貢使節を定例通り派遣した、というものである。

薩摩藩側は、以上の琉球側の釈明を基本的には了承したものの、今後は間違いが生じないよう入念に対応すべしと厳戒した。

琉球側の釈明に示されているように、一貢免除問題は清朝が進貢年を誤るという偶然のできごとによって収束することになった[20]。この清朝の措置はたんなる偶然ではなく、琉球側の執拗な一貢免除撤回の要請行為が産みだした結果と推測することもできよう。ただし、その点の解明は今後の課題として残されている。

ともあれ、琉・薩間における問題は、表面的には以上の交渉によって一応の解決を見た。しかし、琉球側は薩摩藩への返答とは裏腹に、一貢免除が根本的に解決されたとはみなしていなかった節がある。なぜならば、雍正一二年(一七三四)において進貢使節の派遣を中止していたからである。ここにいたって琉球はようやく清朝の一貢免除を受容したことになる。しかし、それは単純に一貢免除を容認したというものではなかった。次のような状況の下での進貢中止であった。

結論を先に示すと、雍正一二年の進貢使節派遣を断念するかわりに、琉球へ漂着した朝鮮人を同年に福州へ送還するという方法を採ったのである。その経緯を摘記すると、雍正一一年一一月二九日、朝鮮人男女一一人が慶良間島へ漂着し、その報告が王府へ届いたのは同年一二月一日であった。一貢免除問題を漂着人の送還に絡めて解決しようと図っていたことは次に示す通りである[21]。

(前略)朝鮮人漂着及破損候節ハ、進貢・接貢便より唐江送越候例候得共、此節之儀者進貢被差留筈ニ付而ハ、とかく仕立船を以送越不申候而不叶儀与申合事候、進貢使被差留候儀ハ、別而重キ事候間、屹与使者を以御国元江委曲可申上候、朝鮮人漂着ニ付、仕立船を以送越候段も同前ニ申上筋ニ申談候(後略)、すなわち、本来朝鮮人の漂着に際し、船が破損した場合には進貢船・接貢船のいずれかで中国（福州）へ送還することになっていた。しかし、今回の場合、進貢使者を差し留められ、一貢免除問題が発生しているため通常の送還ではなく、「仕立船」で送還せざるをえない状況にある。進貢使を停止されたことは重大事であり、薩摩藩へその一件の詳細を報じ、「仕立船」によって送還することを在番奉行と協議したというものである。ちなみに、この「仕立船」とは、漂着難民を福州へ護送したことから「護送船」とも称された。(22)

さて、雍正八年のように再び進貢使節の派遣を強行することは事態の悪化を招きかねないとして、王府は雍正一二年の進貢使節派遣を断念した。(23)しかし、王府は「仕立船」ではなく、あくまで通常の進貢船による進貢を期待していたが、ついに一貢免除を撤回する清朝からの連絡はもたらされなかった。だが、琉球は本来ならば、二年間中国貿易の空白が生ずるところを「仕立船」の派遣によって一年の空白にとどめることができたのである。

三　一貢免除・四年一貢・外藩意識

以上、検討してきた一貢免除問題は、実際には雍正期で完全に収束したわけではなかった。乾隆年間にも雍正期とほぼ同様の一貢免除が発生したからである。要点を摘記すると以下のようになる。

乾隆五年（一七四〇）、紫巾官・翁鴻業、正議大夫・蔡其棟らは乾隆皇帝直筆の扁額（永祚瀛壖）の頒賜に対する謝恩使として派遣された。ところが、その謝恩献上品に対して皇帝は、雍正四年の例に照らして次期の正貢（乾隆七年、一七四二）に充て一貢免除を下達したのである。(24)同七年の際には、琉球へ漂着した蘇州商人を送還することでその布達を回避することが可能であった。(25)しかし、一貢免除の撤回要請は受け容れられず、結局同九年（一七四四）の進貢を断念せざるをえなかった。また、同二一年（一七五六）、冊封使全魁らに対する謝恩使として派遣された王舅・馬宣哲、紫金大夫・鄭秉哲らの献上品は、同二三年（一七五八）の正貢に充てられる、というように一貢免除の措置を受けたのである。(26)

さて、同様の危機は、乾隆五四年（一七八九）にも訪れる。すなわち、同四九年（一七八四）、乾隆帝は通常の頒賜品以外に御書扁額（海邦済美）、如意一柄、玻璃器四件、等々を琉球へ頒賜した。その謝恩として同五三年（一七八八）に紫巾官・向処中、正議大夫・鄭永功らが派遣された。ただし、この時の一貢免除問題は旧来のものとはやや異なっていた。すなわち、結論を先にいえば、一貢免除を撤回することに成功したのである。以下、それが可能になった経緯についてやや詳しく検討してみよう。

右の状況を比較的詳しく伝えるのが、向処中・鄭永功らと共に渡唐し、一貢免除撤回に功績をあげた北京大通事・鄭作霖に対する褒書の「口上覚」(27)である。

それによれば、謝恩品を献上すると、これまでの慣例に照らして一貢免除を適用されることは「天朝御光規」とのことで必定と目されていた。そのことを憂慮した鄭作霖は、礼部衙門主客司の官人たちへ次のように働きかけた。すなわち、「外藩之琉球国、専天朝之奉仰御徳化候処、朝見及中絶候儀、国王始末々至迄別而残念至極奉存候」と、まず中国に対する琉球の外藩意識を強調し、その後に具体的要求を次のように行っていた。

第一に、琉球の謝恩進上物の献上に対し、清朝側からは「御返礼物」を賜わり、進貢については順次許容してもらえるならば「天朝御恤之思召」に叶うことになる。もし、その要求を容れてもらえる場合には、雍正三年のように表文のみの呈上になるとしても進貢の断絶だけは避けてほしいこと。

第二に、一時的な一貢免除の撤回ではなく、将来の支障にならないよう主客司の官人衆にも取り計らってほしいこと。以上の件を許容してもらえるならば、自らの路銀をもって謝礼に及びたいと贈答工作を仕掛けるなど、色々と思慮を働かせて要求していた。

中国官人らは、雍正四年（一七二六）から乾隆二一年（一七五六）までの先例から見て、その要望は簡単には許容しがたいと拒否の姿勢をみせながらも、実際には鄭作霖と細かく内談を行い、助言を与えていた。すなわち、「礼部衙門、雍正以来之公案、謝恩被差上候次之正貢ニ者表文迄を被差上候御免之章句相残、一貢召留候趣意之所者、悉書改置候而奉願候者御取揚ニ茂可相成哉、随分出精可相計段能御請込願書・地案等御渡被下、万端御内談被仰聞候通願書差上候（後略）」とあるように、謝恩の次の正貢期には表文のみを進上し、一貢免除の箇所はすべて書き改めるよう要請書を作成していた。その要請書の作成は主客司の官人の指導に基づくものであった。

その結果、「早速礼部より御取直シ被遊　言上候、進貢ハ例之通被差上貢使致来京候得者、其時謝恩之御返礼物被成下候而、進貢ハ断絶無之旨段々蒙　勅諭、誠以御高恩冥加難有仕合帰朝仕申候」とあるように、前述の要請書が礼部から皇帝へ奏上され、進貢許容のこと、謝恩への返礼物を賜うこと、以後の進貢においても断絶させないこと、以上が勅諭によって下されたのである。ここに、雍正三年（一七二五）以来、六四年の長期におよんで問題となっていた一貢免除問題は、基本的に決着を見ることになった。この問題の解決が琉球にとっていかに長年の懸案事項であったかは、「此レ誠ニ千載未ダ有ラザル之奇遇、百世無窮之栄光也[28]」という文言に明示されているといえよう。

だが、琉球・清朝間における貢期問題は、決して盤石なものではなかった。たしかに前述の一貢免除問題は、管見の限りでは乾隆以後には発生していない。しかしながら、一貢免除よりもさらに深刻な問題が、王国末期に清朝からもたらされた。

道光二〇年（一八四〇）、清朝は琉球の貢期をこれまでの二年一貢から四年一貢へ変更する旨を通告してきた。貢期の変更は琉球のみにとどまらなかった。越南（ヴェトナム）は琉球同様四年一貢へ、暹羅（シャム）は五年一貢へと貢期間隔の拡大が図られていた。このような清朝の冊封体制の一種の手直しについては、なお詳細な検討を要するが、ここでは琉球の問題に限定しておきたい。

結論を先にいえば、琉球は道光二〇年九月一日、即座に王舅・向邦正（恩河親方）、正議大夫・鄭元偉（伊計親雲上）らを清朝に急派し、旧来通り二年一貢に復することを嘆願した。その結果、同年一一月二二日の上諭によって、四年一貢は撤回された。[29] ここで問題となるのは貢期拡大を撤回させる際、琉球が用いた論理である。このことは、琉球が冊封・朝貢関係をどのように位置づけていたかを知ることにつながるからである。

琉球側が用いた論理とは、大略次のようなものであった。[30] 越南（ヴェトナム）・暹羅（シャム）・琉球は一様に四年一貢と改定されたが、各国の事情はそれぞれ異なるとして、①琉球は二年一貢によって聖朝（中国）の徳化に沐し、君父の道を知り太平を享受しているが、もし四年一貢となれば徳化に浴することが「疎」・「遅」となること。②琉球は海辺に位置し、風害が甚だしいものの朝貢年にはたとえ「多風」であっても「大熟」（豊作）となるため、国中の臣民は朝貢を切望していること。③もし、四年一貢となれば、三年間は時憲書（中国暦）の頒布に与れなくなり、農業に支障をきたすこと。④琉球は薬種を中国に頼っており、もし四年一貢となれば、薬種の払底は避けられず、それを恐れていること。⑤四年一貢になると航海術の伝授に支障をきたすこと。⑥これまで長く二年一貢を勤めてきたが、尚育王の代で四年一貢となることを恥じること、等々。以上に見るように、二年一貢の進貢によって中国の徳化を蒙り、琉球の国政が安泰に行われるという点を強調するものであった。

そのことは、渡唐直前に向邦正・鄭元偉両名に充てた摂政・三司官の「口達」[31]からからも探ることができる。それは次のようなものであった。

（前略）於御当国者隔年之進貢サヘ間遠、可成程毎歳表文・貢物被差上、猶々為蒙　御徳化、御国政目出度被　召行度トノ　御本意我々モ奉願事候処、四年一貢相成候ハ自ラ沐　御徳化候儀遠可成行、殊更二百年余最通来候貢期、至　御当代被召改候テハ第一　御本懐不被為叶、対余国御外聞モ如何敷、又候御国許・御当地御用物モ是迄之様不相調、世上ニモ必至ト差支ニ相成事ニテ、旁以国土之難題ニ相成事候条、（後略）

すなわち、①琉球は隔年の進貢（二年一貢）さえもどかしく、毎年表文・貢物を進上して中国の徳化を蒙ることによって国政の順調な運行を図りたいと国王ともども思慮していたところ、四年一貢となっては徳化がおよび難くなること。②とりわけ二〇〇年余にわたる二年一貢体制を当代で変更することは国王の本懐に叶わないこと。③その変更は、国外において外聞が懸念されること。④薩摩藩に対する御用物と琉球のそれも従前のように調達しえなくなり、それでは世上（琉球国内）においても物資の欠乏を生じることは必然であること。そして、以上のことから四年一貢は「国土の難題」になると強く危惧していた。④の対薩関係の維持の上でも四年一貢は回避しなければならないと認識していた点に、琉球の二重朝貢の構造が表れているといえよう。

ともあれ、右に見るように四年一貢は「国土の難題」であり、是非とも撤回しなければならないものであった。向・鄭らは天朝の徳化を蒙ることが琉球の「治国安民」であるという外藩意識を前面に打ち出して交渉・嘆願におよんでいた。その結果、四年一貢を撤回することに成功した点は前述の通りである。琉球は中国の設定した冊封・朝貢関係の理念を強力に展開することで旧制に復することに成功したのである。

おわりに

以上、一貢免除問題とそれに関連する四年一貢等の問題を中心に検討を加えてきた。琉球が一貢免除の撤回を執拗に展開したのは、直接的には朝貢貿易を縮小されまいとする経済的要因が存在したことは確かである。だが、それとあわせて留意されなければならない点は、一貢免除問題はたんなる経済的要因に限定されない要素をはらんでいたということである。すなわち、琉球にとって中国との冊封・朝貢関係の維持は、幕藩制国家内に琉球が吸収・同化されない異国性をもっとも顕著にあらわす対外関係であった。そのため中国との冊封・朝貢関係を常に安定した強固な関係として維持しようと図っていたのである。

註

(1) 真栄平房昭「明清動乱期における琉球貿易の一考察―康熙慶賀船の派遣を中心に―」(『九州史学』第八〇号、一九八四年)、紙屋敦之「七島郡司考―明清交替と琉球支配―」(『南島史学』第二五・二六号、一九八五年。後に同『幕藩制国家の琉球支配』校倉書房、一九九〇年に所収)、真栄平房昭「近世琉球の対中国外交―明清動乱期を中心に―」(『地方史研究』第一九七号、一九八五年)、上原兼善「明清交替期における幕藩制国家の琉球支配」(『鎖国日本と国際交流』上、吉川弘文館、一九八八年)等がある。

(2) 本書Ⅰ・第二章、参照。

(3) 宮田俊彦『琉球・清国交易史―二集「歴代宝案」の研究―』第三章「蔡温の外交」(第一書房、一九八四年)。

(4) 享保八年(雍正元)八月一八日付、北谷王子等宛友寄親方等連署書状(「御条書写」『旧琉球藩評定所書類』第三三〇号、東京大学法学部法制史資料室蔵)。刊本として、『琉球王国評定所文書』第一巻(浦添市教育委員会刊、一九八八年)所収。以下、『評定所文書』一、一四四頁のように略す。なお、琉球・薩摩間においては基本的に日本年号表記であるが、煩雑さを避けるため本章では便宜的に中国年号に統一した。

(5)「向氏家譜（辺土名家）」十世朝薫の項（『那覇市史』資料篇第一巻7、二九六頁）。原文は次の通り。

覚

一、此節段々御国許江申上候諸御用向之儀、不軽儀候間、随分尽粉骨可相働儀専用候、
一、右付而者諸御用向之書付入披見候条、得与呑込無間違様ニ可入念儀勿論候、
一、慶賀ニ付献納物之内品替之儀茂其通ニ無之候而者不叶儀ニ付、私共より御訟申上事候条、万不相達候ハヽ、金銀之壺壱貫目程完(宛)之両目相重不申者不罷成由久米村人申出候間、内々為納得申達候、為見合久米村人書付相渡申候、
一、献納物之内品替仕度訳和田次兵衛殿江御訴状差越申候条、弥其通ニ有之可然哉、於御国許時宜次第可被相計候、為納得右地案相渡申候、
一、接貢船差渡申儀不罷成訳ニ而、慶賀船当秋差遣候付而者御国元御用向茂相欠不申、早晩之通福州買物可相調候間、例年之通一番方銀高可被差下候、
一、此節之儀段々御用多候処、三司官中ニ茂方々勤場繁多ニ有之、其上急ニ船仕出シ不申者不叶、夜白取込候付而者自然申後茂可有之哉与念遣候条、万事宜様可相勤儀者御使者職分候間、是又可被入念候、以上、

(卯)六月廿四日

玉城親雲上

(6) 註(4)に同じ。
(7) 雍正元年八月二七日付、北谷王子等宛友寄親方等連署書状（『評定所文書』一、一四四頁）。
(8) 雍正元年九月付、伊集院蔵人宛島津杢等連署書状（『評定所文書』一、一四二頁）。
(9) 玉城親雲上宛伊集院蔵人書状（『評定所文書』一、一四三頁）。
(10) 雍正元年一〇月二日付、摂政・三司官宛島津杢等連署書状（『評定所文書』一、一四五頁）。
(11) 内検問題については、本書II・第四章、参照。
(12)「中山世譜」巻九、雍正元年条（『琉球史料叢書』四、一三五頁）。
(13) 雍正三年八月付、種子島弾正宛島津中務書状（『評定所文書』一、一五八頁）。
(14) 註(3)に同じ。

(15) 雍正七年九月一二日付、種子島弾正宛島津大蔵書状（『評定所文書』一、一七二頁）。
(16) 雍正七年九月一二日付、種子島弾正宛島津大蔵書状（『評定所文書』一、一七三頁）。
(17) 雍正八年八月九日付、種子島弾正宛島津大蔵書状（『評定所文書』一、一七五頁）。
(18) 雍正八年九月一二日付、種子島弾正宛島津大蔵等連署書状（『評定所文書』一、一七四頁）。
(19) 雍正一一年一〇月一日付、北谷王子等宛識名親方書状（『評定所文書』一、一九三頁）。
(20) 雍正一一年八月一三日付、種子島弾正宛島津中務書状（『評定所文書』一、一九五頁）。
(21) 「朝鮮人拾壱人慶良間島漂着馬艦船を以送越候日記」雍正一一年一二月一二日条（『評定所文書』一、七四頁）。
(22) 護送船については、拙稿「琉球国の進貢貿易における護送船の意義について」（『第五届中琉歴史関係国際学術会議論文集』福建出版社、一九九六年）、参照。
(23) 雍正一二年二月二一日付、森山親雲上等宛北谷王子等連署書状（『評定所文書』一、一〇〇頁）。
(24) 註(3)に同じ。
(25) 「中山世譜」巻九、乾隆七年条（一四四頁）。
(26) 「中山世譜」巻一〇、乾隆二三年条（一五〇頁）。
(27) 「鄭姓家譜」七世作霖の項（『那覇市史』資料篇一巻6、六九三頁）。
(28) 「中山世譜」巻一〇、乾隆五三年条（一六四頁）。
(29) 道光二一年四月一四日付、琉球国王宛礼部咨（『歴代宝案』台湾本一二冊目、七一九九〜七二〇九頁）。
(30) 註(29)に同じ。なお、該当する『宝案』（台湾本）部分は、誤写や脱字が見られるため、同文を上奏した道光二〇年一〇月二〇日付、福建巡撫呉文鎔奏文（『清代中琉関係檔案選編』一九三号、中華書局、一九九三年）によって原文の該当箇所を以下に示す。

（前略）惟是各国情形不同、琉球所以当二年一貢者、請敬陳之、蓋琉球弾丸荒服、人愚俗陋、全頼間歳朝貢、仰沐聖朝徳化、得知君父之道、永享太平、若四年朝貢一次、則沐化疏遅、不便治安、又琉球地処海辺、最患多風、惟朝貢以時、則風調雨順、毎値貢年、縦有多風、不特無礙田疇、而且歳必大熟、謂之貢風、此挙国臣民、所引領而深望也、若四年朝貢一次、則風雨不定、豊歉不斉、又琉球毎値進接貢船入閩、例蒙天朝頒賜時憲書、遵一王之正朔、祝万寿于無疆、而海隅節候有常、得以因時趨事、農桑庶務、皆合早晩之宜、若四年朝貢一次、三載之間、不獲時憲書稽覧、則人時無準、歳年不登、又琉球不産薬材、叨蒙天朝准令装載回船、藉以養生人多老寿、雖有疾病、服食可痊、若四年朝貢一次、恐薬品不能久貯、医治無資、又琉球航海入貢、全頼針法精詳、必遴選諳習者、看針更択敏捷者学習輪流更換、庶無疎虞、若四年朝貢一次、遅廻三載則鍼盤錯誤、海道荒疎、又天朝定鼎、琉球效順為先、自先世以来、皆二年一貢無敢愆期、畳荷恩綸褒美、今独及微身、四年朝貢一次、則上慚継志、下愧教忠、又琉球隔海外藩、莫遂登朝之願、所藉間歳一貢、敬遣陪臣叩請聖安、如観天顔、躬親舞蹈、若四年朝貢一次、則就瞻倍切、思慕弥深、凡此数端、皆外藩望闕之忱、所不能自已者也（後略）。

(31)　「鄭氏家譜（湖城家）」十七世元偉の項（『那覇市史』資料篇一巻6、九三八頁）。

II　琉球王国と幕藩制国家

第一章　江戸幕府外交と琉球

はじめに

徳川政権は朝鮮・アイヌ・琉球等の異国・異域に対し、政権樹立以前からそれぞれと深い歴史的関係をもっていた宗氏・松前氏・島津氏等を媒介として対外関係を取り結んでいた。(1) オランダ・中国(明・清)に対しては、長崎を窓口とすることによって直接、幕府自身の管轄下に置いていた。(2) このような幕藩制的外交関係は、(3) 一六三〇年代のいわゆる「鎖国」によって確立するものであるが、さらに朝鮮・琉球は「通信の国」、オランダ・中国は「通商の国」として類型化されるようになる。(4)

さて、右のような幕藩制的外交関係の中にあって、幕府・琉球関係を外交史の視座から論じたものは少ない。(5) その要因の一つには次の点があげられよう。すなわち、近世の琉球王国は慶長一四年(一六〇九)以後、薩摩藩島津氏の支配下の存在となり、朝鮮国などに比較すると純然たる外交関係のみでは把握できない側面を内包していたからである。たしかに近世の琉球王国は島津氏の「領分」として王国の自立性を極度に制限された存在であった。しかしながら、王国が完全に島津氏の「領分」に解消化できない特質を持っていたこともまた事実である。そのことは「I琉球王国と中華帝国」において論及したように、近世の琉球王国が、中国(明・清)との冊封関係を継続していたため、幕府にとっては「異国」でありながら島津氏の「領分」(6) でもあるという両義性を有する「国家」であったことに由来するものであり、両側面のいずれか一方を無視した「琉球王国」論は成立しえない。「異国」的側面と「領分」的側面の両面を統一的に把握した「琉球王国」論を展開するためには、それぞれの特質を詳細に追究する作業が必要である。本章の目的は右の課題に答えるための一方法として、江戸幕府と琉球の外交関係を実態的に明らかにすることにある。

一　江戸幕府成立期の外交と琉球

江戸幕府の対琉球外交の直接的前提となる豊臣政権は、島津氏を通じ、あるいは秀吉自ら琉球国王へ書簡を認めるなど積極的に琉球との接触を図っていた。その基本政策は明との「勘合」斡旋、琉球の「上洛」=服属を要求するものであった[7]。ところで、豊臣政権は外交文書の形式からいえば、琉球を朝鮮とほぼ同等に位置づけていた[8]。室町幕府将軍から琉球へ宛てた文書が日本国内で用いられる上意下達文書としての御内書様式[9]であったことと比較すると、対琉球認識の変化があったといえよう[10]。

さて、秀吉の死後、五大老筆頭の地位にあった徳川家康は外交権を着実に自らの政権に接収しつつあった。このような時期において、慶長七年（一六〇二）に琉球船が伊達領へ漂着する事件が発生する。家康は琉球船の送還に際し、琉球人一人の死去に対して「送之衆」五人を「成敗」する旨を島津氏へ厳達していた[11]。それは新たな統治権者=公儀の体現者としての家康の地位を異国琉球へ示す絶好の機会であった。以後、この伊達領漂着事件を契機に徳川政権は島津氏を介して、家康への「御礼」（聘礼）を強く求めるようになる[12]。聘礼要求の背景には豊臣政権同様、明との勘合貿易を希求する幕府の意図があった。その具体的な現われは慶長一四年（一六〇九）二月付の島津龍白より中山王へ宛てた「呈琉球国王」(13)において示されている。

(前略)貴国之地隣于中華、中華与日本不通商舶者三十余年于今矣、我将軍憂之之余、欲使家久与貴国相談、而年年来商舶於貴国、而大明与日本商賈通貨財之有無、(後略)

右に見るように、日明貿易の途絶を打開する方策の一つとして、琉球を日明の出会貿易地にすることを一方的に通告するものであった。

また、幕府は琉球だけでなく台湾も日明の出会貿易地とする計画を立てていた(14)。そのことは同年二月、台湾へ幕命によって出兵した有馬晴信の「従公儀被仰出条々、幷心得之事」(『有馬家代々墨付写』(15))から知ることができる。当該期における幕府の対外政策の一端が次のように明瞭に示されている。

一、志やむらう、かほうしや、其外遠き国々之者共さへ、日本江御礼を申、毎年商売之舟往来候處、程ちかきたかさくん国之者共、今迄不通仕候事、曲事に被思召候条、御人数を被遣、御成敗可仰付之由御諚に候、夫に付而従本上州(本多正純)、条々候内證共候間、彼国之様子慥為可承届各差渡候、早々令渡海、何之道にても即時に相済候様、随分念を入可致調儀事、(第一条)

一、たかさくん国之者共、日本江御請申上候者、以来何事成共、彼国之為に成候する事、望之儘に可被仰出候之由御意之事、(第二条)

一、たかさくん国無事に申調、則彼国より使者召連可致帰朝候事、(第三条)

一、進物以下彼国に有物は、何色にても可然事、(第四条)

一、無事に相済候上にて、以来日本船著へき所、よき湊を見届帰朝可申事、(第五条)

一、無事に成候上にて、大明・日本之船、たかさくん江出合、商売仕候様に可致才覚事、(第六条)

一、色々才覚懇をつくし候上にても、無理に拵を聞候ハすハ、せんはうなから寄々の在所相働、彼国之者共、手柄次第数人生捕可致帰朝事、（第十一条）

すなわち、第五・六条から日明間の出会貿易地として台湾を確保しようとしていることは明らかである。さらに注目すべき点は、シャム・カンボジア等の東南アジア地域や他の国々との貿易が幕府への「御礼」と表裏一体の関係を有するものとして認識されていた（第一条）。そのため日本に「程ちかきたかさくん国之者共」の「不通」は「曲事」として許容しがたいものであった。駿府政権の中心的ブレーンであった本多正純(16)による右の指令は、当該期の対外政策のあり方を端的に物語っているといえよう。

右の事象に関連していえば、台湾よりもさらに日本に近い琉球は、幕府の再三の要求にもかかわらず聘礼を拒否し続けていた。そのことは幕府の構築しつつあった「御礼」と貿易が一体となった対外秩序を大きく狂わせる「曲事」として映じたのは間違いないと思われる。幕府による島津氏への琉球出兵許可は右のような状況において下されたのである。

また、有馬勢の台湾出兵が成功裏に終った場合、聘礼使者を召し連れてくるか（第三条）、あるいは失敗した場合、数人の捕虜を引き連れてくる（第一一条）計画は、琉球出兵直前に島津家久によって発せられた同年三月付の次の「覚」(17)と酷似している。

一、琉球暦《(歴)》々の人質、其外島々の頭々の者迄質人を取候て当国へ引こし、琉球向後の諸役儀於此方可相定事、（第三条）

一、自然琉球国主居城ニ取籠、なかく《(長)》籠城のかくこ《(覚悟)》と相見候ハヽ、悉焼ハらひ《(払)》、から《(空)》城計ニ成、人数少もためらハす引取、あたりの島々の者人質を取手に付候て可為帰陣事、（第四条）

右の条項は島津氏の琉球占領計画の一部である。「琉球向後の諸役儀於此方可相定事」と島津側は独自に占領後の政策を立案していた（第三条）。と同時に「琉球国主」や「琉球暦《歴》々の人質」確保が成功した場合には問題はないが、たとえ失敗したとしても王城（首里城）をことごとく焼払い、周辺の島々から「人質」を取る（第四条）ことによって、「御礼」使者派遣を強く望んでいた幕府の要求を満たす内容のものとなっていた。

以上のことから、慶長一四年（一六〇九）における台湾・琉球へのほぼ同時期の出兵行動は、幕府の構想する日明勘合貿易の中継地確保と、そのための聘礼使者の要求をあわせもつ性格のものであったといえよう。両事件は一見何の関連性を持たないかのように見えるが、琉球出兵問題に深く係わっていたのは内外政策の中心的ブレーンであった本多正純であり、両事件は密接に関連していたのである。もちろん、島津側は独自の思惑をもって出兵行動を起したのであり[18]、幕府の対外構想と全面的に一致するものではなかった。

二　島津氏琉球征服後の幕・琉関係

有馬勢の台湾出兵は原地人の抵抗に遭い「悲しむべき失敗」[19]に帰した。他方、島津勢は慶長一四年四月一日に琉球首里城を陥落させ、その報告を幕府にもたらすと、徳川家康は直ちに同年七月七日付の御内書を発して、琉球を島津氏へ与え以後の「仕置」を命じた[20]。ここに島津氏は徳川政権によって琉球国の「領知」を公認され[21]、島津氏の領分としての琉球国が確定したことになる。

さて、成立間もない幕府にとって「異国」琉球からの「御礼」がいかなるものであったかを、以下において具体的に検討してみたい。

幕府は琉球国王尚寧・三司官等の捕虜を率いてくる島津氏の「参府」に対し、周到な準備を整えていた。そのことは、世上では年内中の参府が取沙汰されていたが(22)、幕府は同年一二月二〇日付の本多正信から島津家久へ宛てた書状(23)で、

（前略）、琉球之儀ニ付而、御使者進上被成候處、御内書被遣、殊従　大御所様彼地拝領被成候儀、御祝着之段、則御参府候て雖可被仰上候、当年中緩々与御在国候て琉球仕置等可被仰付之旨　御諚之通、上野介かたより啓上仕候ニ付（後略）、

として、当年中は琉球仕置に専念すべしと指示していた。そして、琉球王を「召連」れての参府は、同年一二月二六日付の島津家久宛本多正純書状(24)によって来春と決定された。

徳川政権が琉球国王・三司官等の一行をいかなる態度で迎接したかを示すのが、次の慶長一五年（一六一〇）五月一四日付、島津家久宛本多正純書状(25)である。

以上

一書致啓上候、仍今度琉球之王御同道被成候而、此地江被成御下之旨、誠路次中御苦労之段奉察存候、然者右之王御下ニ付而、伏見より江戸迄路次中ニ而、御宿等幷人馬御馳走之儀、此以前朝鮮より之勅使御越之時分、於路次中御馳走之様子ニ、此度も御馳走可致之旨ニ御座候、其通路次中御泊々へ申遣候間、其御心得可被成候、委細之段ハ、山口駿河守殿・伊勢兵部少殿へ申入候間、定而様子可被申上候、山駿州御指図次第ニ被成御尤ニ御座候、尚御下内、此地相応之御用等御座候ハヽ、可被仰付候、不可存疎略候、何も爰元御下之節可得尊意候間、不能具候、恐惶謹言、

本多上野介

「慶長十五年」
五月十四日　　　　　正純（花押）
羽柴陸奥守様
人々御中

右の書状で注目される点は、伏見から江戸にいたる路程の待遇を「此以前朝鮮より之勅使御越之時分」と同様に行うべきことを伝えていることにある。

この「朝鮮より之勅使」とは、慶長一二年（一六〇七）対馬宗氏に導かれてきた約四六〇人余の朝鮮使節団のことである。朝鮮使節は江戸で将軍秀忠と謁見し、帰路、駿府で大御所家康に謁見した。この使節渡来を契機として日朝関係は急速に修復へ向かうことは諸書の説くところである。(26) 朝鮮側は家康の「国書」(27)に対する「回答」と捕虜の「刷還」を目的とした「回答兼刷還使」として使節を日本へ派遣していた。国書授受について日朝双方には認識のズレが見られたが、徳川政権はこの使節を「勅使」として位置づけていた。そのことは『当代記』(28)慶長一二年五月一四日条においても、「高麗人江戸ヲ立、従将軍引出物被出、勅使三人ェ銀子三百枚宛」を賜与した記事、あるいは林春斎『歴朝来聘』(29)においても朝鮮使節を「勅使」と呼称していたことが散見される。上記の二次史料だけでなく、同時代史料においてもそのことを確認することができる。例えば、慶長一二年閏四月二二日付の島津家久宛本多正純書状(30)において、

（前略）、将亦　大御所様去三月十一日ニ駿府へ被成御着座、爰許相替儀無御座、御普請半之御事ニ御座候、随而朝鮮勅使去十七日ニ此地直被罷通、　将軍様へ為御礼江戸へ被罷下候、　大御所様一段御機嫌共御座候（後略）、

とあるように、朝鮮使節を「勅使」と呼んでいたことは明らかであり、その使節渡来に家康は大いに満足していたことを右の書状は示している。元和期においても、金地院崇伝『異国日記』（二）に「朝鮮勅使并諸官人、元和三年丁

巳八月廿日、任先例大徳寺寄宿也」と記されるなど、初期徳川幕府の朝鮮観の一端が窺われる。

ちなみに、このような幕府の処遇に対し、後世の新井白石は『朝鮮聘使後議』(31)において、

元和の時に国書並執政の事を論じ申せし事は（中略）、然るに我国の人、彼使を勅使と称し、甚敷しては国書の中に大明の事を天朝としるされし類は当時、文事をうけ給はれる人々の不学の誤とも申べきか、彼使を勅使とするせし事は金地院の日記にも見えし也、

と批難している。しかし、白石が論難するように崇伝らが「不学」であったから朝鮮使節を勅使と呼称したり、明国を天朝としたのではなく、勅使・天朝と位置づける国際意識が幕府初期には存在したと見るべきであろう。

ともあれ、以上のように、初期徳川幕府は朝鮮使節を勅使として高く位置づけており、前述のようにその待遇に準じて慶長一五年の琉球王一行を処遇すべしと本多正純は指示していたのである。

幕府は路次中の宿々への指示ばかりでなく、島津氏へも直接、次のように命じていた。同年七月五日付の島津家久から国許の義弘へ宛てた書状(32)には次のようにある。

一、我等駿府下向之儀上着申候ハヽ、追付可打立申と存候処、琉球人之こしらへ（拵）、いかにも念を入候て心静相調可罷下由、山口殿（直友）より承候間、左様申付故未罷下候、来十二三日之比可罷立と存候、

すなわち、幕府は駿府へ向う家久へ「琉球人之こしらへ」を入念に整えるために、大坂で一時逗留すべきことを命じていたのである。その「こしらへ」がいかなるものであったのかは、琉球人一行が伏見から通過するのを目撃した三宝院義演の『義演准后日記』慶長一五年七月二九日条(33)において、次のように記されている。

七月廿九日、瑠玖（琉球）国王、伏見ヨリ御通、鳳輦ニ被乗、但日本ニテ用意ト見了、臣下ハ馬也、鋒ニ幡ヲ付テ馬上衆カタケ了、楽也、衣装出家ノ衣ニ似タリ、島津、去年彼国押入搦取云々、

中山王尚寧の乗る鳳輦（輿）、馬上の琉球人の持つ鋒についた幡、出家僧の衣装に似た衣、そして音楽。それらすべてを島津側が用意したとは思えないが、三宝院義演は、鳳輦（輿）は「日本ニテ用意」されたものと見ている。(34)幕府の指示によるものと見て間違いないであろう。

ともあれ、右の「こしらへ」をした琉球人一行に対する反応は、同月二〇日付の島津義弘宛家久書状(35)によると、次のようなものであった。

一、琉球人一段めつらしく候由候て、各御取持不大方候、板倉殿・藤堂和泉殿・古田織部殿なと別而おもしろかりにて、板伊賀殿へも藤泉州へも山駿州なとも振舞候て、藤泉なとハ金子を琉球相中ニ被遣候、駿府・江戸も琉球人可有御覧とて、殊之外御催之由候事、

このように、板倉勝重・藤堂高虎等の武家衆の関心を惹いただけでなく、駿府・江戸では琉球人を見物しようとする人々で沸き立っていた状況を伝えている。

幕府は駿府・江戸では次のように入念に琉球人を迎え入れる態勢を整えていた。家久から義弘への同年八月二六日付の書状(36)によれば、次のようにある。

殊駿府より江戸迄者、道橋なと新被作続候、江戸へ参着候時者、町々辻々ニ奉行を被付置、むさと往来不仕様被仰付候、種々御念入たる事非大形候（後略）、

すなわち、駿府より江戸までの道橋の築造や、江戸では各町の各辻ごとに奉行を配置し、厳戒態勢で琉球人を迎接するなど幕府の並々ならぬ姿勢を読みとることができる。

以上のことから、幕府は琉球王一行を実態は島津氏の捕虜であったにもかかわらず、それを「外交使節」に仕立てあげて迎接したことは明白である。右のことは伊達領漂着事件以来、幕府が一貫して琉球に要求していた聘礼の実現

であった。そのことは、将軍との謁見が「琉球王御礼」[37]と表現されていることからも判明する。

琉球王一行を朝鮮使節に準じた待遇や、「外交使節」として仕立てあげることに幕府が腐心した理由は何であったのか。その問への充分な解答を持ち合わせないが、少なくとも次の点は指摘しうる。すなわち、琉球王一行を幕府への聘礼使節としての役割を担わせることによって、豊臣氏から徳川氏への政権交替を内外に誇示しようとする幕府の狙いがあったということである。[38]

三　正保元年江戸参府時の幕・薩・琉関係

寛永期における幕・琉関係は、薩摩藩が複雑に絡むことによって幕・薩・琉の三者間の問題へと発展する最初の時期であった。端的にいえば、幕・琉間の外交儀礼である琉球使節の江戸参府（江戸上り）が恒例化する初発段階において、薩摩藩がその儀礼に深く関与していたということである。以下、その問題に入る前に当該期の琉球・薩摩間の状況を概観しておく。

寛永一〇年（一六三三）、明朝は島津氏の兵戈を蒙った琉球へ初めて正使杜三策・副使揚掄らの冊封使を派遣し、旧来通り冊封関係を取り結んだ。この冊封使来琉を契機として、琉・薩・幕関係は新たな段階に入る。すなわち、中国の冊封によって旧来通り国際関係上における琉球王権の存続が保証された。他方、薩摩藩は琉球高一二万石余を同藩の総高に組み込むことを翌年幕府へ願い、寛永一一年（一六三四）八月四日の朱印状によってそのことを公認された。[39]ここに、中国の冊封下の琉球と幕藩制下の石高制による規定を受けた琉球という二重の規定性を帯びた「琉球国」が出現した。ただし、この琉球高を幕府は「異国之知行之高」[40]として位置づけ、琉球は直接幕府軍役を負担しない無役高扱いとして処理していた。(41) そして、同一一年（一六三四）には、前年の冊封使来琉の謝恩のため鹿児島へ渡った佐敷王子らは急遽、上洛中の将軍家光に二条城で謁見し、「琉球国主御代替」の「御礼」(42)を言上することになった。これはかねてから幕府への「御礼」の機会を窺っていた薩摩藩に対し、意図的に将軍の上洛にあわせて二条城での謁見を幕府が指示したことによるものであった。

さて、以上のような動向の下で正保元年（一六四四）に挙行された琉球使節の江戸参府＝幕・琉間の外交儀礼に、どのように薩摩藩が関与していたかを次に検討しよう。薩摩藩は右の江戸参府を寛永一九年（一六四二）段階から計画していた。それは同年八月二九日付の「覚」(43)に示されている。

覚

一、琉球先王被相果候跡目之儀、天下へ無御申候而者成合申間敷と出合、阿部豊後守殿を以被　仰上候処、先王之直子有之由候間、薩摩守分別次第跡職可被申付由被仰出、目出度存候事、

一、若君様御祝言、従琉球以使者可被申上候歟と被得　御意候処、御祝言被為申可然候ハん由、被　仰出候、其ニ付薩州様被成　御意候者、金之王子被罷上尤ニ候、左候者唐冠などにて唐式正之支度歟、又琉球式正之支度歟、いつれも持参被申、於鹿児島相談可被申候、来年夏者早々かこしま迄参着可被申候、又王位之跡職被　仰付忝由、以別使可被申、両使之可被召列人数、琉球人六七十人□人、又若衆達座敷ニて楽可被仕衆も可被召上之由候事、

前条は、中山王尚豊の死去に伴い王位継承の一件を幕府へ伺ったところ、「薩摩守分別次第」として、幕府は琉球の王位継承問題へ関与せず、薩摩藩に一任する旨を回答している。後条は、若君（家綱）誕生に対して琉球から慶賀使者の派遣を伺ったところ幕府の了解を得た。そして、薩摩藩側は幕府への慶賀儀礼をより一層引き立たせる目的で

中国・琉球の両「式正」の準備を命じて鹿児島で検討することとし、あわせて楽人衆の上国も指示していた。しかし、薩摩藩はその時点ではいまだ万全の態勢で参府に臨んでいたわけではなかった。そのことは、翌寛永二〇年（一六四三）二月四日付の新納久詮・島津久通連署状(44)に次のように示されている。やや長文であるが、重要な内容を含むことから全文を掲げる。

猶以今度之使者金王子ハ、王位之継目之御礼題目ニ而候哉与御尋候間、両使国元迄参候由承候、若君様御祝儀可申上儀専ニ候間、金王子ハ為其参候ハんと存候、今一人を以継目之儀ハ定而可被申上候与申入置候、以其御心得王位より之御状も両通参候而可然存候、乍重言金王子ハ　若君様御誕生目出度由之御書持参、今一人ハ継目之御祝言之御書持参尤候、文箱并状之様子ハ喜入舎人殿帰国ニ細々申候様ニ、状ハ異国より之儀候間、文章ニ相調可然存候、将又相良満右衛門尉も琉球人召列、為被罷上様ニ出合申候、是ハ江戸迄被参候哉、何之御用ニて候哉、御尋候ハヽ可相知与存候、為御存知候、以上、

態以飛脚申入候、然者昨日阿部豊後守殿、右衛門佐被召寄被仰聞候ハヽ、前々従琉玖(球)使者被致進上候刻者、如何海道等之儀、御公儀より被　仰付候哉、然々御覚得不被成候、存候通被聞召度由御意候、右衛門申上候ハヽ、先年王位を同心にて、中納言参勤之刻者、海道等御伝馬被下、宿も誓願寺へ為被仰付由承候、ヶ様之儀為存下野(島津久元)・兵部(伊勢貞昌)少なとも無御座候へハ、当時ハ爰許へ覚得候者無之候、国許へ尋申、重而到来次第可申上由御返事申上候へハ、最左様ニ可有之候、少成共為覚得人有之候ハヽ、書付にて可申上由被仰聞候而、又被仰候ハ、西之丸へ琉球之使者為罷出様ニ御覚之由、被仰候間、爰許ニて色々思案仕、又ヶ様之儀可存様成人へ為見申候得共覚無之候、併御成之刻琉玖(球)之楽人参候、此衆なと若為罷出事も哉候ハん、又ハ金王子・佐敷王子　黄門様へ為御目見得、京迄被参候刻、幸京都へ被参合候とて、二条之　御城にて　公方様へ御目見得之様ニ及承候与出合申候、其外ニ従琉玖(球)

為使者誰そ爰許へ為被参儀ハ無之候哉、近年久志川被参候様ニ覚申人も御座候、是ハ京迄ニ而候哉、又此元迄被参候哉、何之御用ニて候哉、若左様之儀御座候ハヽ、以御書付を急度可被仰上候、それニ付而今度之使者之御馳走、宿等も可被仰付様子ニ承得候、人数もいかほと参候哉与御尋候間、国許迄ハ先々百人程参候様ニ相聞得候与申上候、是も去年海江田仲左衛門被参候刻、百廿人可被召上之由被仰越候間如此候、其外此許何そ相替儀無之候間、可御心易候、恐惶謹言、

右の史料によれば、幕府のみならず薩摩側も琉球使者の通行する海道や参府人数の規模、そして、その待遇等に関する明確な規範を持ち合わせていなかったことが端的に示されている。そのことは、換言すれば慶長期における駿府・江戸への参府が前例として十分に考慮されていないことを意味している。そのため、新納らは国許へ急遽問い合わせなければならなかった。そして、幕府との折衝過程で琉球国王継目御礼の謝恩と家綱誕生慶賀のための参府である点を強調し、そのため二通の「異国」琉球からの書状の準備を琉球へ促していたのである。参府人数の規模については、同年一一月九日付国許への新納・島津連署状[45]において、「猶々琉玖《(球)》人数之儀、百廿人程可被召列之由、先日爰許へも被仰越候へ共、朝鮮人ニも致相違、無人数ニ而参候ハヽ、世上之物沙汰も如何候ハん哉与出会申候」と一二〇人程度の規模では朝鮮使節に見劣りがすると懸念し、同書状においてつづけて「責而三百人計も参候ハヽ、可成合かと爰元御念比之御衆よりも被仰候」という案も出されたが、「今百人ほとも被召寄、都合弐百四五十人も参候ハヽ、能候ハん与存候、思之外ニ人数も過分ニ参候得ハヽ、　上様御耳ニも能入御悦喜与承及候」と結局、二四、五〇人の規模に落ちついた。

進上物についても右の書状に「両大納言様・水戸様・御年寄衆、其外御見合次第可被成事ニ候間、内々左様ニ御心得尤ニ候、今度朝鮮人ハ右之御衆へ御進物進上候」と先に示した参府人数の場合と同様、朝鮮通信使の事例が強く意

識され、それに準拠しようとする薩摩藩の意図が窺われる。

以上のことから、正保元年の江戸参府（実質上、第一回目の江戸上り）は、薩摩藩の強い主導の下に朝鮮通信使の前例を考慮し、それに準拠する形で挙行された。以後、琉球国から将軍の代替り時における慶賀（賀慶）使、琉球国王代替り時における謝恩（恩謝）使の江戸参府が恒例となるが、この正保度の江戸参府がそれらの使節派遣の制度化に途を開くものとなったのである。

四　外交文書からみた幕・琉関係

1　「大君」号と琉球

外交史研究において外交文書の検討は基礎的作業の一つであるにもかかわらず、幕・琉間の書簡を外交文書の視点から分析したものは極めて少ない[46]。ここでは右の書簡の分析を通じて幕・琉関係の特質を探ることとする。

初期日朝関係史上、最大の事件であった「柳川一件」を処理する過程で幕府は寛永一二年（一六三五）、将軍を「大君」と称することで日本国王号を回避しつつ対朝鮮関係を維持し、将軍の国際的称号として定着させた[47]。

ところで、従来の研究において「大君」号と琉球との関係はどのように理解されているかを次に概観してみよう。

中村栄孝氏は、幕府・琉球関係を外交関係と捉えながらも、島津氏の属領である琉球との「通信」は中国との宗属関係を「黙認」された特異なものとして把握し[48]、それ以上の検討を加えていない。

ロナルド・トビ氏は幕府の「琉球外交においては、この称号（大君号）は徹底して使われていない」と断定して

表1 幕府・琉球往復書簡

	発信者	受信者	将軍の呼称	書留文言	西暦	年号日付	出典
1	中山王(尚賢)	年寄(老中)	公方様	誠惶謹言	一六四三	寛永二〇・四・二〇	琉
2	中山王	年寄	公方様	誠惶不備	一六四三	寛永二〇・四・二〇	琉
3	年寄(老中)	中山国王	両上様	不宣	一六四四	寛永二一・七・一二	琉
4	中山王	年寄	両上様・公方様	恐惶頓首	一六四五	寛永二二・二・一八	琉
5	年寄	中山王	大君	恐惶不備	一六四五	正保二	琉
6	酒井忠勝	中山王	大君	恐々不宣	一六四五	正保二・九	琉
7	酒井忠清	中山王	大君	恐々不宣	一六四五	正保二・九	琉
8	松平信綱	中山王	大君	恐々不宣	一六四五	正保二	琉
9	阿部忠秋	中山王	大君	恐々不宣	一六四五	正保二	琉
10	中山王(尚質)	老中	両上様	誠惶不宣	一六四九	慶安二・三・二三	琉
11	中山王	松平信綱	大君	誠惶不備	一六四九	慶安二・三・二三	琉
12	老中	中山王	大君	不具	一六四九	慶安二・九	琉
13	中山王	老中	両大君	恐惶頓首	一六五〇	慶安三・六・三	琉
14	中山王	酒井忠勝	両大君	恐懼頓首	一六五〇	慶安三・六・三	琉
15	中山王	松平信綱	両大君	恐惶不備	一六五〇	慶安三・六・三	琉
16	老中	中山王	大君	恐々不宣	一六五〇	慶安三・九	琉
17	酒井忠勝	中山王	両大君	恐々不備	一六五〇	慶安三	琉
18	酒井忠清	中山王	大君	恐々不乙	一六五〇	慶安三	琉
19	堀田正盛	中山王	大君	恐々不具	一六五〇	慶安三	琉
20	中山王	老中	大樹将軍	恐惶不備	一六五二	慶安五・五・三	琉
21	中山王	酒井忠勝	大樹将軍	恐惶不宣	一六五二	慶安五・五・三	琉
22	老中	中山王	大君	不乙	一六五三	承応二・二・二六	琉
23	酒井忠勝	中山王	大君	不具	一六五三	承応二・一〇・二八	琉

24	中山王	松平信綱・阿部忠秋	大君	恐惶頓首	一六五四	承応三・六・八	琉
25	中山王	酒井忠世	大君	恐惶不宣	一六五四	承応三・六・八	琉
26	松平信綱・阿部忠秋	中山王	大君	不備	一六五四	承応三・一一・五	琉
27	中山王(尚貞)	稲葉正則	大君	誠惶謹言	一六八一	延宝九・五・一六	通
28	老中	中山王	大君	不宣	一六八一	天和元・一〇・一三	通
29	堀田正俊	中山王	大君	不宣	一六八二	天和二・四・一六	通
30	中山王	老中	大君	誠恐不宣	一六八四	貞享元・五・四	通
31	老中	中山王	大君	恐々不乙	一六八四	貞享元・一〇・一五	通
32	中山王(尚益)	老中	大君	誠惶謹言	一七一〇	宝永七・五・三	来
33	老中	中山王	—	誠恐不備	一七一〇	宝永七・一一・二三	楽
34	中山王(尚敬)	老中	大君	誠恐不備	一七一四	正徳四・五・四	徳
35	老中	中山王	—	—	一七一四	正徳四・一二・六	徳
36	中山王	老中	公方様	誠惶謹言	一七四八	寛延元・四・一一	通
37	老中	中山王	公方様	恐恐謹言	一七六二	明和元・一一	通
38	中山王(尚穆)	老中	公方様	誠恐謹言	一七九〇	寛政二・四・三	通

備考：出典の略称は、次の通り。琉＝「琉球往来」、通＝「通航一覧」、来＝「琉球来使記」、楽＝「琉球使者琉球書簡幷使者接待楽章」、徳＝「徳川礼典録(下)」。

いる。(49) また、荒野泰典氏は「〈大君〉号は、設定当初から幕末までは、対朝鮮関係に限って使用される称号であったと考えられる」(50) としている。

以上のことから、新井白石の「日本国王」復号期(後述)と幕末期を除いて江戸時代における「大君」号は対朝鮮関係にのみ使用されていたという見解が、旧来の研究者間では支配的であるといえよう。

しかしながら、これらの見解は修正の必要がある。というのは、幕・琉間の往復文書を子細に検討すると、「大君」

号の使用例が散見されるからである。[51]以下、幕・琉間における使用法を具体的にみてみよう。幕・琉間の書簡中、主として将軍の呼称の記されているものについて整理したのが表1である。分析の必要上、将軍に関する記載のない書簡も収録した。以下、この「幕府・琉球往復書簡」表や関連する史料から明らかになった点をまとめると次のようになる。

第一に、幕琉間での将軍の呼称は、公方・上様・大君・大樹将軍と様々に使用されていた。

第二に、「大君」号の使用は正保二年（一六四五）、幕府年寄（老中）から中山王へ宛てた書状から開始されている。それは、先述の正保元年の江戸参府に対する年寄（老中）の返簡に使用されたものである。ちなみに、日朝間での使用は寛永一三年（一六三六）からであり、その九年後に、幕・琉間においても使用されるようになった。

第三に、幕府側の「大君」号使用に呼応して琉球側もその使用を慶安二年（一六四九）から開始している。

第四に、正徳四年（一七一四）の老中宛中山王尚敬書簡を最後に幕琉間での「大君」号使用は以後、見られなくなる。この点がこれまでの研究では不明確であったために、対琉球関係では「大君」号の使用が見られないという誤断に陥った原因のひとつと思われる。すなわち、「大君」号使用において幕琉間には正徳期を境に大きな転換があったということである。

第五に、日朝間での「大君」号使用法と幕琉間でのそれの決定的差異は、前者が日本将軍と朝鮮国王との敵礼（対等）関係を示すものとして使用されたのに対し、後者のそれは老中と中山王間での書簡のやりとりであった。

第六に、幕府から琉球中山王宛の書簡は老中奉書として認識されていた。[52]

第七に、将軍からの直状（御内書）は管見の限り一通も琉球へ発給されたことはなく、また、中山王から直接、将軍へ差出された書状も見あたらない。そのことは中山王からの「書簡ハ依為披露状、不出　御前」[53]として将軍は直接目にしなかったことと関連があるように思われる。(54) つまり、敵礼関係からいえば、中山王は老中と同等のものとして位置づけられていたことになる。以上の七点をさしあたり指摘しておきたい。

2　幕府より琉球宛書簡の特徴

次に「大君」号設定前において琉球へ宛てた最初の幕府（年寄）書簡は、次のようなものであった。(55)

珍書披覧欣抃之至也、
若君様御誕生之儀、於其国被聞及、使者金武到来、為祝儀進献之土産如目録遂披露于
両上様之處
御前エ金武被　召出、御機嫌不少候、委細使者可有演達者也、不宣、
寛永二十一年甲申七月十二日

従四位下対馬守阿部朝臣重次
従四位下豊後守阿部朝臣忠秋
従四位下侍従兼伊豆守源朝臣信綱

報復　中山国王
　　　　館前

右の書状は、家綱誕生慶賀の返簡として作成されたものである。「若君様」「両上様」「御前」「候」等々の和文の文言が使用されてはいるものの、書止文言の「不宣」、官途名を記している点は注意すべきであろう。異国琉球への返簡であることから「不宣」というような国内向け書簡には見られない書止文言が使用されていると思われる。

「大君」号が初めて使用された正保二年（一六四五）中山王宛年寄中書簡は、次のような形式となっていた。[56]

二月十八日之手書、松平薩摩守光久進達之、就審去夏　貴国使者金武・国頭来朝江府、奉拝我
大君幕下、而述
大納言殿之慶詞、其告暇帰帆時被投賜物於　足下、且
両价及従僕等、蒙恩恵也、今復奉感其厚意、以読谷山王子令到薩州、抒礼謝之趣、光久申之、因達
尊聴、其所献土貢亦啓稟之、頗動　喜気、莫以労其意也、其余諭光久伝言之、恐々不備、

正保二年月日

従四位下対馬守阿部朝臣重次
従四位下豊後守阿部朝臣忠秋
従四位下侍従兼伊豆守源朝臣信綱

回報　中山王

すなわち、「大君」号の使用とともにそれ以前に使用されていた「御前」「候」の文言は消え、漢文体の書簡となっている。ただし、返簡がすべて漢文体になったわけではなく「御前」「候」の使用がみられる場合もあった。[57]以上のような形式の書簡が正徳以前には一般的に用いられていたのである。

3　琉球から幕府宛書簡の特徴

琉球から幕府へ初めて宛てた書簡は次のようなものであった。[58]

欽呈一翰、抑琉球国之続目致案堵（安）之旨、従薩州之大守光久、去冬馳价聞之、誠以畏悦無極謝恩無限、因茲

公方様江為奉伸祝儀、備微少之品物、奉表寸志候、余者使者可為演説之条

尊前宜預御取成候、誠惶不備、

尚賢

寛永二十年癸未卯月廿日

進上　御年寄中

右の書簡は前述の寛永二〇年（一六四三）、薩摩藩の指示を受けて作成された二通の「異国」からの書状のうちの一つである。右の書簡のように琉球から幕府への書簡は初期においては和文体が主であった。しかし、「大君」号が初めて用いられた慶安二年（一六四九）三月二三日付松平乗寿宛中山王書簡以後は、「候」などの文言の使用はみられるものの全体的には漢文調の様式が使用されるようになる。また、幕府・琉球ともに書簡の書体においては、真字（楷書）を用いていた。そのことは例えば、承応期の幕府宛琉球書簡に対して、幕府はそれを「進返共真字」として扱っていたことからも理解される。[59][60]

そして、延宝期以降は漢文体が定着するようになり、正徳期までそれが続いた。すなわち、琉球から幕府宛ての書簡は、「大君」号使用前にはほぼ和文の書式（ただし、書止文言には異国としての表現がみられる）であったが、「大君」号使用とともに漸次、漢文調の様式へ移行していくのを特徴とするものであった。ただし、年号の使用においては、幕府・琉球ともに近世期を通して日本年号を用いていた点に変化はなかった。[61]

ところで、琉球から幕府へ宛てた書簡は琉球独自の判断で作成されていたわけではなかった。そのことは、第一回目の江戸参府直後に琉球三司官へ宛てた寛永二一年（一六四四）九月二五日付の山田有栄・頴娃久政・川上久国・島津久通連署状に示されている。[62][63]

覚

一、此度江戸之御仕合無残所難有儀候間、来春夏之間従王位以使者　光久様迄被仰上可然候、左候者江戸　御年寄衆酒井讃岐守殿・阿部豊後守殿・阿部対馬守殿・松平伊豆守殿なとまても、両　上様御前以御取合、両使之者首尾能　御目見得仕候、殊到　王位何々拝領、両使へも過分之御引物被下、誠以忝奉存との書状被進、可然候由被仰出候、尤琉球国之土産両　上様へ茂可被指上候、　上様へ五色上り候ハヽ、　若君様へハ三色能候ハん由候、遮而おもき物ハ御無用ニ候事、

一、若君様　御年寄衆牧野内匠殿・松平和泉守殿・酒井日向守殿へ茂、御状被進尤ニ候、惣別　御年寄衆へハ進物入間敷由候事、

一、書状者於此方談合之上を以相認候ハん間、　王位之御判紙余多可被指越候、勿論料紙可為唐紙候、判之押所ハ文言おほき状も可在之候、又文言すくなき状も可有之候間、其心得尤ニ候事、付両　大納言様・水戸之　中納言様御年寄中迄も御礼状可参候事、

以上

寛永廿一年九月廿五日

山田民部少輔
穎娃左馬頭
川上因幡守
島津図書頭

三司官

右の書状は第一条で、幕府からの拝領物に対する返礼状および琉球土物の返礼物に関する指示であり、第二条では

返礼状を若君（家綱）・年寄衆（老中）へも差し出すこと、ただし、年寄衆への進物は無用であることを命じている。注目されるのは第三条である。すなわち、琉球から幕府宛ての書簡を鹿児島において「談合之上」（琉・薩の協議によって）作成することを明示している。そのため、①料紙は唐紙とすること、②中山王の「御判紙」＝花押のみを据えたものであること、③その「御判紙」は文言の多少を考慮して判＝花押を据えるべきこと、④それらの「御判紙」を「余多」送附すべきこと、というように詳細な指示を下していた。右の指示を受けて作成された書簡は実際に翌年、幕府へ差し出された。

以上のことから少なくとも、正保二年（一六四五）二月一八日付幕府宛ての中山王書簡は、琉球側の自主的・主体的意志に基づいて文書の様式・内容が決定されていたのではなく、薩摩側の主導の下に決定・作成されたものであった。すなわち、幕府との「通信」関係の形成期において、琉球国の幕府への対応のあり方には、薩摩藩の強い介入がみられる点に特徴があるといえよう。その要因は琉球国が薩摩藩の「仕置」に服する存在であったことによるものであり、琉球国は完全な自律性に基づく外交関係を幕府と取り結ぶことができず、前述のように複雑な外交関係（＝薩摩藩の強い主導の下における外交）として現出したのである。

4　新井白石の日本国王復号問題と琉球

さて、これまで検討してきたように外交文書からみた幕府・琉球関係は正徳期を画期として大きな転換点を迎える。新井白石による一連の幕政改革は幕琉間の書簡様式へも波及した。すなわち、朝鮮国王から日本将軍へ宛てた国書において、将軍の呼称を大君としていたものを寛永以前のように国王号に戻した復号問題は、幕琉間で使用されていた大君号の呼称も問題視されたのである。

以下、書簡様式の変更にともなって惹起した問題点を検討してみよう。

書簡問題の契機となったのは、正徳四年（一七一四）一二月六日付の老中から中山王へ宛てた次の書簡[64]にあった。

前年之秋

大命有降、維

王当国奉承宗祀、爰修壊貢、耑謝

洪恩

上眷優渥

賜与如例、非徒極其

寵栄、蓋亦奬忠嘉、今金武王子等回要、須薩摩中将具報、茲復、

正徳四年十二月六日

中山王

江戸参府中、右の書簡を内々に目にした琉球使者金武王子朝祐・与那城王子朝直らは旧来の様式と大きく異なることに驚き、来年の老中への書簡をいかに作成すべきかを同年一二月二〇日に薩摩藩側へ伺った[65]。右の事態が発生する一〇日前に薩摩藩側は幕府の内命によって中山王書中の「貴国・大君・台聴」等の文言について、琉球側へその使用法を「内々」に尋ねていた[66]。そのことは薩摩藩を介して書式を変更するための布石であったが、その変更を幕府が通達する前に琉球側は前述のように伺いを立ててきたのである。その伺いの中で注目すべき点は琉球側の大君認識のあり方である。すなわち、琉球側は「大君者大なる君と申候而、帝王之事を茂申候、其国土之主君之事ニ用申文字ニ而御座候」[67]と認識していた。換言すれば、「帝王」＝「国土之主君」＝将軍という認識を持っていたため、琉球側は

「畢竟御返翰ニ奉対候而ハ、帝王ニ奉用文字ニ可仕哉(68)」という点をもっとも重視していたのである。

それに対する幕付の返答（白石の見解）は「大君とハ天子の事」であり、将軍は「天子より御下にて、三公諸王之上に被成御座候御事(69)」というものであった。白石は天皇と将軍の上下関係を琉球側へ明示することによって「大君」号の使用を禁ずる論拠としたのである。琉球側が不相応の書簡を呈上した原因は漢語の使用によるものと白石は断定し、今後は「我国通用の文字」の使用を促した(70)。ただし、その判断は琉球の議定に一任すべきことを薩摩藩側へ指示したにもかかわらず、島津吉貴は老中阿部正喬へ「此以後者漢語を用不申、前々より琉球江一通り致来候小竪文之体ニ、和之文章ニ相調、勿論目録等迄一向和国通用之書式ニ仕候様可申付と存候(71)」と薩摩藩側によって和文の書式に変更する旨を翌年正月二七日に返答していた。このような経緯によって幕琉間の往復書簡は「和国之書法(72)」へと決定されたのである。

ところで、白石の失脚後、幕府は享保二年（一七一七）に朝鮮通信使接待を旧に復し(73)、大君号も復活した(74)。しかしながら、他方、幕琉間における大君号の使用は復活することなく白石時に規定された書式が幕末まで存続した。このように書簡様式からみた幕琉関係は、正徳期を画期として転換が見られるのである。換言すると、正徳以前において、幕府は「異国」琉球に対する様式を備えた書式を使用していたが、正徳以後は日本国内で使用される書簡と何ら異なることのない様式に変化したのである。

おわりに

以上、琉球の異国的側面に着目して江戸幕府との外交関係を琉球使者の江戸参府時の問題と幕琉間の外交文書を素材にして検討してきた。要約すると以下のようになる。

（一）慶長一四年の島津氏の琉球出兵後、尚寧王一行の駿府・江戸への連行に対して幕府は朝鮮使節と同様の役割を担わせる意図で迎接していた。それは幕府にとって支配の正統性を誇示する意義を有するものであった。

（二）正保元年の江戸参府は後の慶賀使・謝恩使派遣を恒常化する最初のものであったが、その江戸参府は薩摩側の主導の下に挙行されたものであり、朝鮮通信使の外交儀礼に準拠しようと薩摩藩側は腐心していた。換言すれば、琉球の幕府との通信関係は日朝間の通信関係に巻き込まれるようにして形成されていったということである。

（三）幕琉間の外交文書は大君号の設定後、琉球への使用において琉球の異国としての形態に照応した様式を備えていたが、正徳期の白石の復号問題を契機として「和国の書法」に変更された。つまり正徳以後は書式上、琉球は異国的側面をほぼ消失するのである。

残された課題と若干の展望を述べてむすびとしたい。幕末期にいたって「通信の国」として位置づけた江戸幕府の対琉球関係は書式上正徳期を前後にして区分されるものであったが、その転換の真因を追究することが課題として残されている。島津氏の琉球出兵後も琉球が「王国」として存続した要因の一つには、幕府の対琉球関係が大きく作用していたと考えられる。薩摩藩の琉球支配を追究する上で、幕府による規定が琉球の存立にどのように作用していたかを追究する必要があろう。

註

（1）本章との関わりにおいて、主要な論著のみを掲げる。日朝関係を機軸としたものに、中村栄孝「江戸時代の日鮮関係」（同『日鮮関係史の研究』下、吉川弘文館、一九六九年）、田中健夫「鎖国成立期における朝鮮との関係」（同『中世対外関係史』東京大学出版会、一九七五年）、荒野泰典「大君外交体制の成立」（同『近世日本と東アジア』東京大学出版会、一九八八年所収、初出一九八〇年）等がある。アイヌとの関係では、海保嶺夫「蝦夷地と幕藩制社会」（『岩波講座日本歴史一一　近世三』岩波書店、一九七六年）、菊池勇夫『幕藩体制と蝦夷地』（雄山閣出版、一九八四年）、榎森進「『蝦夷地』の歴史と日本社会」（『日本の社会史』第一巻、岩波書店、一九八七年）等がある。琉球との関わりでは、梅木哲人「近世における薩藩琉球支配の形成」（『史潮』一一二号、一九七三年）、喜舎場一隆「薩琉関係の展開」（同『近世薩琉関係史の研究』国書刊行会、一九九三年所収、初出一九七九年）、上原兼善「琉球の支配」（『鎖国　講座日本近世史二』有斐閣、一九八〇年）、紙屋敦之『幕藩制国家の琉球支配』（校倉書房、一九九〇年）等がある。

（2）　中田易直『近世対外関係史の研究』（吉川弘文館、一九七九年）、中村質『近世長崎貿易史の研究』（吉川弘文館、一九八八年）等、参照。

（3）　近年の主なものに、ロナルド・トビ（速水融・永積洋子・川勝平太訳）『近世日本の国家形成と外交』（創文社、一九九〇年）、永積洋子『近世初期の外交』（創文社、一九九〇年）、山本博文『寛永時代』（吉川弘文館、一九八九年）、同『鎖国と海禁の時代』（校倉書房、一九九五年）等がある。

（4）　もちろん、このような対外関係の類型化は幕末の外圧によって顕在化したものである。『通航一覧』（第一・序）、あるいは羽賀祥二「和親条約期の幕府外交について」（『歴史学研究』第四八二号、一九八〇年）、横山伊徳「日本の開国と琉球」（『新しい近世史②』新人物往来社、一九九六年）等、参照。

（5）　このような研究状況において、紙屋敦之「幕藩制下における琉球の位置―幕・薩・琉三者の権力関係―」（註（1）『幕藩制国家の琉球支配』所収、初出一九七八年）、および最近の同『大君外交と東アジア』（吉川弘文館、一九九七年）等がある。

（6）　田港朝昭「琉球と幕藩制社会」（『岩波講座日本歴史』一一巻、岩波書店、一九七六年）。安良城盛昭「琉球処分論」、補注「日支両属」（同『新・沖縄史論』沖縄タイムス社、一九八〇年、二二〇〜二二一頁）。

（7）　註（1）上原論文。および上原兼善「豊臣政権と琉球国」（『前近代における南西諸島と九州―その関係史的研究』多賀出版、一九九六年）、同『幕藩制形成期の琉球支配』（吉川弘文館、二〇〇一年）、参照。

（8）　『続善隣国宝記』所収の天正一八年仲春二八日付・琉球国王宛豊臣秀吉書簡、同年仲冬・朝鮮国王宛秀吉書簡（『改定史籍集覧』第二一冊）。右史料の文書上の様式については三鬼清一郎氏の御教示による。田中健夫「『続善隣国宝記』について―所収史料の特質と撰述の経緯―」（『東洋大学文学部紀要』第三八集、史学科篇X、一九八四年）、同編『善隣国宝記　新訂続善隣国宝記』（集英社、一九九五年)、三鬼清一郎「関白外交体制の特質をめぐって」(『日本前近代の国家と対外関係』吉川弘文館、一九八七年)等、参照。

(9)　田中健夫「室町幕府と琉球との関係の一考察―琉球国王に充てた足利将軍の文書を中心に―」(『南島史学』一六号、一九八〇年)。なお、琉球国王書状を下意上達文書と推定する田中説に対して何慈毅氏は「十五・六世紀における日琉関係の一考察―室町将軍琉球国王間の往復書状をめぐって―」(『年報中世史研究』第一七号、一九九二年)において、「疏」は駢儷体による漢文ないし漢文体のものとする批判を行っている。それに対して、佐伯弘次氏は「室町前期の日琉関係と外交文書」(『九州史学』第一一一号、一九九四年)において、新たに室町将軍宛の琉球国世主書状を発掘し、それが日本の中世文書様式であること、「披露状的要素を持つ上申文書の印判状」であることを明らかにしている。

(10)　このような秀吉による位置づけの変化は、基本的には室町幕府政権と豊臣政権の質的差異に求められるが、さらに琉球国の国家的成長も考慮に入れる必要があろう。すなわち、一五世紀初頭段階における琉球は対外的には新興間もない国家であり、国内的には統一王権の形成期に当たっていた。豊臣政権との接触は一六世紀末であり、その間、琉球国の東アジアに占める地位は著しく高まっていた。そのことは諸書の明らかにする所である。主な研究書として、秋山謙蔵『日支交渉史話』(内外書籍株式会社、一九三五年)、小葉田淳『中世南島通交貿易史の研究』(日本評論社、一九三九年)、東恩納寛惇『黎明期の海外交通史』(帝国教育出版部、一九四一年)等があげられる。

(11)　『大日本古文書』家わけ第十六、島津家文書之三、一五二一号。

(12)　註(1)梅木論文。

(13)　『鹿児島県史料　旧記雑録後編　四』五三二号。以下、『後編』四、五三二号のように略す。

(14)　山口啓二「日本の鎖国」(『岩波講座世界歴史』一六、岩波書店、一九七〇年。後に同『幕藩制成立史の研究』校倉書房、一九七四年に所収)。

(15)　『大日本史料』第十二編之六、一三二～一三四頁。

(16)　福島貴美子「江戸幕府初期の政治制度について―将軍と側近―」(『史艸』第八号、一九六七年)。

(17)　『後編』四、五四五号。

(18)　紙屋敦之「島津氏の琉球出兵と権力編成」(同『幕藩制国家の琉球支配』校倉書房、一九九〇年、初出一九八〇年)。

(19)「日本耶蘇会年報」一六〇九年及び一六一〇年分（『大日本史料』第十二編之六、一三九頁）。
(20)『後編』四、五九四号。
(21)島津氏による琉球国の「領知」は、慶長一四年一二月二六日付家康の「御内書」（『後編』四、六五六号）においても「琉球国可被領知之旨申遣候処」と再確認されている。
(22)慶長一四年七月二九日付、島津家久宛福島正則書状（『後編』四、六一八号）。
(23)『後編』四、六四九号。
(24)『後編』四、六五七号。
(25)『後編』四、六九七号。
(26)註(1)中村・田中氏等の論稿、参照。
(27)高橋公明「慶長十二年の回答兼刷還使の来日についての一考察―近藤守重説の再検討―」（『名古屋大学文学部研究論集』史学三一、一九八五年）、参照。
(28)蓬左文庫所蔵本。
(29)『大日本史料』第十二編之四、八九四～八九六頁。
(30)『後編』四、三四七号。
(31)『新井白石全集』第四、六八〇頁。
(32)『後編』四、七〇三号。
(33)東京大学史料編纂所蔵本。
(34)紙屋敦之氏は「徳川家康と琉球王の対面に関する一史料」（『日本史攷究』第二二号、一九九六年）において、尚寧と家康の対面時の状況を示す文書を毛利家文書から発掘し紹介を行っている。それによれば、尚寧一行の装束は次のようなものであった。

一、王の装束あり、装束、唐人のことく、かむり（冠）ハ唐王同前、舎弟ぐしかミかむり唐人臣下同前、其外御残の唐人の装束かむり、平の唐人同前、

（三条略）

一、王、日本の王のことく、玉のこし（輿）にてげんくハん（玄関）まで重げん（厳）にて御出候つる、

一、四本のはた《旗》廿四本、先へもたせ申候、下々ハ皆つきん《頭巾》かつき申候

右の史料から、尚寧王の衣装は「唐王同前」、すなわち皮弁冠服を身に纏っていたことが理解される。また、王弟具志上王子や臣下層も身分に対応した中国衣装や頭巾（琉装）であったことが分かる。明国から頒賜された皮弁冠服などの中国冠服の歴史的意義とその機能については、本書Ⅰ・第一章、参照。

(35)『後編』四、七一六号。
(36)『後編』四、七三五号。
(37)慶長一五年九月一一日付、島津義久宛家久書状（『後編』四、七三九号）。なお、当該期における幕府への「御礼」のもつ歴史的意義については、高木昭作「秀吉・家康の対外文書にみられる〈御礼〉の論理」（『人類にとって戦いとは3　戦いと民衆』東洋書林、二〇〇〇年）、参照。
(38)近世初期において、幕府による正統性確保の問題を対外政策から分析したものに、註(3)ロナルド・トビ著がある。
(39)『後編』五、七五六号。
(40)寛永一一年五月四日付、川上久国・島津久元・島津久慶宛伊勢貞昌書状（『後編』五、七一〇号）。
(41)紙屋敦之「琉球国司考―近世日中関係史の一視点―」（同『幕藩制国家の琉球支配』校倉書房、一九九〇年、初出一九八三年）。なお、新井白石は琉球の軍役について「知行高十二万石の軍役に御座候、但此知行の多少其図り世間へ慥に露顕不仕候」（『新井白石全集』第五　白石先生手簡、二七一頁）という興味深い指摘を行っている。
(42)寛永一一年閏七月二日付、島津家久宛酒井忠勝・土井利勝連署奉書（『後編』五、七四九号）。
(43)『後編』六、二七八号。
(44)『後編』六、二九七号。
(45)『後編』六、三五三号。
(46)梅木哲人「琉球国王書翰の検討―異国の構造試論―」（『地方史研究』第一九七号、一九八五年）、何慈毅「書状様式から見た江戸幕府の対琉球意識」（『第四回琉中歴史関係国際学術会議　琉中歴史関係論文集』琉中歴史関係国際学術会議編、一九九三年）、参照。
(47)中村栄孝「外交史上の徳川政権―大君外交体制の成立とその終末―」（同『日鮮関係史の研究』下、吉川弘文館、一九六九年）。

(48) 同右、四九八頁。

(49) ロナルド・トビ「初期徳川外交政策における「鎖国」の位置づけ—幕府正統性確立の問題からみて—」（社会経済史学会編『新しい江戸時代史像を求めて—その社会経済史的接近—』一九七七年、三二頁）。註(3)トビ著（七五頁）は、一七一一年、対琉球関係においても「大君」号が使用されたと旧説を改めているが、その使用は例外的なものとして位置づけている。

(50) 註(1)荒野論文、補注、二二一頁。なお、氏の見解がいかなる理由で変更されたのかは不明であるが、註(1)荒野著（『近世日本と東アジア』）への収録に際しては、右の補注部分が削除されている。

(51) 研究史では、宮城栄昌「正徳四年の江戸上り時に起きた書翰問題」（『沖縄国際大学文学部紀要』社会学科篇、九巻一号、一九八一年）がある。宮城論文は幕琉間での大君号等の問題について新井白石の幕政改革との関連で検討しており注目に値する。ただし、氏の分析は江戸幕府外交全体との関連性がほとんど考慮されていない難点がある。

(52) 天和三年八月二六日付、琉球国司宛島津久光書状（『旧記雑録追録一』、一八五三号。以下、『追録』と略す）。

(53) 「柳営日次記」正保元年六月二五日条（内閣文庫蔵）。

(54) 註(9)佐伯論文において、室町将軍への琉球国王からの書状が「披露状的要素を持つ上申文書」という指摘が行われているが、その問題とどのように関連するかは、検討を要する課題である。

(55) 「琉球往来」（内閣文庫蔵）。

(56) 「琉球往来」。

(57) 慶安二年九月付、中山王宛阿部重次・阿部忠秋・松平信綱連署書状（「琉球往来」）。

(58) 「琉球往来」。

(59) 「琉球往来」。具体的に示すと次のようなものであった。

　敬以捧一簡、然琉球国王継目寡夫安堵之旨、従薩州之太守光久、去冬伝
大君尊命、示諭之故、為奉謝其賀詞、於
幕下附于光久、以拝献土産之軽物、於
大納言様尊前、宜預御披露、猶使者具志州〔川〕王子可為口説候、誠惶不備、
　　　　中山王

慶安二年己丑三月廿三日　尚質
進上　松平和泉守殿

(60)『通航一覧』第一・巻六、五四頁。
(61)註(51)宮城論文。
(62)東恩納寛惇「島津氏の対琉球政策」(一九〇八年稿本。後に『東恩納寛惇全集』第二巻、第一書房、一一五頁、一九七八年に所収)。
(63)『後編』六、四三一号。
(64)『徳川礼典録』下巻、三二二〜三二三頁。
(65)『追録』三、四四六号。
(66)『追録』三、四三五号。
(67)『追録』三、四六四号。
(68)同右。
(69)『追録』三、四六五号。
(70)同右。
(71)『追録』三、四六九号。
(72)『追録』三、四七一号。
(73)『徳川実紀』享保二年六月二八日条(新訂増補国史大系、第四五巻、七八頁)。
(74)『通航一覧』第三、巻一〇〇、一七四頁。

第二章　近世初期の対薩摩外交

はじめに

一六〇九年（慶長一四）に島津軍勢の侵攻を被った琉球王国が、薩摩藩島津氏の従属国へと組み敷かれてゆく経緯については、戦前以来の研究がある。例えば、戦前では、政治史そのものの分析ではないが、島津氏の琉球支配初期における対明貿易の側面から琉球・薩摩関係の推移を詳細に位置づけた小葉田淳氏の古典的研究(1)があり、戦後では、一九七〇年代から九〇年代初頭にかけての梅木哲人、上原兼善、紙屋敦之等の各氏による研究蓄積を挙げることができる(2)。特に後者の研究史を概括すると、江戸幕府の対明交渉（勘合復活）やいわゆる「鎖国」との関連性が重視され、たんに琉球・薩摩関係に止まらない点を明らかにするなど、多様な論点が提起されている。

しかしながら、侵略された琉球王国を機軸とした近世初期の政治外交史については、なお検討の余地が残されている。当該期における政治過程を、例えば、「慶長後の琉球国は、単なる薩藩の傀儡的王国でしかなく、その統制支配のもとに従来の王国の飾りをのこした独立国に擬装せしめられ、その全権益を奪いさる統治策が講ぜられていた(3)」とか、あるいは尚寧政権から尚豊政権への移行における佐敷王子（後の尚豊王）の位置づけを「王府傀儡化の手だて(4)」というように、琉球＝薩摩藩の傀儡王国化という図式による分析方法がこれまで採られてきた。しかし、筆者はそのような方法を採らない。むしろ、琉球と薩摩の権力関係を具体的な政治過程に即した分析を行うことで、島津氏に従属してゆく琉球王権の特質を浮かび上がらせるという方法を採る。そのことによって、薩摩支配に対する琉球王権の拒絶・反発・妥協・迎合・受容など、動態的でかつ多様な側面へのアプローチが可能になると考えられるからである。

さて、本章では、島津氏の琉球支配開始期である一六一〇年代から二〇年代、すなわち尚寧政権から尚豊政権の移行期に焦点を絞り、琉球・薩摩関係のあり方を対中国関係（冊封・朝貢関係）と関連させつつ再検討する。

一　尚寧政権期の対薩・対明外交

一六一六年（元和二）六月一五日付で、島津氏へ差し出した尚寧王の請文[5]には、尚寧政権の直面する政治課題が集中的に表現されている。以下、その請文を手掛かりに検討を加えよう。

覚

一、王位御子孫向後於無之者、佐敷之息江相続可然存候事、

一、琉球国之諸置目、佐敷王子被聞、節々以渡海、日本与琉球之様子被致熟談候様ニ於被相定者可然存候、然者三司官者如前々不相替、惣別之儀ヲ佐敷可被聞事、

一、大明与琉球商船往還、純熟之調達弥可被入精事、

以上

右之条々慥承届候、聊疎意不存候、□其中付候畢、

「元和二年」六月十五日　　中山王（花押）

この請文は、第一条の王位継承問題、第二条の佐敷王子朝昌による国政統括体制の問題、第三条の明との朝貢貿易

問題の三つを尚寧王に受諾させたものである。第一・第二条が琉球の内政問題であり、かつその内政問題に島津氏が介入してきたものである。第三条は外交問題であり、その対明外交に島津氏が関与していたことを示している。この対島津関係、対明関係は密接に関連するものであるが、旧来の研究ではその点は明瞭ではない。

分析の便宜上、まず第三条の対明朝貢貿易問題から取り上げ、ついで第一条・第二条は王位継承問題として一括し、節を改めて論ずることにしたい。

前記の請文「覚」第三条とは、要するに琉明貿易に尽力することを琉球側が受諾したものだが、この条項はたんに琉球の対明朝貢貿易の振興策にとどまらず、江戸幕府による勘合貿易（日明貿易）復活策と密接に結びついていた。その時期の琉球国にとって対明関係上の主要問題は、十年一貢へ改定された貢期を旧制の二年一貢に復することにあった。小葉田淳[6]、喜舎場一隆[7]両氏による先行研究を踏まえ、以下において勘合復活策と十年一貢問題の視点から再検討してみたい。

島津軍勢による琉球の制圧直後、一六〇九年（万暦三七）五月付で尚寧王は「倭乱」による国政混乱のため「貢期の緩」（＝朝貢の延期）を福建布政使司へ要請する咨文を作成している[8]。咨文は明国への援軍要請ではなく、①「倭乱」の経緯、②朝貢の延期、そして③暫定政権の明国への通知、という内容であった。③について付言すると、王の「印信を将て法司馬良弼に交嘱し、王妃・王弟を摂して暫く署に看掌せしむ」とあるように、日本へ連行されることを予期した尚寧が、王の不在期間における国政を三司官の馬良弼（名護親方良豊）へ依嘱したこと、即ち名護親方・王妃・王弟による暫定政権の樹立を明国へ通知していたのである[9]。

鹿児島へ連行された尚寧らは、島津氏から同年九月一二日に「先規のことく唐の往来」、即ち旧来通りの朝貢関係の継続を示達されたため、人選協議の結果、池城親方安頼（毛鳳儀）を派遣することになった[10]。島津氏は日明勘合復活の前提として、攻略したばかりの琉球から明国へ使者を派遣させることで琉明関係の正常化を優先させたのである。

尚寧は池城に次のような書状を託し、明国へその内容を報告させた。(11)

(万暦三七年)十月二十日に至り、続いて奉ずるに、国王は日本より未だ回らざるも、王舅毛鳳儀等を差遣し文を捧じて国に致さしむ。此れを奉ずるに称すらく、飛報の事の為にす。切に以うに、国家の乱に遭うは乃ち天運の災数なり。乱るるも貢を失うこと毋きは、更に臣子の当然なり。旧年遠く藩維を離るるも、是れ苟活し偸生するに非ず。実に国家の重担を耽いて聊んずる無きなり。茲れを念いて茲に在り、日として我が君父の重譴を惶れざる無し。尚宏・良弼、爾輩、暫倏の虚位を以てして貢を欠失する毋く、与に作速やかに例を査し備咨し差遣して、天恩もて乱に遭うを恤憐し職貢を補わしむる事を懇乞せしめよ。孤《われ》、伏して惟うに、這の次倭奴の蠢爾するや、乃ち是れ克つを好むも高きを恃い、並びに肆毒し呑并するに非ず。前に地を割けば尽く行退き、復た鶏籠を要取するは諫を聴きて罷止む。但だ未だ倭君に見えて講もて請わざれば、誠に毘連せる強梁なる薩摩州の詐冒の不測なるを恐る。来年二、三月、孤、関東に去きて杜奪せん。倘し是れ匹馬行李の帰期は、爽わざるを必す可くんば、風に由り艦に載り万旅跟程なれば、卜するに故国に抵るは明冬に在らず、定めて後春に在らん。爾輩、競競として家国もて忽せにする莫く是れを図り、乾乾として修貢し孤を体して謀を為せ。(後略)

右書状の要点は、①鹿児島へ連行された尚寧から尚宏・名護親方に対して明国への朝貢の重要性を説き、朝貢継続を指示していること、②「倭奴」(島津軍勢)の目的は、琉球国全域の「呑并」ではなく、一部の割譲にあると考えていること、③島津氏の「詐冒」に不安を懐きながらも「倭君」(大御所ないし将軍)への謁見のため「来年」(万暦三八、一六一〇)の二、三月頃に関東へ赴くことになっていること、④王自身の帰国は二年後(万暦三九、一六一一)の春頃と予想していること、というものである。

実際には、一六一〇年八月一六日に駿府で家康に謁見し、八月二八日には江戸で秀忠に謁見、そして一二月二四日に鹿児島へ戻り、琉球への帰国は翌一六一一年一〇月一九日であった(12)。尚寧の予想より半年から七、八ヵ月程の遅れになったとはいえ、ほぼ見通し通りであった。換言すれば、尚寧の処遇は「関東」へ出発する前の鹿児島抑留中に、およそ固まっていたことが窺われる。

ともあれ、当該期における島津氏の意図がもっとも明瞭に示されているのは、尚寧の帰国直後に布達された一六一一(万暦三九、慶長一六)年一〇月二八日付の島津家久書状である(13)。やや長文であるが、旧来注目されることがなかったため、以下に全文(読み下し)を掲げる。

日本国薩摩州少将島津家久、琉球国中山尚老大人殿下に拝書す。恭しく聞くに、国家の興廃は天命之常にして、政教施さざるの愆、五常の不守に至るは、是れ亦、邦を喪うの基なり。按ずるに汝琉球は、開古より我州之属鎮為り。近歳以来、荒淫無道にして、信義行なわれず、貢物の古礼なるも我に供せず。大位、新に嗣ぎて我れ厚礼を賀するも謝せず、累約も践まず、左右も甘んぜず。神人共に憤る。是をもって、兵を挙げ、門(問)罪の戦帆もて南渡し、征旗の一麾もて国破れ、君俘わる。此れ皆、汝琉の自ら禍わいを取るのみ、人の過いにあらず。茲に念うに、足下は懦弱にして純《も》っぱら善く好(奸カ)臣の陥いるところと為る。是れを以て鄭法司を斬り、足下を送り国に帰して民を安んぜしむ。足下、寡人の恩を忘れざるべし。堅く旧明を守り、速やかに官を大明に差わし、船商の往来通好を許さるるを請いて方めて功を以て過を補うべし。且つ足下、関東を拝するの時、大将軍家康公、西海道九国の衆に発令して明を寇せんとするも、寡人、仁義の言説を以て之を止め、琉球の商を通じ好みを議するを俟ち、否《しから》ざれば則ち兵を進むるも未だ晩しとせずと許さるるを蒙る。此れ郭氏の備さに知る所にして、足下の悚聞する所なり。今に至るも入寇の兵、未だ動かざるは寡人の力に及ぶ。寡人、文教を以て国の内外を治め、臣僚は皆、四書経を学び、吏は各おの礼譲を守るは、亦た足下の目睹する所なり。足下、宜しく明国へ奏聞し、日本の三事に従うを懇うべし。其の一は、海隅偏島の一處を割き、以て我国舟商を通ぜしめ、彼此をして各おの无咎を得せしむこと。其の二は、歳ごとに餉船を通じ、琉球に交接して日中交易に倣うを例と為すこと。其の三は、来往の通使、互に幣書を致し意を嘉みし礼を勤めて交ごも相い美と為すに、孰若《いずれ》ぞ。此れ三者にして我の一事に従えば則ち和好にして、両国の万民、恵を受け、社稷保安にして長久なるべし。然らざれば、大将軍既に徳を不服に耀かし、入寇の戦船に令して沿海に蔓渡して勦除し、城邑を陥して生霊を殺さば、明の君臣、憂なきに能《あた》わんや。是れ則ち通商の入寇との利害は判として白黒の若《ごと》し。正に足下の宜しく急告すべき所なり。惟うに言を尽くし隠れ無く、後禍の致すを免ぬかるれば、是れ幸いなり。余、不宣。

慶長十六年十月二十八　　在御判

右の書状は、およそ三つの部分からなる。第一は、薩摩が琉球を攻略した理由—古くから「属鎮」であった琉球の近来の無道・不信義など—を挙げ、その正当化を図った部分。第二は、日明勘合斡旋を強要した部分。第三は、その具体的方法である。

特に、ここでは第二・第三に注目し、その要点を記すと、①琉球へ帰国できた恩義を強調し、速やかに日明斡旋を図ることによって失点を回復すべし、と日明の「往来通商」に尽力すべきことを強要した。②家康との謁見時に、家康は今にも九州の軍勢を明国へ差し向ける気配が見られたが、家久の助言—琉球による通商斡旋を待ち、その結果次第で出兵する—によって出兵が目下、凍結されており、それは家久の力量によると誇示した。③それゆえに、明国へは次の三案の内一つを選択させること。すなわち、その第一は、「海隅偏島の一處」を割き日明の出会い貿易地として設置する、第二は、毎年「日中」双方の商船を琉球へ派遣し、出会い貿易地とする、第三は、日明両国が相互に

「通使」を派遣しあって通交する、というものであった。④もし、それらが拒否されれば、中国沿岸へ軍勢を派遣し、

「城邑を陥し生霊（人民）を殺」害すると威嚇した。そして、⑤「通商」と「入寇」のいずれを選択するか、尚寧から明国へ「急告」するように、と要求していたのである。以上に見るように、高圧的な恫喝外交を内容とするものであった。

二 「与大明福建軍門書」の再検討

前述の中山王宛て書状とほぼ同じ内容の文書が、約二年後の一六一三年（慶長一八）に、南浦文之によって起草されていた。それが「与大明福建軍門書」（以下、「軍門書」と略称）である。[14] その要点を摘記すると次の通りである。第一に、尚寧から福建軍門へ差し出す形式を採り、日明通交の仲介役を琉球が果たすことになったこと、第二に、その通交形態として、①大明の辺地へ日本商船を派遣する交易形態、②琉球を日明の出会い貿易地とする形態、③日明双方が「一遣使」を派遣しあう形態、[15] の内一つを選ぶよう要求し、第三に、そのいずれも許容されない場合には、日本将軍は九州数万の大軍を明国へ「進寇」させる、というものであった。前述の尚寧宛家久書状とほぼ同じ内容・論理である。

焦点は、日明勘合の復活を希求する幕府・島津氏の要請通りに琉球が忠実に仲介役を果たしていたかどうか、という点にある。この問題については、仲介したとみる宮田俊彦氏、[16] 村井章介氏、[17] そして仲介説から近年では「不明」説へ変化した紙屋敦之氏[18]の理解がある一方、上原兼善氏[19]の否定的見解がある。ただし、上原氏は史料的根拠を示していないため、説得力を欠く否定説となっている。筆者は後述するように否定説[20]に立つものであるが、まず仲介説・不明

説の再検討から始めよう。

まず村井氏は、「軍門書」の内容と、その起草者南浦文之の法弟が円覚寺住持の春蘆祖陽であったことから、「このカイライ外交が文之と春蘆の連携プレイに支えられていたことは想像にかたくない」と述べているが、その見解は推定にすぎず、明確な史料に基づく仲介説にはなっていない。

次に宮田氏は、「軍門書」が「翌慶長一九年（万暦四二）付で宝案に残つてゐる」と中国礼部宛の尚寧咨文を全文引用し、論拠としている。その上で、朝鮮へ援軍を差し向けながら、琉球救援を行わなかった明朝への「嫌味」が記されているとして、「このような字句は、琉球の明清との交通にあつて、他に全く見ることの出来ないもの」であり、「文之和尚の筆を恐らくは琉球で手を加へたもの、その骨骼は和尚の手に成つたものに相違ない」と主張している。

しかしながら、その咨文を子細に検討して見ると分かるように、日明交渉の仲介を示す文言は全く見られず、宮田氏は咨文の趣旨を看過ないし誤読しているとしか思われない。すなわち、その趣旨とは、詳しくは後述するが、貢期を十年一貢に変更されたことに対して旧制の二年一貢へ復すことを要請したものである。その中で、例えば「藉令、日本の狡を絶つを以て概て琉球の順を絶たんと欲すれば、則ち何を以て属国の心を繋ぎて皇霊を暢べんや」とか、あるいは「是の故に倭は当に絶つべく、琉球は当に納るべし」[21]とあるように、「日本の狡」を警戒する余り「琉球の順」（＝朝貢）が同様に拒絶されることへの強い危惧を表明しているのであって、日明通交の斡旋どころか「倭を絶つ」ことを琉球側が切望している点を氏は看過しているのである。以上のことから、宮田氏の見解は成り立たない。

では、次に日明勘合問題について「軍門書」をキーとする紙屋氏の見解はどうであろうか。氏は当初、（A）同文書を一六一四年（慶長一九）に国頭朝致（呉鶴齢）が明国へ持参したものと推測し、交渉の結果、明国は幕府の要求を一切拒否したという論理を立てていた。[22]その後、筆者の批判[23]を考慮したのかは不明だが、近年では前述の（A）に以心崇伝の日記を引用した上で、（B）「崇伝は、……初めから琉球は福建軍門に書簡を届けなかったと記している。いずれが真相かは不明だが、徳川家康＝幕府の対明政策は失敗に終わった[24]」と付言して、真相は不明と旧説を変更するようになっている。

しかしながら、その見解にはなお検討の余地が残されている。すなわち、仲介役を担わされた琉球側の行動様式に即した分析と当該期における琉明関係の検討が十分ではないからである。少なくとも、（Ⅰ）当該期における琉明間の外交文書（『歴代宝案』）、明側の記録（「明実録」など）、薩摩側史料（「薩藩旧記雑録」など）の再検討、（Ⅱ）崇伝「異国日記」の評価、（Ⅲ）村山等安事件に対する通報問題などの検討が必要であろう。

（Ⅰ）は、端的にいえば、琉球の貢期（十年一貢）問題と日明勘合復活との関連性の再検討を指す。前述のように一六一〇年（万暦三八）年、琉球側は「倭乱」による貢期の遅れと朝貢継続を要望した。それに対して万暦帝は、同年一二月一六日付の勅諭で次のように琉球へ示達した[25]。すなわち、①争乱状況下にありながらも朝貢の遅滞を懸念する琉球へ「憮慰」の意を示し、②尚寧王が帰国した後も以前のように「修貢」（朝貢）して恭順することを期待しながらも、③「其れ該国と倭国との前後の事情は、爾、当に再た奏報を行わば、以て憑りて裁処すべし」と「倭乱」後における琉球・日本間の「事情」報告を求め、その報告次第で今後の処遇を示すと回答していた。琉球の背後にある日本の動向を警戒してのことであった。

琉球がその指示にほぼ従っていたことは、一六一二年（万暦四〇）正月付の福建布政司宛の咨文に明らかである[26]。それには、①「倭乱の事情」を明国へ急報した池城親方（毛鳳儀）らが前年五月に帰国し、さらに薩摩へ赴いて皇帝の勅諭を抑留中の尚寧に呈上したこと、②勅諭＝皇帝の権威に「倭君も亦た悉く心を傾け」、その結果「二員を増差し、二百余従を帯領して二船に坐駕し、護送して帰国せしむ」と尚寧の帰国を報じた。皇帝権威を称揚する部分は割り引くとしても、島津氏が実際に「守護の武士には平田大久坊、肥後宮内少輔[27]」を護送役に充てていたことは事実である。琉球・日本間の前後の「事情」報告が、名護親方（馬良弼）らによって簡略ながらも上記のように行われていたのである。

ところが、明側は島津氏の「残破」（攻略）を被った琉球の「物力」（国力）回復を待って後、すなわち一〇年後に朝貢すべしとの処断を一六一二年一一月に下した[28]。朝貢品に混在していた「倭産」物が明側を刺激し、日本の指示による朝貢活動と見なされたのである[29]。名護らは北京への上京を許されず、翌一三年七月に十年一貢処置が琉球に伝えられた。それだけではない。同年六月九日付の福建総鎮府から琉球へ宛てた咨文には、「兵部、回奏すらく、官を差わして貴国（琉球）に往き事情を哨探せしめ、方めて進貢の期を定めんとす、と。若し是れ命下れば、即ち官員を差わして前往し、哨探して回報せしめ、果して倭情無くんば、依りて常の三年の例に照らして進貢せしむるが如し。爾等、憂慮を得る無かれ[30]」とあるように、琉球における「倭情」を探索するために、兵部官員の派遣計画があることを通知してきた。状況次第では旧制（二年一貢）への回復も可能としているが、琉球へ及ぼす倭（薩摩）の影響を警戒していることは明らかである。

この通達は琉球にとって重大な警告として受け止められたものと思われる。すなわち、翌一四年に、十年一貢処置の撤回、旧制の二年一貢への復旧を使命として国頭（呉鶴齢）らが明国へ派遣されるが、その際、尚寧から礼部へ宛てた咨文にそのことが明示されている。この尚寧咨文には、宮田氏の理解が誤読であると述べたように、倭の狡猾さと、倭を絶つための明国の処置が琉球の順を絶つ結果になることを危惧し、倭を絶ち、琉球を入れる（朝貢を許す）ことを切望するという内容であった。そして、「設若《もし》、偏に偵報に憑りて実と為さば、当に幸すべからざるの国を罪するを恐る」と琉球への倭情探索において、「倭区に住む輩」（＝「亡命の徒輩」）らによる情報によって判断されることを警戒し、その情報が信用に値しないことを強調していたのである。[31] 結局、「倭情」探索使は琉球へ派遣されず計画[32]だけで立ち消えになったと思われるが、この尚寧咨文に見られるように探索使派遣に琉球側が戦戦兢兢としていたことは間違いないといえよう。

紙屋氏は前述のように、この時点で国頭（呉鶴齢）らが「軍門書」を持参し、明国と日明勘合問題についての斡旋を琉球が行ったと推測（後に不明と）しているが、果たしてそのような想定が成り立つ政治的状況にあったのであろうか。もし、氏の推測が正しければ、尚寧は激しく「倭」を論難する（尚寧咨文）一方で、日本（倭）の要求が拒否された場合には、日本軍勢による中国侵攻を招くとする恫喝外交（「軍門書」）の一翼を担っていたことになる。そのような自家撞着におちいった二面外交を同時に行っていたならば、たとえ水面下の交渉であったとしても、日本への強い警戒心を懐いていた明国に問題視されたと見るのが自然な理解であろう。しかしながら、管見の限り中国側史料で「軍門書」に基づく琉球の交渉記事は見当たらない。他方、日本側史料には、それとは逆の史料が存在する。

すなわち、それが（Ⅱ）の崇伝「異国日記」である。それには「軍門書」を引用し、その文書がどのように処理されたかを次のように記している。一六二二年（元和八）六月一二日条において、「一、同日、先年薩摩より琉球へ書ノ案ヲ遣シ、大明へ如此書ヲ遣候へと申遣候へ共、琉球より如此ノ書ヲ大明へ遣候事ハ不成由也」[33]とあり、明国への「軍門書」斡旋策は、琉球から拒否されていたことを明記している。幕府外交の中枢に位置する崇伝のこの記述は、前述の尚寧による咨文発信時の歴史状況と符合する。すなわち、紙屋氏の推測とは逆に、琉球側は「軍門書」を拒絶していたと位置づけられるのである。

そのことを薩摩側史料から検討してみよう。前述の一六一五年（元和元）三月二一日付、尚寧宛ての島津家久書状に、「次、国上以渡唐、大明与球国純熟之才覚在之由、尤肝要之至也、国上帰帆之節、早速注進所相待也」[34]と、国頭

（国上）の渡唐目的が、「大明と球国、純熟の才覚」とされているのである。すなわち、「軍門書」による日明勘合斡旋ではなく、琉明関係の「純熟」へ尽力することを薩摩側は重視しているのである。ここでの「純熟」とは、十年一貢を旧制に戻すことに他ならない。

しかしながら、国頭らは局面を打開することはできなかった。すなわち、同年閏六月一六日付、島津義弘宛の島津家久書状に「一、従琉球去年渡唐之船、去月琉球へ帰帆之由申候、然者従唐一切請付不申之由、町勝兵・比紀伊守より申越候間、其段山口駿州へ申渡候事(35)」とあるように、交渉は「唐より一切請付不申」と失敗に帰した。この交渉を紙屋氏は、幕府の要求（「軍門書」）が一切拒否されたと解釈しているが(36)、その理解は疑問である。まず琉球側の史料には、国頭らの交渉は貢期を復旧することにあったが、礼部の議奏によって拒絶されたとある(37)。また、明側史料にも国頭らとの交渉記事はなく、ほとんど門前払い同然であった(38)。

そのことを明示するのが、同一六一五年（元和元）九月二〇日付、島津家久から尚寧への次の書状である(39)。

芳翰披閲、珍重珍重、抑旧冬従其地渡唐之船就帰帆、其趣早々示喩処、細々令得其意矣、然者先年名護持来之如勅書、十ヶ年之内者不可有許容之由、不及是非儀、異国之法制更難及謀計者乎、其国之不幸令察者也、近日以使節可申伸之間、不能詳、恐懼不宣、

すなわち、旧冬（一六一四年）に渡唐した国頭・喜友名（蔡堅）らの交渉結果は、以前に名護が持ち帰った勅書と同様に、「十ヶ年の内は許容あるべからず」というものであった。十年一貢措置がまったく撤回される気配がなく、「異国（明国）の法制」の厳格さに、島津氏は琉球の「不幸」として同情しているのである。このように島津側が問題としているのは「軍門書」による日明斡旋策の失敗ではなく、琉球の十年一貢問題そのものであった点に注意する必要がある。そのことから、前述の閏六月一六日付島津家久書状における「唐より一切請付不申」という文言は、十年一

貢問題の撤回要請が全く受け付けられなかったと解すべきものであって、紙屋氏の主張する幕府の要求が明国から拒否されたという解釈は成り立たないといえよう。

そのために、薩摩藩は旧制（二年一貢）への回復に尽力することを琉球へ要求していた。それが、本章の冒頭で引いた翌一六一六年（元和二）六月一五日付、尚寧の請文第三条「一、大明と琉球商船往還、純熟の調達、いよいよ精を入れらるべき事」につながるのである。琉明間の「純熟」（朝貢貿易の旧制回復）要請は、前述のように国頭らの渡唐時点において、すでに薩摩側から通知されていた。それは、崇伝が記すように「軍門書」による日明斡旋を琉球が拒否した結果、薩摩藩は次善の策として琉明関係の「純熟」へと政策を修正したものと考えられる。

「軍門書」による日明斡旋要請は、琉球にとって当初から受諾できる状況にはなかった。そのことは既述の通りであるが、「軍門書」の斡旋拒否にとどまらず、それ以外にも琉球は日明斡旋に反する外交行動をとっていた。すなわち、それが（Ⅲ）村山等安の台湾遠征情報を明国へ通報した問題である。この事件そのものについては、岩生成一氏の詳細な研究がある。[40] それによると長崎代官の村山等安は、一六一五年に台湾（高砂国）への渡海朱印状を入手し、翌一六年三月に子の村山秋安を司令官とする船隊一三隻（二〜三〇〇〇人規模）を長崎から台湾へ遠征させた。ところが、暴風のために船隊は四散し、一隻だけが台湾に到達したものの島民の抵抗に遭い、台湾を日明貿易の拠点とするための遠征行為は失敗した。また、翌一七年三月には配下の明石道友らの船一隻が福建へ派遣され、進物を献上して日明貿易再開の交渉を図ったが、明側は台湾遠征や中国沿岸への倭寇行為、島津氏による琉球侵攻などを詰問し、明石らの要請を拒絶した、というものである。

尚寧は、この台湾遠征の「倭情」を遠征直前の万暦四四年（一六一六）二月一八日付咨文によって、次のように明国へ急報していた。[41]「琉球国中山王尚寧、通事蔡廛を遣わし、来たりて言わく。邇ごろ倭寇、各島にて戦船五百余隻を造り、鶏籠山を協取せんと欲するを聞く。其れ流れて中国を突き、閩海の害せらるるを恐る。故さらに、特に咨を移して奏報す」[42]、と「倭寇」五〇〇艘による台湾および福州沿岸への侵攻情報があるとして警戒を発していたのである。琉球側の報じる五〇〇艘という数字は過大であったが、福建巡撫・黄承玄は琉球の急報を受け、疑心を懐きつつも防備策の必要性を上奏するなど、「倭寇」への警戒を主張する論調が起こった。[43] その通報の有効性については、なお検討の余地があるが、少なくとも明側が「倭情」をもたらした琉球使節一行に対して、その行為を明国への忠順を示すものとして「関白の情由を飛報するの事例」に準じて銀両などを賞賜していた点[44]には留意する必要があろう。「関白の情由」の飛報とは、豊臣政権による朝鮮出兵時において、日本軍勢の動向を「倭警」「倭情」として琉球が明国へ通報していたことを指すものである。ちなみに、それは次のようなものであった。

第一報は、朝鮮出兵の前年一五九一年（万暦一九）八月に、自発的に日本軍勢の動向を明国へ初めて通報したものである。[45] 第二報は、明国の要請を受けて、一五九二年九月に、関白（秀吉）は日本の王となり、船を万隻もつくり、倭国（日本）六六州に資材・食料を準備させ、諸船に分乗して本年（一五九二）の初冬を目途に朝鮮国を経て大明国を侵略しようとする情報を得た、と急報したものである。[46] 第三報は、第二次朝鮮出兵時の一五九八年（万暦二六）四月に、本年三月二二日に琉球が得た情報によると、関白は博多地方で数多くの人を集め、日本六六州の船に食料を積み込み、大明に入寇しようとしている、と日本軍による朝鮮再征を通報した。[47] そして、第四報は、一五八九年（万暦二六）一〇月に、「覇を称して王となり、日本六十六州を騒動し、乱を起こし、しばしば朝鮮を侵して天朝（明国）を騒擾させた」「倭奴関白」の死去を急報するものであった。[48]

このように、琉球は日本による朝鮮侵攻情報を「倭情」として明国へ通報していたのであるが、それと同様の論理によって前述の台湾遠征も通報していた。換言すると、尚寧政権は島津氏の軍事制圧下にありながらも、制圧以前と同様に日本への警戒を発する「倭情」を明国へ通報していたのである。それは明らかに「軍門書」を拒否する外交行動であった。

以上の検討の結果、「軍門書」に基づく日明斡旋行為を尚寧政権が拒否していたことは明らかになったといえよう。そのことは、宮田・村井・紙屋各氏の日明斡旋説（不明説）が成り立たないことを示すものである。

三　王位継承問題——尚寧政権から尚豊政権へ——

これまで検討してきたように、尚寧政権は島津氏そして江戸幕府の期待する日明斡旋外交を拒否していた。そのため、島津氏は面従腹背の姿勢を取る尚寧政権後をにらむ施策を採ることになる。それが、冒頭の尚寧請文第一条・二条である。

第一条の尚寧王に嗣子がない場合、王位は佐敷の息＝尚恭浦添王子朝良とする王位継承問題には、以下のような経緯があった。請文を提出する二年前の一六一四年（慶長一九）二月一九日付と推定される「答中山王書」(49)において、島津義弘は継嗣問題を次のように切り出した。

今春賀詞千祥万吉如示諭、京畿干戈出于不意、無幾而東西太平上下歓抃、珍重珍重、我少将家久公遣使於貴国択定嗣王、嗣王分定者国家長久之計也、自古嗣王不定、則国有覬覦者、若然則其憂在衽席之間矣、早使親族之有才者嗣其禄位、則佞巧之徒豈有乱国者乎、伏願択師伝《傅》之知古今者、置之嗣王左右教以成敗示以節倹（後略）、

尚寧王には実子がいなかった。そのため、この書状は「嗣王」＝継嗣問題の早期確定こそが琉球の「国家長久の計」であり、そのため①島津氏側から「嗣王」の選定を促すための使者を派遣したこと、②「早やかに親族の才有る

者をして其の禄位を嗣がしめ」との文言に示されるように、速やかに王族の中から「有才者」を選定すべきこと、そして③その「嗣王」には「師傅」＝後見人を付けることを内容としている。島津氏が王位継承問題に介入してきたことは明らかだが、かと言って一方的・強圧的な指示・命令ではなく、王族の協議による嗣子（世子）擁立を督促している点に留意する必要がある。

その問題は、翌一六一五年（元和元）三月二一日付で中山王尚寧へ宛てた島津家久書状[50]によれば、

去歳十月初六日之芳墨漸頃到来、披閲多幸、抑其国政道之儀、以使節申定趣皆同懐之由、不可為国家長久之基乎（後略）、

とある。島津氏の意向（＝「使節を以、申し定むる趣」）が、文面上では尚寧政権に受容（＝「皆同懐の由」）されていたことになる。「申し定むる趣」とは言うまでもなく尚寧の継嗣問題であり、その受諾は琉球にとって「国家長久の基」と意味づけられていたのである[51]。

それに対する尚寧の反応は、同年九月三日付の島津家久へ宛てた書状[52]において、示されている。

去歳以降上方就于乱劇、御上洛之旨伝承、昼夜心遣千万令存、立願抽丹誠訖、以其憤事好早々御帰国、珎重多幸、抑去春以御両使朕相続之儀被仰下、至幸々々、此等之御礼可申達処、依為遠隔海路延引非本懐、明春早速以使華可令啓（後略）、

すなわち、両使による「朕が相続」（＝尚寧の継嗣問題）の下達に対して「至幸々々」と謝意を表しているのである。尚寧の真意を額面通り受け取るべきかは検討の余地があるが、尚寧後の王位継承問題の書状は翌年も提出されていた。すなわち、一六一六年（元和二）六月一五日付で尚寧から島津義弘への書状[53]によると、

今度就子孫苗相続之儀、家久公預御両使并尊書令拝見、欣悦多幸、廼応尊命令致其祝儀、百司万民致安堵、不可

為国家長久之基乎、至幸々々、

とあり、前記の九月三日付書状とほぼ同様の論旨である。尚寧王後の「子孫苗」相続問題の確定が、琉球「百司万民」の安堵であり、まさしく琉球の「国家長久の基」と尚寧も認識していたのである。

注目すべきは、この書状と同日付けで本章の冒頭で引いた尚寧の請文が提出されていた点にある。尚寧の跡継ぎを「佐敷の息」（＝尚恭）に決定するまでには曲折を経たと思われるが、管見の限り王位継承問題において尚寧が島津氏に強く反発していたことを示す形跡は見られない。しかしながら、右の義弘宛ての書状とは別に請文によって王位継承問題を受諾させられたことは明白であり、島津氏権力と尚寧政権に確執があったことは十分に想定されよう。そのことは、例えば、一六一七年（元和三）の「津堅盛則一件」において、島津氏による王府裁判への介入に対して、「日本之代なり迷惑」と尚寧王が反発していた点からも窺われる。(54)

以上の諸点から、かつて交戦におよんだ尚寧政権が、容易に島津権力に服従したとは考えがたい。そのことは、前述の「軍門書」をめぐる問題で詳述した通りである。そのため、島津氏は尚寧政権を弱体化させ、かつ尚寧政権後をにらみつつ、首里王府を統御する方策を模索する。その中で着目された人物として佐敷王子がいたことは間違いない。(55)そのことが、前掲の尚寧請文の第二条に表れているといえよう。

第二条とは、佐敷王子による「琉球国の諸置目」の総覧、そして三司官に優越する地位への就任、すなわち、佐敷への主要権限の移譲を意味している。換言すると、尚寧政権から佐敷王子による親政体制への移行を尚寧に受諾させたものである。そのことは、この請文提出後の一六一九年（元和五）から二〇年頃と推定される尚寧王宛ての島津家久書状(56)に示されている。それには、

先年如被定置、其地王位被成相続由、千喜万悦珎重々々、抑当時為後見、中城王子国政在之由尤存候、弥中城被

任異見、向後国民安泰之政道、不可有疎意者乎、

とあるように、①島津家久は、先年の約諾通り尚恭への王位継承が承認されたことに対する祝意を示していること、②実際に、後見人として中城王子朝昌（以前の佐敷王子）が国政に従事していたことが分かる。中城王子による親政体制が現実のものとなっていたのである。尚寧王は、一六二〇年（万暦四八）九月一九日に死去するが、その一月ほど前から病床に伏し、「浦添極楽山」（＝浦添ヨウドレ）の修築を「輔臣」に命じている。[57] 晩年の尚寧は、病気がちであったことが分かる。そのことは、中城王子（尚豊）の政治的地位と役割をより一層強化する方向に向かったものと思われる。

ところが、尚寧の死去（一六二〇年）の後、尚寧の請文は反故にされ、尚恭ではなく佐敷（＝中城）自身が即位して尚豊王となった。その理由について、「尚寧王因無世子、立尚恭為太子、然尚寧王薨時、尚恭幼沖不能主社稷、故群臣相議、先奉　尚豊王為君」[58]と、幼稚な尚恭では王国（社稷）を主宰するのは困難であり、そのため群臣の協議によって尚豊の即位になったという。しかし、尚豊政権の誕生は、前述のように、佐敷（＝中城）王子の親政体制という現実路線の踏襲・延長であったと見るべきであろう。

尚豊政権の誕生は、たんに島津氏の強力な後押しがあったというだけでなく、琉球王家内における王位継承をめぐる確執を考慮する必要がある。尚永王・尚寧王と浦添尚家によって継承されてきた王位は、さらに尚寧の世子として浦添系の尚熙（＝一六一八年まで中城王子）が位置づけられていた。[59] そのような状況下において、首里尚家に属する尚豊の即位は、浦添尚家から首里尚家への王位奪回を意味する、という池宮正治氏の見解がある。[60] 尚豊政権誕生を王家の内部事情から分析した示唆に富む見解といえよう。

ただし、さらに踏み込んで検討するためには王家内部の確執を包摂する家臣層の動向も視野に入れる必要がある。

すなわち、冊封の要請時における家臣層の同意という問題がそれである。島津支配下においても、琉球国王の冊封には家臣層による同意・保証を示す「結状」が必要であった。「結状」については別稿で論及したので[61]、ここでは割愛するが、尚豊政権成立時においても家臣の推戴・同意という王権内部の論理が働いていたことを指摘しておきたい。

要するに、尚寧から尚豊への王位継承は、島津氏の介入が見られたものの、その介入は琉球王位を決定づけるようなものではなく、あくまでも後継王位の督促という次元にとどまるものであった。王位継承の主導権は琉球側に存していたのであり、島津支配下にありながらも琉球内部の論理によって王位継承は行われていたのである。

おわりに

以上、検討したことを要約すると次のようになる。一六一六年六月一五日付の尚寧請文を手がかりに、島津氏の制圧下に置かれた尚寧政権が、対明外交との関わりでいかなる対薩摩外交を展開したかを検討した。旧来、日明勘合復活の斡旋を要求する「軍門書」を琉球が仲介したとする理解が主流であったが、その理解は史料に基づいていないこと、むしろ日明斡旋を拒否する琉球側の外交行動が見られたことを明らかにした。

そして、そのような尚寧政権後をにらむ島津氏は、王位継承問題に介入していた。尚豊の支援体制がそれであるが、琉球の王位継承は島津制圧以前の論理、すなわち琉球内部による王位推戴と対中国(冊封)関係が絡んだものであり、島津氏の介入は後継王位を左右するような決定的なものではなかった。

しかしながら、尚豊政権の成立には島津氏の後押しがあったこともまた事実であり、尚豊政権は島津支配への面従腹背を示す尚寧政権とは明らかに異なる段階の政権となる。そのことは、本書のＩ・第二章で論じたように、尚豊政権は島津権力と妥協しつつ、中国と日本への二重朝貢（島津氏への従属度が強いという意味では従属的二重朝貢）を両立させる体制を構築してゆくようになるのである。

註

（1）小葉田淳「近世初期の琉明関係―征縄役後に於ける―」（同『増補中世南島通交貿易史の研究』臨川書店、一九九三年復刊、同論文の初出は一九四一年）。

（2）梅木哲人「近世における薩藩琉球支配の形成」（『史潮』一一二号、一九七三年）、上原兼善「琉球の支配」（『講座日本近世史2　鎖国』有斐閣、一九八一年）、紙屋敦之『幕藩制国家の琉球支配』第二部・第二章「島津氏の琉球侵略と権力編成」（校倉書房、一九九〇年、初出一九八〇年）。

（3）喜舎場一隆「薩摩藩琉球統治確立期の政治経済的背景」（初出一九七二年、後に同『近世薩琉関係史の研究』国書刊行会、一九九三年に所収）。

（4）上原兼善「幕藩制国家の成立と東アジア世界―琉球国・明国・朝鮮国の動向を中心に―」（『地方史研究』一九七号、一九八五年）。

（5）『鹿児島県史料　旧記雑録後編　四』一三五六号（以下、『後編』四、と略す）。

（6）註（1）小葉田論文。

（7）喜舎場一隆「明末の琉明関係について―貢期の改定を中心として―」（『海事史研究』第五三号、一九九六年）。

（8）『歴代宝案』第一集巻一八―三号（沖縄県立図書館編『歴代宝案』訳注本第一冊、五三九～五四一頁。以下、『宝案』訳注本1、一八・三号のように略す）。

（9）註（7）喜舎場論文は、この咨文の明国到着を疑問視しているが、少なくとも万暦三八年（一六一〇）一月三〇日付、法司馬良弼から福建等処承宣布政使司宛ての咨文（『宝案』訳注本1、一八・五号）において、万暦三七年五月付の尚寧咨文はほぼ全文引用されており、約一年遅れではあるものの、尚寧の意向が明国へ通達されていたことは間違いない。右の咨文中に「（前略）馬良弼、随いで王妃・王弟尚宏に請稟し、経に原奉の国王の前項の差遣の員役を将て咨を齎して小船に坐駕し、幷びに原奉の備弁の前項の硫黄もて旧年十月内、北風方に発すれば、随いで開駕し馳報せしむるの外」とあるように「旧年十月内」＝万暦三七年一〇月中に、正議大夫・鄭俊らを派遣したことが分かる。ただし、その使節一行が無事に明国へ到着したかどうかは、喜舎場氏が指摘するようになお判然としない。

(10) 「喜安日記」慶長一四年九月一二日条（『那覇市史』資料篇第一巻2、一九七〇年、一二頁。以下、頁のみを記す）。

(11) 万暦三八年（一六一〇）一月三〇日付、法司馬良弼より福建等処承宣布政使司宛て咨文（『宝案』訳注本1、一八・五号）。ただし、若干、読み下しを変えた部分がある。原文は以下の通り（『同』校訂本1、五七九～五八〇頁）。

（前略）至拾月二拾日続奉、国王日本未回、差遣王舅毛鳳儀等、捧文致国、奉此称為飛報事、切以国家遭乱乃天運之災数、乱毋失貢更臣子之当然、旧年遠離藩維、非是苟活偸生、実耽国家重担無聊也、念茲在茲、無日不惶我君父之重譴、尚宏良弼、爾輩毋以暫倏虚位而缺失貢、与作速査例備咨差遣、懇乞天恩恤憐遭乱俾補職貢事、孤伏惟、這次倭奴蠢爾、乃是好克慱高、並非肆毒呑幷、前割地尽行退、復要取鶏籠聴諫罷止、但未見倭君而講請、誠恐毘連強梁薩摩州詐冐不測、来年二三月、孤去關東而杜奪、倘是匹馬行李帰期、可必于不爽、由風載艦万旅踉程、卜抵故国不在明冬、定在後春、爾輩競競家国莫忽是図、乾乾脩貢體孤為謀（後略）。

(12) 「喜安日記」（五八頁）。紙屋敦之「薩摩の琉球侵入」（『新琉球史 近世編（上）』琉球新報社、一九八九年）参照。ただし、家康への謁見日は、八月八日説（『後編』四、七二二号、七二五号、等）、八月一四日説（『新訂増補国史大系 徳川実紀』第一篇、五二五頁、等）、八月一六日説（「喜安日記」）とまちまちである。紙屋敦之氏は「徳川家康と琉球王の対面に関する一史料」（『日本史攷究』第二二号、一九九六年）において、毛利家伝来の文書中から「徳川家康琉球王対面の式覚」を発掘・紹介している。右の「覚」は、謁見日を八月一六日とする。紙屋氏がすでに指摘しているように、その点は「喜安日記」と同じであり、さらに献上品もほぼ一致することなどから、本文では謁見日を八月一六日とした。

尚寧の帰国日を「喜安日記」は、一〇月二〇日とするが、ここでは『宝案』（訳注本第1、一八・六号）に従って一〇月一九日とした。

(13) 『後編』四、八七六号。原文は以下の通り。ただし、誤植箇所は、「旧記雑録後編」巻六六（写真複製帳）によって訂正し、句点も適宜変更を加えた。

日本国薩摩州少将島津家久、拝書于琉球国中山尚老大人殿下、恭聞国家興廃天命之常、政教不施之愆、至于五常不守、是亦喪邦之基也、按汝琉球、自開古為我州之属鎮、近歳以来荒淫無道、信義不行、貢物古礼也而不我供、大位新嗣也而我賀厚礼而不謝、累約而不践、左右不甘、神人共憤、用是挙兵門（間カ）罪戦帆南渡、征旗一麾国破君俘、此皆汝琉之自取禍耳、非人過也、茲念足下懦弱純善為好（奸カ）臣所陥、是以斬鄭法司而送足下帰国安民、　足下可不忘寡人之恩、堅守旧明、速差官于大明、請許船商往来通好方可以功補過、且　足下拝関東時、　大将軍家康公発令西海道九国之衆寇明、寡人以仁義之言説而止之、蒙許候琉球通商議好、否則進兵未晩、此郭氏之所備知而　足下之所悚聞也、至今入寇之兵未動及寡人力矣、寡人以文教治国内外、臣僚皆学四書経、吏各守礼譲亦　足下之所目睹也、足下宜奏聞明国懇従日本三事、其一、割海隅偏島一処以通我国舟商使彼此各得旡（无）咎、其二、歳通餉船交接琉球倣日中交易為例、其三、執若来往通使互致幣書嘉意勤礼交相為美、此三者従我一事則和好、両国万民受恵、社稷保安長久、不然　大将軍既耀徳不服、使令入寇戦船蔓渡沿海勦除陥城邑殺生霊、明之君臣能無憂乎、是則通商之与入寇利害、判若白黒、正　足下之所宜急告也、惟尽言無隠、免致後禍是幸、余不宣、

慶長十六年十月二十八　　在御判

(14)　『南浦文集』巻之中、一二号。『影印本異国日記―金地院崇伝外交文書集成―』元和七年六月一二日条（東京美術、一九八九年、四〇頁）。本文と関わる部分を以下に抄出する。

中山王尚寧、上書大明国軍門老大人閣下、（中略）、是故使我参謀於両国、一以使日本商船許以容之　大明辺地、二以使　大明商船来我小邦、交相貿易、三以使一遣使年年通其貨之有無者、匪翅富両国人民、　大明亦無為倭寇厳備兵衛矣、三者若無許之、令日本西海道九国数万之軍、進寇於大明、大明数十州之隣於日本者、必有近憂矣、是皆日本　大樹将軍之意而、州君所以欲通両国之志者也、　伏冀、軍門老大人、於斯三者許一於此、我小邦大沐大明之徳化、且遂日本之夙志、是亦　天朝恤遠字小之仁心也、（後略）。

(15)　紙屋敦之氏は、三番目の案を一貫して「琉球から毎年明に使者を派遣する（進貢貿易）」形態と解釈している（註(2)同『幕藩制国家の琉球支配』二七頁・三〇七頁、および近著、紙屋敦之『大君外交と東アジア』一九九七年、吉川弘文館、一六頁・九〇頁）。しかし、その理解には疑義がある。本文で示したように、琉球宛の家久書状（註(13)）では日明双方による「通使」の往来を要求しており、福建軍門宛書状ではたんに「一遣使」の派遣となっているが、琉球への要求内容はほぼ同じである。そのことから、琉球の朝貢形態（旧制の二年一貢）を「毎年」＝一年一貢へ変更することではなく、日明双方による「一遣使」の派遣（＝相互派遣）と解すべきである。

(16)　宮田俊彦「近世初期の琉明貿易―征縄役後、明末まで―」（『日本歴史』第三四〇号、一九七六年）。

(17) 村井章介「一五～一七世紀の日琉関係と五山僧」（初出一九九三年。後に同『東アジア往還　漢詩と外交』朝日新聞社、一九九五年に所収、二二六～二二九頁）。
(18) 註(15)に同じ。
(19) 註(2)上原論文。
(20) 拙稿「(書評) 紙屋敦之著『幕藩制国家の琉球支配』」（『日本歴史』五一二号、一九九一年）において以心崇伝「異国日記」に基づいて、氏の見解に疑義を呈した。
(21) 万暦四二年九月二四日付、礼部宛て尚寧咨文（『歴代宝案』訳注本1、一八・八号）。原文は次の通り。「藉令、欲以絶日本之狡、而概絶琉球之順、則何以繫属国之心、而暢皇霊哉」。「是故倭当絶、琉球当納焉」（『歴代宝案』校訂本1、五八五頁）。
(22) 註(2)『幕藩制国家の琉球支配』三〇七頁。
(23) 註(20)に同じ。
(24) 註(15)『大君外交と東アジア』一六頁。ほぼ同様な記述は、同九〇頁にも見られる。
(25) 『歴代宝案』訳注本1、一・三一号、三三頁。本文③の原文は次の通り。

其該国与倭国前後事情、爾、当再行奏報以憑裁処（後略）（『歴代宝案』校訂本1、三〇頁）。

(26) 『歴代宝案』訳注本1、一八・六号。
(27) 「喜安日記」五八頁。
(28) 『明実録』万暦四〇年一一月乙巳条。
(29) 註(1)小葉田論文、一九～二〇頁。
(30) 『歴代宝案』訳注本1、七・一六号。
(31) 註(21)に同じ。
(32) 小葉田氏は、探索使が琉球へ渡航したと解釈しているが、その根拠は年次欠二月一九日付の町田久幸等から三司官へ宛てられた覚の「一、名護上路之儀、雖申遣候、従唐使船渡揖(相)儀召留候、然者唐にて能存たる者別に申付、早々可被差上事」によるものである（註(1)小葉田論文、二一四頁）。

しかしながら、右の内容から直ちに「唐よりの使船」（探索使）が確実に琉球へ渡航したと断定することはできない。すなわち、同文書は、「以前から琉球へ通知しているように、唐より（探索）使船が派遣される可能性が十分にあるため、（その使節への対応のため）名護が薩摩へ上国することは召し留める。ゆえに唐の状況をよく知る別人を早々に派遣するように」と解釈することが妥当であろう。もし、探索使が派遣されていたのであれば、関連する明国、薩摩、琉球側の史料にその痕跡が残されても不自然ではないが、管見の限りではそのような史料は見当たらない。もちろん、『歴代宝案』にもそれを見出すことはできない。以上のことから、明からの探索使は計画だけであったと考える。

（33）「異国日記（上）」（『影印本異国日記―金地院崇伝外交文書集成―』東京美術、一九八九年、四〇頁）。

（34）『後編』四、一三二九号。本文書の付け年号は元和二年ではなく、元和元年（一六一五）とする小葉田淳氏の見解に従う（註（1）、四二頁）。氏は史料根拠を明示していないが、文末の「名護譲演説省略之、恐懼不宣」とあることから名護親方良豊が鹿児島に滞在していることが分かる。そのことは、「中山世譜」附巻一（『琉球史料叢書』五、井上書房、一九六二年、六頁）の「（万暦）四十三年乙卯。為稟報謝恩使回国事。遣法司王舅馬氏名護親方良豊。到薩州。本年回国」との記事から、名護親方は一六一五（万暦四三、元和元）年に鹿児島に赴き、同年中に帰国していたことが判明する。註（7）喜舎場論文も、同文書の付け年号を元和元年とするが、小葉田氏による指摘がすでに行われていることの言及はない。

（35）『後編』四、一二八一号。

（36）註（2）『幕藩制国家の琉球支配』三〇七頁。また、紙屋氏は「薩摩と琉球―琉球の主体性を考える―」（『文学』季刊第九巻・第三号、岩波書店、一九九八年）において、「軍門書」を引用し、「翌年六月琉球に帰国した進貢使は、明がいっさい受け付けなかったと薩摩に報告してきた。そのことは島津家久から家康に伝えられた。ちなみに、以心崇伝は琉球がこのような書簡を明に遣わすはずがないという」と、旧来の見解（「軍門書」を琉球が明へ届け、それが明国から拒否された）を示しつつ、一方でそれを否定する崇伝の日記を併せて指摘するという、不明瞭な見解になっている。

（37）「中山世譜」巻七（『琉球史料叢書』四、一〇一頁）。万暦四二年条に「王遣王舅呉鶴齢（今改姓名。曰向光祖）、長史蔡堅等。奉表。進馬及方物。請復貢期。仍抒忠款之誠。神宗命礼部議。礼部議奏。宜勿聴」とある。

（38）『明実録』万暦四三年三月乙卯条。それには、「福建巡撫袁一驥奏、琉球違四十年題准十年一貢之限、既以四十一年修貢、復於去冬（一六一四）十一月、遣貢使蔡堅等来、其所進硫磺・馬匹、已経多験詳無弊、且云航海波濤、情甚可憫。但臣敬遵成命、勒令帰

国、又行司道量為周恤、以仰体朝廷柔遠之仁」とあって、十年一貢措置に抵触する琉球の朝貢行為を拒絶し、国頭・喜友名（蔡堅）等は帰国させられていたことが分かる。

(39)『後編』四、一三〇一号。

(40)岩生成一「長崎代官村山等安の台湾遠征と遣明使」（『台北帝国大学文政学部史学科研究年報』第一輯、一九三四年）。

(41)註(1)小葉田論文、参照。

(42)この時の尚寧の咨文そのものは伝存しないが、『明実録』万暦四四年（一六一六）六月乙卯条で概要を知ることができる。なお、その際の執照は「歴代宝案」に残されている（『歴代宝案』校訂本1、三二・二〇号）。

(43)『明実録』万暦四四年六月乙卯条。註(40)岩生論文、参照。

(44)万暦四四年六月二二日付、琉球宛て福建布政司咨文（『歴代宝案』校訂本1、七・一七号、二七一頁）。

(45)『明実録』万暦一九年八月甲午条。

(46)万暦二〇年九月二三日付、中国宛て琉球執照（『歴代宝案』三一・三一号、『那覇市史』資料篇第一巻4、歴代宝案第一集抄、二〇二頁）。

(47)万暦二六年四月七日付、中国宛て琉球執照（『歴代宝案』校訂本1、三二・五号、『那覇市史』資料篇第一巻4、二二一～二頁）。

(48)万暦二六年一〇月三日付、中国宛て琉球執照（『歴代宝案』校訂本1、三二・六号、『那覇市史』資料篇第一巻4、二二三～四頁）。

(49)中山王尚寧宛島津惟新書状（『後編』四、一五七二号）。「薩藩旧記雑録」では、本書状を「元和五年カ」とする付け年号があるが、書中の「京畿干戈」＝大坂の陣のこと、あるいは一六一五年（元和元）九月三日付、島津家久宛尚寧書状（『後編』四、一二九八号）等から、一六一四年（慶長一九）年の書状と推定する。なお、日付は『影印本異国日記―金地院崇伝外交文書集成―』（一三一頁）による。

(50)『後編』四、一三二九号。

(51)筆者は、かつて「近世琉球の王権に関する一考察―薩摩藩統治下の裁判権を中心に―」（地方史研究協議会編『琉球・沖縄―その歴史と日本史像』雄山閣出版、一九八七年。本書II・第三章に所収）の註(18)において、以下のように指摘した。
すなわち、「紙屋前掲論文〈「琉球支配と幕藩制」〉は、（一）元和二年（一六一六）三月二一日付、中山王宛の島津家久書状

（「後編旧記雑録」巻七二）は、琉球王国の「自立」化を促すことを問題にしていること、（二）薩藩による王国の「自立」化政策は、寛永元年（一六二四）の「定」で確立した、と主張している。しかしながら、前者の家久書状の解釈には疑問がある。すなわち、氏は「〈抑其国政道之儀、以使節申定趣皆同懐之由、不可為国家長久之基乎〉と、琉球が島津氏の指図に盲従することは、琉球の存立にとって好ましくないと述べている。これは琉球王国の〈自立〉を問題にしている」と、解釈している。しかしながら、家久書状は、琉球の国政は薩藩の使節によって申定め、その指図に従うことこそが琉球国家長久の基とならないことはない、と反語形式で述べているのである。すなわち、氏の解釈とは逆に、薩藩の指図から逸脱することを戒めた内容であると解すべきであろう」とした（紙屋論文は、同『幕藩制国家の琉球支配』所収）。

現在でも紙屋氏の解釈には無理があると考えるが、筆者の右の解釈も訂正する必要がある。すなわち、家久書状は、紙屋氏の理解（薩摩藩への盲従は好ましくない＝琉球の〈自立〉化の問題）でも、かつての筆者の字句通りの表面的解釈（＝薩摩藩の指示から逸脱する行為を戒めたもの）でもない。本文で論及したように、「国家長久之基」云々の文言は、琉球統治全般を指しているのではなく、尚寧継嗣問題において限定的に使用された表現であったということである。

(52)『後編』四、一二九八号。
(53)『後編』四、一五二九号。
(54)註(51)に同じ。本書II・第三章。
(55)註(4)上原論文。
(56)『後編』四、一七三三号。この文書の付け年号は元和七年（一六二一）とされているが、検討の余地がある。すなわち、その年号通り解すると、尚豊王（即位直前は中城王子）の後見人として別の中城王子が存在していた、ということになり矛盾する。佐敷王子朝昌は、一六一九年（万暦四七、元和五）に中城王子となった（『中山世譜』巻八）。そのことは、島津家老衆宛ての書状において「中城王子　朝昌」と明記されていることからも疑問の余地はない（年欠「孟秋九日」付、中城王子朝昌書状『附録』二、四四九号）。以上から本文書は、一六一九年か、あるいは一六二〇年（元和六）の四月一一日文書と推定することができる。
(57)「中山世譜」巻七（『琉球史料叢書』四、一〇一頁）。
(58)「向姓家譜（高嶺家）」家譜序の項（『那覇市史』資料篇第一巻7、三六四頁）。
(59)尚熙の「家譜」には、「万暦年間、任中城間切総地頭職。同（万暦）四十六年（一六一八）戊午十二月二十日、転任島添大里間

切総地頭職」とある（「向姓家譜（小禄家）」四世朝長の項『那覇市史』資料篇第一巻7、二一七頁）。このことから、尚熙が万暦四六年（一六一八）一二月二〇日まで中城王子であったことは確実である。尚熙を退けて、その跡に就いたのが佐敷王子朝昌（尚豊）であった。

（60）池宮正治「尚寧王の世子たち」（『首里城研究』第三号、一九九七年）。ただし、氏の論考では、島津氏による王位介入問題（＝尚寧の請文、等）についての論及はみられない。

（61）拙稿「近世琉球の王府制度に関する一考察─『おかず書』・『結状』の分析を中心に─」（『沖縄文化研究』第一五号、一九八九年）、参照。

第三章　薩摩藩支配下の裁判権

はじめに

本章では、琉球国の裁判権に対する薩摩藩権力による介入のあり方を検討することを通して、近世琉球における琉球王権(1)の特質に迫ることにある。

薩摩藩は、「異国」琉球を統治する上で様々な支配機構・制度を設定して、統治の安定化を図っていた。例えば、石高制知行による琉球国＝首里王府の掌握(2)、在番奉行の常駐による直接監視機構(3)、起請文による精神的支配(4)等々が掲げられよう。また、薩摩藩権力へ中山王権が従属化してゆく過程については、梅木哲人(5)・上原兼善(6)等の各氏による分析がある。

ところで、薩摩藩支配と直接的には抵触しない王国内の裁判構造については、一定程度の研究蓄積がある(7)。しかしながら、中山王のもつ裁判権への薩摩藩による制限、それに対する首里王府側の対応に関する論及は管見の限りでは、菊山正明氏の論稿(8)を除くと皆無に近い。

法による支配は、薩摩藩統治の正当性を示す上で不可欠であった。薩摩藩は、裸の武力支配＝直接占領態勢から制度化された支配へと転換することによって初めて琉球支配を安定させ、長期におよぶ統治を可能とした。それゆえ、首里王府・薩摩藩間で鋭く対立する紛争が、どのように処理されていたかを検討することによって、首里王府の裁判権、換言すれば近世琉球の王権の特質へ迫ることができると考えられる。

さて、江戸幕府外交における琉球の「異国」的側面については、すでに検討した。[9] 本章はそれを承けて、王国のもう一つの側面、すなわち薩摩藩の「領分」という側面について、特に法による支配を中心に検討する。

一　寛永元年「定」前後の裁判状況

琉球国王の王権全体を制約する方法は、次のようにして行われた。まず、慶長一六年（一六一一）九月一五日付の西来院および三司官宛の島津家久書状[10]で、三司官等に対して、「日本」（＝薩摩藩）へ不満・疎意を表す王族や首里王府家臣の報告を求め、その義務を怠った場合には、三司官自身への処罰を厳命した。このように三司官を王府全体の監視役に位置づけ、反「日本」的人物を押え込みつつ、四日後の九月一九日付で「掟」一五ヶ条[11]を発布した。この「掟」一五ヶ条の実効性を確保するため、同年九月、尚寧王から「所被相定之御法度、曾以不可致違乱事[12]」と薩摩藩の下す法度を全面的に遵守する旨の一条を有する起請文を提出させた。このようにして、それ以後、薩摩藩は法度・法令による支配・従属体制を構築していくのである。

以上のような政治状況下において、慶長一九年（一六一四）四月二八日付の「覚[13]」では、三司官に対して、「一、諸口事篇、能々被入念、以穿鑿之上可被曖事」と、「口事篇」＝裁判に関する具体的指示を初めて下した。この布達の意義は、次の点にある。第一に、薩摩藩は直接占領下の琉球に対して王府裁判の行使を許容した。第二に、少なくともこの布達は、古琉球以来の伝統的神判に基づく裁判方式[14]に何らかの影響を与えたものと考えられる。

しかし、右の布達は、あくまでも契機的意味をもつにすぎないといえよう。すなわち、「入念」な「穿鑿」に基づ

く裁判方式が、実際にどのような経緯を経て受容・定着していったかを具体的にみる必要があるからである。(15)

さて、寛永元年（一六二四）八月二〇日付の比志島他二名連署「定」(16)は、剝奪されていた首里王府の扶持給与権・裁判権・祭祀権を改めて首里王府に委譲したものと位置づけられている。(17)その「定」とは、次のようなものである。

一、三司官其外諸役職之扶持方、自今以後者可為御分別次第事、（第一条）

一、科人死罪流罪之儀、此方ニ不及御伺、御分別次第たるへき事、（第二条）

一、おりめまつりの儀、此方御蔵入之分者、耕作時分不違やうにと被仰付候、御分領之儀者、御分別次第たるへく事、（第四条）

右条々、向後不可有違篇者也、

端的にいえば、旧来の見解は、右の「定」布達がストレートに貫徹したという理解に基づいている。しかしながら、その見解は、右「定」の発布前後における裁判の具体的検証を欠いたまま、権限の委譲を問題にするという根本的難点を抱えている。(18)そのため、以下において旧来看過されてきた右「定」前後における裁判の実相を検討してみよう。

慶長二〇年（一六一五）、津堅盛則（全興盛）によって首里王府へ上呈された訴訟は、三司官の江洲（＝読谷山盛紹、毛鳳朝）とその息子の上江洲親雲上や津堅と同役の越来朝首等の王府首脳部を巻き込み、最終的には薩摩藩の処断が下される事件に発展した。この一件は「向姓家譜」(19)には、以下のように記されている。

すなわち、津堅は、倭船（薩摩船）通交の便宜を図るために具志川間切田場港の浚渫工事を王府へ進言し、その許可を得て担当奉行に任命され、同役の越来や同間切仮総地頭の上江洲とともに工事に当っていた。ところが、津堅は、病気療養のため一時公務を離れた上江洲に対し、「王事懈怠」と非難を浴びせて辞職させ、さらに父江洲をも「誣告」して獄へ繋ぎ、ついには江洲を三司官職罷免へと追い込むに至った。しかし、獄官は津堅の権勢を恐れて事の是非を決しえなかった。このような王府の裁判状況に対して、薩摩藩は平田、猿渡等を派遣して処理しようと図った。ところが、紛争は解決されず、ついに津堅、江洲両人を薩摩藩へ上国させて審理を行い、津堅の悪逆行為が明白となり処罰された、というものである。

ここで津堅を一方的に、悪逆者と叙述する正史や家譜の当否を問題にしても意味はない。むしろ問題となるのは、琉球側の裁判に薩摩藩が改めて処断を下した点にある。このことを明示するのが、元和三年（一六一七）三月二三日付の「覚」[20]である。

覚

一、江洲之知行被召上候、其納方被相添候而、江洲へ可被返進候事、

一、津堅之知行永代被召離候事、

一、越来与津堅同役之義ニ付、越来之知行先以被召上候事、

一、江洲之子息を（上江洲）へす、此中遠島之由候、早速可被召帰事、　付、本領可為安堵事、

一、津堅口事篇ニ付、御嗳之御条書之儀、御判今度者御上洛前ニテ不罷成候間、御下国之刻被成御判、佐敷帰国之節可被相渡事、

元和三年巳三月廿三日

比志島紀伊守（花押）

町田図書頭（花押）

すなわち、①王府によって知行召上げに処せられていた江洲へ再給付（＝三司官職への復職）すること、②上江洲の遠島刑を解除し、本領安堵のこと、③津堅の知行を永代に没収すること、④津堅と同役であった越来の知行も没収す

ること、等々を命じた。このように王府による刑罰処分は、ことごとく否定され、薩摩藩による新たな裁断が下されていた。

ところで、前述の家譜の記載とは異なり、右の一件に関する王府の対応を窺知しうるものに、次に示す佐敷王子朝昌（後の尚豊王）の書状(21)がある。

（前略）仍津賢口事篇之儀ニ付、三司官へ細砕遂熟談、諸人之以目安申上候、委者彼玄也口上可申達候、随而津堅御紏明之刻、王位日本之代なり迷惑之由、阿波根へ御物語被成候由申候哉、ヶ様なる儀ハ有間敷ト存候、其故ハ先年於麑府御神文被成候、□我等茂可為虚言ト存候、雖然為念之致言上候処、左様之事ハ曾以不被成御意候、尤以御直書御理可被申達旨雖有之、拙子委可申達由候間、御納得被成候、右之通被思召分候由、可為本懐候、恐惶不宣、

十月朔日　　佐敷王子　□（判）

町田勝兵衛尉殿
比志島紀伊守殿
伊勢兵部少輔殿
参御報

すなわち、津堅一件に関して三司官による審理と「諸人」（係争関係者）による目安が、薩摩藩へ上呈されていた。特に注目されるのは、紏明の際、尚寧王が「日本之代なり迷惑」と発言したとの風評が立ったことである。薩摩藩支配、とりわけ裁判権への介入に対する不満・反発とみるべきであろう。佐敷による右の発言の揉み消し行為が、かえ

ってその発言の信憑性を高めているからである。

ともあれ、津堅一件は、以上にみる通り王府裁判権が容易に否定、覆されることを示した初めての事件であった。

それでは次に、琉球側へ扶持給与権、裁判権等が委譲されたとされる寛永元年（一六二四）以降の実態を検討してみよう。

寛永初年頃、三司官の今帰仁・国頭の二人は唐船の来航時、唐物購入における不手際を理由に「両人曲事」と指弾され、薩摩藩家老によって三司官職を罷免される事件が起こった。ところが、事態を聞き及んだ島津家久は、寛永五年（一六二八）七月一九日付、中山王宛ての書状で、先年行われた罷免措置の撤回を指示してきた。(22) この事件の詳細は不明な点が多いが、少なくとも王府の人事任免権が極めて不安定な状況にあったことは間違いないといえよう。扶持給与権も同様に不安定かつ弱体であった。このことは、寛永九年（一六三二）八月一四日付の三司官宛て喜入書状(23)において、薩摩藩への借銀返済が不調の場合には、王府家臣層の知行を没収すると威嚇した事実から窺知しうる。

裁判権に関して具体的にみてみよう。寛永八年閏一〇月三日付の三司官宛て川上、喜入他連署書状(24)において、

一、琉球談合衆之内、心持二様ニ御座候由、其聞得候、心持悪衆者鹿児島へ被指上候へ、於此地可致穿鑿事、

と、首里王府役人の内、「心持悪衆」＝反薩摩的琉球人の告発と上国を指示し、薩摩藩による「穿鑿」＝裁許を行うと威嚇していた。

薩摩藩が懸念した反薩摩的琉球役人の存在は、寛永一六年（一六三九）に至って表面化した。薩摩藩の対中国貿易拡大策の推進に対して、首里王府は、結果として高価な生糸や粗悪品を購入して薩摩藩の期待を裏切ることになったからである。そのため、右のような姿勢を詰責された王府は、渡唐役人らを遠島・寺入・欠所等に処して事態の収拾を図ることになった。

右の一件に至る経過については、上原兼善氏の論稿[25]があるが、ここでは氏とは異なる視角から右の一件をめぐる王府・薩摩間の権力関係を検討してみたい[26]。

寛永一六年（一六三九）二月八日付の尚豊王の書状[27]は、薩摩藩から糾弾された近年における渡唐役人による薩摩藩への「疎意」を全面的に認め、「渡唐役者不念深重之至候、以軽重其科申付候事」と、初めて王府側が関係者への処罰を下す意志を表明した。具体的には、翌日付の勝連・金武連署書状[28]において、薩摩藩による中城主取への詰責を認め、「曲事深重候間、其科申付候」と科刑の意向を返答した。同日付の別紙書状[29]で、他の渡唐役人へも以下のように処罰することを約束した。すなわち、前述の主取役中城へは、「欠所仕置候、当分大和へ罷居候間、身上之事ハ御下知次第ニ可申付覚悟候事」とすでに欠所に処したこと、平川通事・大嶺才府へは、欠所の上帰国次第に遠流、福治・与那城両官舎は欠所の上、久米島や伊平屋島への遠流、安里才府へは欠所の上遠流、翁長脇通事以下四名へは、家屋敷召上げの上寺領と、具体的な処罰方針を打ち出した。

また、同年五月二五日に帰国した渡唐役人や喜友名大夫の報告によって、新たな事実が伝えられた。同年五月二八日付、伊東二右衛門尉宛ての勝連・金武連署書状[30]によれば、

一、子之秋走渡唐之役者、手くたり悪敷候ニ付而、遠島或寺領申付置候処、今度喜友名渡唐仕、唐之様子承通候而申遣候ハ、大嶺才府・平川通事両人ニ而、渡間敷唐人ニ銀子過分ニ相渡、其上色々手くたり悪敷候通、従喜友名注進申候、其上今度帰朝仕候役者衆、何も右同前ニ申候、然時者ケ様成人ハ為見懲、彼両人帰帆之刻死罪可申付覚悟候事、

との一条がある。すなわち、平川通事・大嶺才府は、当初の欠所・遠島刑から、渡唐銀の不始末やその他の「手くたり悪敷」行為を働いたことを理由に「見懲」らしとして死罪に変更された。また、中城主取も総監督者としての責任

を追及され、死罪に変更された。[31]

右のような王府の科刑方針に対して、薩摩藩は次のように回答している。平川・大嶺の科刑へは、「右其元（琉球）之仕置ハ、此方よりかもい無之候」と、王府側刑罰権への不介入を回答していた。安里才府・末吉大筆者への科刑についても、同様に不介入の態度をとった。中城主取への科刑に対してのみ、例外的に、「右此方へ籠舎申付召置候、曖之儀者追而可申下候[32]」と琉球側の死罪決定を受け容れなかった。

上原兼善氏がすでに指摘しているように、『中山世譜』附巻一によれば、中城が薩摩藩へ渡唐銀不始末の報告に赴いたところ、向島（桜島）へ流刑に処され、約五年後に許されて帰国したという。右の『中山世譜』の記述が正しいとするならば、薩摩藩は王府側の極刑処罰を退け、約五年の流罪という比較的軽い刑に処していたことになる。

以上のやりとりに明示されているように、王府は薩摩藩の刑罰要求に対し、具体的な量刑を上申していた。薩摩藩は、そのような王府側の姿勢をおおむね認めた上で、王府刑罰権への不介入を回答していたのである。だが、薩摩藩による琉球側仕置権への不介入は、王府への強い科刑要求が達成されたからであり、無制限に王府側の刑罰権を容認していたわけではなかった。

二　北谷・恵祖親方一件の再検討

北谷・恵祖親方一件の概要については、これまでいくつか言及がなされている。[33]しかしながら、全体的検討が十分に尽されたというわけではない。ここでは、従来注目されることのなかった琉・薩間における裁判過程、量刑をめぐる問題、処刑後の問題、等々の視点からこの一件について再検討する。

寛文五年（一六六五）六月、前年、福州の梅花津付近で難破した康熙帝即位の慶賀船[34]の一部が帰国し、難破時の状況がさっそく薩摩藩へ次のように報告された。①慶賀船は梅花津近くで難破したものの、薩摩藩の出資銀は無事であること、②ただし、唐物購入リストを失却したため薬種少々と白糸・紗綾・縮緬のみを購入したこと[35]、③破船時に大筆者喜屋武筑・加子一人・内者五人、計七人が死亡したこと、④慶賀の表文は無事であったため、北京へ上ることが清朝当局より許されたこと、⑤帰国した才府安里・中田・与那城・平良を寺領に処した覚書を提出したこと、等々である。この時点では、慶賀船で発生した不祥事（後述）は報告されなかった。

破船時の不首尾として、安里等四人に対して、「御用物之御注文取失、国司《国王のこと》迷惑被存候ニ付」き寺領刑に処した[36]、という点が注目される。すなわち、このような王府側の寺領処分に対して薩摩藩は、「破損之儀、無別条候由候間、早々被召出可然旨ニ候間、可有其御心得候事[37]」と寺領刑の解除を指示した。この指示に対して王府は、翌年の三月一四日付で指示に従い「召直」す旨の請文を回答している[38]。

右のやり取りから、次の点が指摘できる。第一に、王府は自ら決定を下した刑罰の報告を行っていること。第二に、薩摩藩はその刑の解除を指示し、琉・薩ともにそのような処理方式が例外的なものではなかったことを窺わせること。以上の二点である。

寛文六年（一六六六）四月二日付の与那原・原口宛ての摂政・三司官連署書状[39]は、慶賀船での一件が徐々に明らかとなり、王府・薩摩藩の対応状況が以下のように示されている。それによれば、前年七月二九日に北谷・多嘉良両名から、①渡唐の際、宮里子は与那城にやを毒殺しようと図ったこと、②皇帝献上用の金壺が盗難に遇ったこと、③右の事件の関与者二名を帰国時伊平屋島へ下船させていたこと、等々を内容とする覚書が王府へ提出されていた。そのため王府は、

（前略）早々御在番・御付衆御方江披露可仕之処、大事成往来之儀ニ候間、細々承届内僉議相究可申上之（与）存、内之僉議仕候処、北谷病気中故、究而穿鑿難成候（後略）、

と、事態の重大さに鑑み薩摩藩への報告を直ぐに行わず、王府独自による「内之僉議」を行っていた。同年冬、薩摩藩から三原伝左衛門の使者小野千右衛門が派遣され、金壺盗難の件、毒殺未遂犯人の件、喜屋武大筆者主従（家来）三人死亡の件を問い質してきた。それに対して、

（前略）右之様子内々僉議共仕候条、急度遂穿鑿一着相極可申上之由御返事仕、夫より取詰糺明仕候得共、未致落着候故、此節究而又左衛門様へ不申上候、急度穿鑿相遂、後便より可申上候（後略）、

と「内々僉議」を続行しており、王府による「穿鑿」（究明）で処理することを返答した。しかし、厳しい「糺明」にもかかわらず「僉議」は進展せず膠着状態に陥っていた。以上が、右の四月二日付摂政・三司官連署書状の内容である。ここで注目すべきは、当初、王府側が薩摩藩による介入を避け、独自に究明する意志を表している点である。しかし、究明が進展しなかったため、ついに在番奉行[40]（＝薩摩藩側）による糺問が加えられることになった。そのことは、同年四月二四日付の申口衆宛摂政・三司官書状に、「御奉行所よりも稠御穿鑿被成候得共」という文言に明示されている。

在番奉行による糺問の開始は、王府裁判権をみる上で看過することはできない。というのは、右の審問を契機として、王府の「内々僉議」から薩摩藩との共同審問となり、最終的には薩摩藩側に裁判の主導権が移されたからである。そのことは、以下の事例に示されている。すなわち、在番奉行は、被疑者の休斎・前田等四名の病状悪化を理由に拷問延期を命じたり[41]、さらに審議の打開を図って同年五月、ついに被疑者一同を鹿児島で尋問することを王府へ通告する[42]など、薩摩藩が主導権を強めていった。被疑者の前田・休斎・平良・大嶺・安里子・宮里子・嶺井・与那城に

や・大城にや・中村渠にやの一〇名は、翌六月鹿児島へ送られた。

ところで、被疑者の上国後、王府は無策のまま薩摩藩の判決が下るのを待っていたわけではなかった。王府は二つの動きをみせた。一つは北谷親方に対する問題であり、他は一件の真相究明を徹底して行ったことである。

前者への対策は、北谷親方の寺領問題である。寛文六年（一六六六）五月一九日付、小禄宛ての伊野波・摩文仁連署書状(43)によれば、北谷親方は、家来の悴者等による悪事行為の責任追及を恐れ、末吉の万寿寺そして普天間の神宮寺へと移り、自ら「寺領」に服していた。右の寺領は、王府による寺領処分と解することも可能であるが、むしろ、北谷自身が在番奉行による追求の手を逃れるために、右の寺々へ駆け込み避難していたとみるべきであろう。

後者の王府の動きは、中国での毒殺未遂・金壺盗犯の真相を究明することを寛文六年春の渡唐役人へ命じた点に示されている。その結果、「於彼地相尋承候分之書付二通、大清江致逗留候此方使之者之状覚書二通并河口通事より之書物三通」の調査書を得て、即座に薩摩藩へ提出していた(44)。

王府は、右の調査書のほか、同年七月に帰国した残りの慶賀船役者等へ審問を加え、翌八月三日付の「覚」(45)で新たな事実を報告した。詳細については割愛するが、右の「覚」で注目されるのは、「此方ニ而之糺明ニ有躰申開候」という点にある。王府側による審問によって、一件の全容はほぼ解明されつつあった。

ところが、それにもかかわらず王府は、同年八月六日付の新納又左衛門尉宛て摂政・三司官連署書状で以下のように報じた。

（前略）毒薬・金壺往来之様子、於大清密々委細承合可参候由申付候間、荒増相知申候、慶賀船之人数も此節致帰国候ニ付、破損之仕合何れも穿鑿仕候処、毒薬・金壺引合ニ可成者（者カ）にて候大筆者相果候儀者、為致殺害者弐人相知申候、然処相談之人数可有之と存、各々穿鑿仕候得共実否相極候、彼者共穿鑿仕届可申上候之処、時分柄風後

ニ罷成候、又者右人数之内御穿鑿之御引合ニ罷成儀も可有御座与存、諏方仲左衛門殿へ以御相談、才府安里・翁長通事・照屋子・おな《かか》は大作事・上間作事・高志保にや・東風平し・安次嶺にや・三はうめ大さとにや・友寄にや都合十人、此節差上せ申候（後略）、

留意すべきは、王府側はほぼ究明を遂げながら、あえて薩摩藩側の「御穿鑿之御引合」に供するため、在番奉行諏方仲左衛門と相談の結果、安里等一〇名を鹿児島へと送った点である。

薩摩藩へ連行された一行は、琉球仮屋において糾問を受け、同年一〇月、薩摩藩側は吟味を完了し、連行された慶賀船一行全員を帰国させた。その際、新納又左衛門は、摂政・三司官へ以下の内容の指示を下した。(46)①宮里子は毒殺未遂犯人であることが明確になったため、王府側による「再詳」の必要はない。また、宮里子を殺害しようとした者は四人との「風説」が立っているため、王府側による究明のついでにその件を明らかにすること、②喜屋武殺害者は、上間唐作事・高志保にやの二名であるが、他に共犯者が存在すると考えられるので、一応究明すべきこと、③北谷親方は北京から福州へ戻り、所々へ出向いて安里等の起した事件の究明を怠ったことは容認しがたい。王府側で十分にそのことを尋問すること、④在番奉行と右の件を協議すべきこと、以上である。

また、王府へ医師休斎に関する詳細な吟味内容と断罪理由を、以下のように通達した。(47)休斎は、自身の「咎」を免れようと様々な弁明を行い、その中で国司（国王）の病（「癩」）を治療する目的で砒素を所持していたと主張した。薩摩藩側は、藩医衆へ右の詮議を行わせ、休斎の弁明に一々反駁を加え、「愚人を誑候罪、是一」、さらに、国司が「癩」病との偽りは、「国司之御悪名ヲ惹候儀、誠以不忠之罪不軽候、是一」と断罪した。薩摩藩は、休斎の自白を得られなかったが、右のような偽りを述べる「悪逆者ハ、必定毒薬之取扱可仕と存候、縦其難ハ遁候共、此不忠不軽儀候」との理由で有罪に処したのである。

以上のように王府へ指示した後、翌寛文七年（一六六七）三月に、北谷親方・恵祖親方以下慶賀船役人等へ量刑を下した。北谷・恵祖親方への判決理由は、旧来指摘されているように、総責任者としての責任追及と薩摩藩の下知を疎略にした行動様式にあることは間違いない[48]。しかし、それだけではない。裁判権の問題からみた場合、「北谷儀、為三司官公儀を疎ミ候、依怙を専ニ仕候其咎不軽、依之令成敗候、全為国家安寧之仕置申付候儀候[49]」という点に示されているように、王府は「国家安寧」を図るための仕置という薩摩藩側の論理に対抗しえず、王府の「内之僉議」権は否定され、北谷・恵祖親方の斬罪を執行せざるをえなかった。すなわち、王府側は同年五月二五日付、新納宛ての具志頭・伊野波・羽地連署書状[50]において、

（前略）畢竟、為国家安寧之御仕置罷成、始国司我々式ニ至迄、御尤至極奉存候、（中略）如被仰下候、先役人条々無念御座候処、被為遊御用捨候之由、至我々も難有仕合奉存候、御条書之趣、向後堅固可奉相守候（後略）、

と、薩摩藩の「仕置」を全面的に認めた。さらに、前任三司官の「無念」を許容されたことに関しては、謝意を表明していたのである。

ところで、北谷・恵祖親方一件は、科人の処刑をもって終了したわけではなかった。従来看過されたまま、十分な検討を加えられていない問題が存在する。第一に、科刑未決者の問題、第二に、刑期終了者に対する処理方式の問題、第三に、処刑に随伴して発生した欠所物の処理をめぐる問題である。

第一は、未科刑者（平那地）の処分の問題である。慶賀船一行への科刑を言い渡した後において、右の一件に関与しながら薩摩藩の科刑処分リストから漏れていた人物として平那地が発見された。薩摩藩は、寛文七年（一六六七）九月二五日付、三司官宛ての新納又左衛門書状[51]で、次のように刑の執行を命じた。

追而令啓達候、然者平那地事、当分遠方之寺領為被申付置由候、彼人之儀、初伊野波与為申人ニ而可有之与存候、

平那地儀、勘右衛門渡海之刻、事多候而不申達候、於其元詮議之上、遠流ニ可被申付候、委曲諏方仲左衛門方へ申越候間可相達候、恐惶謹言、

すなわち、薩摩藩は、王府による「寺領」刑から「遠流」へ変更することを指示してきたのである。このことは、王府側による「詮議」手続きを踏んだ上で刑の変更を布達しているが、実質的には「遠流」を前提とした裁判を薩摩藩は強制していたのである。それに対して王府は、指示通り「遠流」に処していた。(52) さらに、平那地は「遠流」刑のみならず欠所刑にも処されていた。(53)

第二の刑期終了者の解除の問題は、以下のように処理された。寛文一〇年（一六七〇）五月一二日付、桂杢之助宛ての羽地他三名連署請文(54)によれば、

先年依科、流罪并寺領被仰付候安里・宮里通事・中田通事・我謝通事・平良・前田・大嶺・翁長通事・照屋子・与那城・知念、何れも御免許候間、其段可申渡之由奉得其意候、此節相応之奉公申付候、為御首尾如此御座候、以上、

と、薩摩藩の指示を受けて、安里等一一名の流罪及び寺領刑を解除する旨を返答した。安里等は約四年の流罪あるいは寺領処分であったことになる。

また、延宝四年（一六七六）九月二〇日付、大里按司・三司官宛ての薩摩藩家老連署書状(55)は、北谷・恵祖・平名(那)地の子供等に対し、「右親共、先年渡唐之刻不届之儀有之、罪科被仰付、子供之儀、或遠流、或寺領、或位被放置候之処、此□(節)依御断、令免許候」と王府側へ刑の解除を指示した。約一〇年の刑期であった。

以上の二例から明示されるように、薩摩藩は、量刑の言い渡し権のみならず、刑の解除権をも掌握していたのである。

第三の科人欠所物をめぐる問題は、以下のように処理された。

寛文七年（一六六七）年六月二七日付、新納宛ての羽地・具志頭・伊野波連署書状[56]において、王府は科人欠所物について在番奉行等と相談を行い、「欠所帳」を作成して上呈したことを伝えた。ところが、右の欠所物に関して問題が発生した。そのことは、同年一〇月五日付の池城親方宛の原口吉兵衛書状[57]によって次のように王府へ通告された。

要点のみを摘記すると、琉球において欠所物を売却したことは、「不吟味」である。右の件に三司官も関与しているため、その経緯を薩摩藩へ返答すること。欠所帳は伊勢勘右衛門から薩摩藩へ「押札」にして来春、上申すること（第一条）。薩摩藩の船頭・加子等が、欠所物を購入して鹿児島へ持上ることがないように注意すべきこと。「押札」の道具の格護を入念にすべきこと（以上、第二条）。「押札」の道具を薩摩藩へ運送する時、失却分を代替するのは宜しくないこと（第三条）。「押札」の道具の名称が、「大和」と琉球で異なるものは在番奉行と相談し、薩摩藩の御用に立つか否かは、諏方仲左衛門の下知に従うこと（第四条）。その他二ヵ条を命じたのである。

右の指示に当惑した王府は、翌寛文八年（一六六八）三月に羽地を上国させて交渉にあたらせた。その交渉過程は、やや長文であるが、以下に示す同年四月二二日付の羽地書状[58]に詳述されている。

（尚々書略）

令追啓候、然者今日御物座より吉兵衛殿ニ付、唐行科人欠所物之儀、諏方仲左衛門殿より伊勢勘右衛門様迄被遣候状ニ、細々者羽地存候由、巨細如何之由御尋被成候間、御返事ニ、右欠所仕候儀、勘右衛門殿・仲左衛門殿より被仰付候間、仲左衛門殿付衆四人・御道具衆四人・横目四人検者ニ而、所之士衆余多申付、右欠所物相改帳差出候処、右物数之内鎧刀、又ハ御用ニ可立物ハ撰出可召置候、御国本より御用ニ被仰下候ハヽ、重而可差登候、其外之物者払物ニ仕、代銀之首尾可申上様ニ被仰候間、任御下知、右之人抔ニ而代付等迄被相極、右帳勘右衛門殿御持登被成候間、無口能相済候半与存候処ニ、勘右衛門殿より仲左衛門殿へ被仰出候者、右帳之内以抜書此物数御用ニ付、御取寄可被成候間、其心得可有由候、就夫我々驚入買手相尋、則取納置候、左候而仲左衛門様より被仰候者、右物数御用ニ付御取寄可被成由候、必可差登とハ抜書帳之奥書ニも不相見得候、いか様ニ被成下而可然哉之御相談御座候ニ付、我々申上候ハ、右物数之内御用ニ可立物者、遮而御座有間敷与被存候、縦御用ニ不立物を運賃かケ御差登被成候儀も無覚束候間、御帰国之刻細々被仰上、御用ニ可立物計御取寄被成可然通申上候処、尤御同心ニ被思召上候間、其通御極、勘右衛門殿江茂御状可被遣候、我等より勘右衛門殿へ其段可申入由承〔候〕得共、勘右衛門殿御留主之故延引仕候通、吉兵衛殿ヲ以御返事申上候間、御返事ニ右之段細々被聞召上候、右物数之御用ニ可立物者、於其許以御相談御極、当年中ニ可差登様ニ岩切彦兵衛殿へ御状御遣被成由候、次又、右欠所物払物被成候代銀ハ、当年差登候哉如何之由御尋御座候間、御返事左様成御下知者未承候間、御下知次第可差登由申上候間、其御心得可被成候、右之段仲左衛門様へも被申上可然候、是又為御納得ニ御座候、恐惶謹言、

四月廿二日　　羽地按司

重家

摩文仁親方様

伊野波親方様

具志頭親方様

人々御中

すなわち、諏方仲左衛門の付衆四人、道具衆四人、横目四人の薩摩藩役人が検者として指揮を行い、慶賀船科人の欠所物帳を作成した。当初、欠所物中の鑓・刀類や薩摩藩の御用に立つと目される物品は保管し、藩の指示をまって

上納すること、他の物品は売却した代銀を上納すべきことを命じていた。そのため、王府は下知に従い値付を決め、その帳面を伊勢勘右衛門へ渡した。ところが伊勢は、右の帳面から抜書きの品を藩の御用として取寄せることを指示したのである。王府は、この指示に当惑し、急遽、払物を買戻すことになった。一方、諏方仲左衛門もこの指示の処理に苦慮し、王府側へ対処策を諮問していた。羽地の回答は、抜書品目は御用に立つとは考え難く、たとえ御用に立つとしても緊急に上納を要する物品とも思われない。また、無用品を運賃を支払ってまで上納することは賢明な措置ではなく、諏方の帰国後、その詳細な事情を報告し、御用に立つ品のみ収公することを提案した。諏方はその案を了承し、一応の決着をみたのである。そして、欠所物の内のいくつかは寛文九年（一六六九）の春に送付され[59]、欠所物の売却代銀も同年九月には上納を完了した[60]。以上が欠所物をめぐる経緯である。

以上に示した琉・薩交渉から、次の点が指摘できる。すなわち、薩摩藩は欠所物を自藩の藩庫に収公することを当然のこととして処理していた。一方、王府側も若干の紛議が発生したものの、欠所物を現物ないし代銀で上納することに対し、何ら違和感を抱くことなく上納していた。このことは、換言すれば、薩摩藩によって琉球へ下された刑罰に随伴する欠所物の処理・取得権は、王府側にではなく薩摩藩側に存したことを意味している。

右のような処理方式は、結論的に言えば、薩摩藩領内における欠所物処理方式を琉球国へ適用したものにすぎない。薩摩藩が琉球人の欠所物を収公したのは、右の北谷・恵祖親方一件が初めてではなかった。一六三〇年代においても、詳細は不明であるが、死罪に処せられた「琉球之大屋子」の家財が、「検断」の対象となる一件が発生していた。その「検断」中に比志島宮内少輔国隆は、銀子を強請して取得したため、薩摩藩当局から「検断之内ニ有之物ハ、誰々の物にても取候事ハ不成大法ニ候儀、能存之上にて、如此気任、法外至極之事[61]」と糾弾された。右の点に示されているように、藩によって「検断」の対象とされた家財は、「誰々の物」でもなく、藩に収公されるべきものという「大法」がそこには見られるのである。[62]

以上、北谷・恵祖一件の経過に従って、琉・薩間の裁判構造を検討してきた。その結果、以下の点が了解しえよう。すなわち、王府は慶賀船一行の犯罪に対し、当初、薩摩藩へ報告せずに王府のみの「内之僉議」によって処理しようと図っていた。しかし、一件が薩摩藩へ露顕して以降は、独自に真相の究明を行いつつも、薩摩藩の審理に供する姿勢をとっていた。薩摩藩の下した判決と量刑に対しても全面的に容認していた。欠所物の処理権も薩摩藩に掌握されていた。ここには、王府裁判権を侵害され、それに対して強く抵抗するという姿勢はほとんど見られない。王府は、薩摩藩の指揮の下に刑罰執行機関のように行動していたのである。

だが、右の事例だけから、王府は常時、薩摩藩の命ずるまま行動する傀儡と規定することは一面的である。なぜなら、王府はやがて薩摩藩による裁判権への介入を回避する動きを見せるようになるからである。

三　王府裁判権介入への抵抗

寛文一〇年（一六七〇）冬、進貢小唐船が海塘近くで海賊の襲撃を受け、渡唐銀・積荷が、船もろともに掠奪される事件が起った。この事件については、すでに島尻勝太郎氏によって一定の分析がなされている。[63]そのため、ここでは特に裁判権の問題について再検討する。

右の事件をめぐる琉・薩間の交渉は、寛文一二年（一六七二）九月二九日付、羽地按司・三司官宛ての桂杢之助書状[64]によれば、次のようなものであった。

一筆令啓達候、然者去々年進貢ニ付、唐船二艘渡唐被仰付候内、小唐船儀者十一月廿八日、海塘山与申無人居島

へ廻り掛候之処、賊船より誑ニ逢共ニ被捕、身すから如福州之為参通、大唐船役者口上書一通、改帳一冊、并小唐船人数口上書一通、賊人より福州迄手形之由ニ而木綿ニ而書候墨一通、具得其意候、杢右衛門殿江委曲申入御披露仕、具ニ御老中被聞召達、此節被仰出候ハ、遇海賊候砌少茂相防行無之、船共々被押取、ふやきニあたり少々蒙手疵者共於所々捨殺候、賊之者共一人成共人質ニ取、何方之者致海賊候と可相知儀之処ニ左様之働も無之、其場を遁ルを仕合ニいたし候儀、臆病至極ニ候、畢竟者主取之者慥成人ニて無之故、何茂可為其通与被思召候、其身之恥辱者不及申、到琉球茂御外聞不宜候、依之急度厳科可被仰付候得共、此節之儀者御免ニ而、遠島之流刑主取之者被仰付候条可被申付候、其外之役者共ハ於其元被致僉議、依咎之軽重罪科可被仰付候（後略）、

すなわち、①王府側は即座に事件の概要を「大唐船役者口上書一通、改帳一冊、并小唐船人数口上書一通」等を付して、薩摩藩へ報告していたこと、②薩摩藩は、海賊に抵抗せず逃亡した姿勢を「臆病至極」と強い不満を示し、責任者である主取への「厳科」（死罪）を要求していたこと、③しかし、今回は特に、主取は遠流に減刑し、他の役人は罪科に応じた刑罰に処すことを命じていること、等々が理解される。注目すべきは、当初、主取への「厳科」を主張していた薩摩藩が、「遠島之流刑」に減刑している点である。この点については、島尻勝太郎氏がすでに指摘しているように、王府は正議大夫蔡国器を鹿児島へ派遣して弁明に努めたからである(65)。

右の一件は、先年の「北谷・恵祖親方一件」を再現しかねない緊迫した状況にあった。王府は、このような危機的状況を脱するため、即座に事件の報告と弁明を行うことによって薩摩藩の要求を変更することができたのである。

首里王府側へ刑罰執行を要求したのは、右の事件にとどまらない。明和七年（一七七〇）にも同様の事態が発生した。薩摩藩は、近時における王府側の姿勢に不満を抱いていた。すなわち、渡唐役人等は唐物購入において薩摩藩の要求額を下回るような公事の懈怠状況や上国使者の疎略な行為がみられるとして、摂政・三司官による監督不首尾を

非難した。さらに、その上で渡唐役人への処罰を強く要求していた。それに対し、王府は同年七月に伊舎堂親方盛敞を謝罪使者として上国させ、次のように陳謝した。(66)

口上覚

重畳無調法之儀付、御断之使者被申付、此程上着仕、御断之旨趣幷今帰仁王子・三司官御断之儀茂先達而申上置候処、唐役者共咎目之儀者、最初国法之通被　仰出置候上者、吟味之通申付候様被仰付候、右ニ付国王御断幷今帰仁王子・三司官自茂御断申出趣有之候、役者共大形筋之儀、依糺方者右通可相知事候処、難糺付由に而御宥免之儀、去年摂政・三司官自申上候趣、旁以不行届不成合儀被思召上候、依之右御断之儀、都而御取揚不被下段被仰渡、乍憚御尤千万奉存候、琉球之儀小国に而御国之御蔭迄ヲ以、唐江茂無懈怠相勤申事に而、全奉対御国、微塵毛頭麁抹奉存事に而無御座候得共、如何了簡違仕候哉、事事に麁抹之筋に罷成、極極重御断に候故、随分御成合宜様可申上旨被申付罷登申候処、右通被仰渡必至与迷惑仕候、此上何分可申上次第茂無御座、誠以恐至極奉存候得共、此節被仰渡候趣迄ヲ帰帆仕、国王江申聞候而者十方(途)に暮候上、重而御断之儀、御当地御成合之程難計、甚難儀被仕筈御座候、然時者又又何様之無調法に歟可罷成哉、此儀何共気之毒千万奉存候、適重使者被申付候処、国王ヲ始摂政・三司官に茂御当地不案内之所自万端私不働故、其詮茂無之事与被相考、其上重而御断之程合茂具に不汲受罷下候儀、対国王不忠之至御座候、依之近比不成合千万奉存候得共、重而御断之儀、何様仕御成合可然候哉、何とそ琉球方御取次衆迄奉得御差図、何分御内内承知仕、其趣国王江申聞候様仕度念願奉存候、申上候儀茂恐多候得共、私儀於琉球身分之片付方何様被申付候而茂、少茂不苦儀御座候得共、重而御断之程合国王江申聞候儀、此節迄之奉公に御座候条、幾重に茂御慈悲ヲ以、宜様御下知被下度奉願候、此等之趣、誠之御内意ヲ以成合候様被仰上可被下儀奉頼候、以上、

十月十五日

右の「口上覚」から薩摩藩との交渉過程を摘記すると以下のようになる。すなわち、薩摩藩は、当初琉球の「国法」に基づいて渡唐役者等への処罰を強要していた。それに対して王府側は、「糺明」困難を理由に、国王・摂政・三司官等がともに「御宥免」を懇願し、処刑要求の撤回を求めた。しかしながら、薩摩藩は右の嘆願を「旁以不行届、不成合」と拒絶した。そのような状況を打開するために伊舎堂親方は、謝罪使者として派遣されたのである。伊舎堂親方は、薩摩藩の「御宥免」を得ないまま帰国することは、国王への「不忠」となること、不祥事発生の責任を自身が追及されてもよいこと、等々の陳謝と弁明をくり返して、処刑指示の撤回を執拗に図った。右の嘆願が功を奏し、薩摩藩はひとまず科刑要求を撤回し、一件は落着した(67)。

以上の経緯から王府側は、自らの裁判権に対する薩摩藩の介入を謝罪という抵抗手段をとって回避しえたのである。

おわりに

以上、検討してきた結果、薩摩藩支配に鋭く衝突した際の王府裁判権の特質は、次のように要約されよう。

薩摩藩は、寛永元年（一六二四）の「定」によって、将来における死罪・流罪等の王府裁判権について「伺い」無用として容認した。しかし、寛永元年以後の実態を検討すると、右の「伺い」無用という指示は、事実上空文化していた。王府側は、「伺い」無用と指示されながらも「伺い」を立てざるをえない政治構造にあった。なぜなら、王府は薩摩藩支配という枠組を根本的に否定しない限り、常に薩摩藩支配に抵触しないように行動しなければならなかったからである。他方、王府が薩摩藩支配の枠組から逸脱する姿勢を見せると、薩摩藩は王府裁判権へ強く介入してきた。その典型的事例が、北谷・恵祖親方一件であった。

だが、刑罰執行権は王府側に保持されていたため、薩摩藩の科刑要求に対して、量刑の減刑あるいは刑の免除請願や回避行動をとることが可能であった。前述のように、明和七年（一七七〇）の一件では国王自身による嘆願や謝罪使者派遣等によって、結果として薩摩藩の科刑要求を撤回することができた。このことは、王府が単なる薩摩藩の刑罰執行機関ではなかったことを示している。

このようにして首里王府は、薩摩藩との駆け引きを通じて容易に王府裁判権を侵害されないように回避戦術をとるようになっていくのである。ここに、薩摩藩の琉球占領直後から寛文期における薩摩藩による王府裁判権への強い介入の段階、換言すれば、弱体な王府裁判権の段階から、やがて様々な理由を設けて裁判権への介入を容易に受けつけない、主体性を強める段階へと成長してゆくのである。北谷・恵祖親方一件は、そのための高価な代償であったといえよう。

以上の経緯を経た中山王権は、王国末期の一八七〇年代において、明治政府による裁判権接収要求[68]に対して強い抵抗を示し、王府裁判権は「君主ノ権」[69]＝中山王権の重要な構成要素とする自己認識をもつまでになっていた。

註

（1） 薩摩藩支配下における中山王権についての先駆的研究には、仲地哲夫「近世琉球における〈王権〉の性格」（『歴史評論』第三一四号、一九七六年）がある。

（2） この点に関するまとまった専論は、管見の限りでは見当らない。しかし、以下に示す事実によって了解しえよう。すなわち、捕虜となった尚寧王一行が、駿府・江戸へと連行されている間に検地が実施され、慶長一五年（一六一〇）九月二三日付の島津家久書状には、「今度王位帰国付而、知行令割符、惣別諸法度等申遣候」（『鹿児島県史料　旧記雑録後編　四』七四二号。以下、『後編』と略す）と琉球の知行割計画が、早くから日程に上っていた。そして翌年、琉球国高は、八万九〇〇〇石余と決定され、王位は五万石、残分は諸侍へ配分すべし、との知行目録が布達された（「旧琉球藩評定所書類」東京大学史料編纂所蔵、影写本）。これは国王の知行分の確定（=薩摩藩の一給人化）とともに、首里王府家臣層への知行割を三万九〇〇〇石余の枠内で実施しなければならなかったことを意味する。また、三司官を含む王府首脳層の勝連・江曾・江洲・豊美城・池城・雲心連署で提出された慶長一六年九月二〇日付の起請文には、「家久様以御哀憐被為帰国、加之過分之御知行被宛行、開喜悦之眉候」（『後編』四、八六三号）と、知行問題に関する一条が挿入されている。以上のことから石高制に基づく知行配分によって、王府首脳層を掌握しようとしていたことが窺知される。薩摩藩は、次の事例に見るように、現実に王府家臣層への知行削減を実施していた。すなわち、延宝元年（一六七三）一一月の「覚」（「羽地仕置」『沖縄県史料』前近代1、一九八一年）において、「先年御国元より諸人江御配分被遊候高之内、及両三度減少被召候、不依奉公之勤不勤吟味ニ而候半哉、諸人及迷惑候」とあるように、石高制知行を媒介とした王府統制が、実施されていたのである。

（3）在番奉行制については、喜舎場一隆「薩藩の琉球統治機構」（『琉大史学』第二号、一九七一年）、真栄平房昭「鎖国形成期の琉球在番奉行」（『琉球の歴史と文化―山本弘文博士還暦記念論集―』本邦書籍、一九八五年）がある。

（4）梅木哲人「琉球国の起請文について」（註（3）『琉球の歴史と文化』所収）。

（5）梅木哲人「近世における薩藩琉球支配の形成」（『史潮』第一一二号、一九七三年）。

（6）上原兼善「墓藩制国家の成立と東アジア世界―琉球国・明国・朝鮮国の動向を中心に―」（『地方史研究』第一九七号、一九八五年）。

（7）奥野彦六郎『沖縄の人事法制史』（至言社、復刊一九七七年、初出一九三一年）、同『南島村内法―民の法の構成素因・目標・積層―』（至言社、復刊一九七七年、初出一九五三年）、比嘉春潮・崎浜秀明編訳『沖縄の犯科帳』（平凡社、一九六五年）、石尾芳久「沖縄内法について」（同『日本近世法の研究』第四章、木鐸社、一九七五年）、崎浜秀明「琉球科律考」（『球陽論叢』ひるぎ社、一九八六年）等、参照。

（8）菊山正明「琉球王国の法的・政治的地位―幕藩体制との関連において―」（『沖縄歴史研究』第一一号、一九七四年）。

（9）本書II・第一章。

（10）『後編』四、八五七号。

（11）『後編』四、八六〇号。

(12)『後編』四、八六二号。
(13)『後編』四、一〇九五号。
(14)古琉球期における裁判方法についてのまとまった専論は、管見の限りでは見当らない。わずかに、中田薫「琉球の神判」(同『法制史論集』第三巻下、岩波書店、一九四三年)という短文があるにすぎない。なお、拙稿「琉球王国の成立」(『那覇市史』通史篇第一巻第二編第四章第一節、一九八五年)において古琉球期の裁判方法を若干、検討した。
(15)首里王府の裁判機構＝平等所の創設は、元和三年(一六一七)のことに属する(『琉球国旧記』巻二)。このことは、本文で記した薩摩藩による「口事篇」に関する一六一四年の指示と全く無関係とは思われない。直接両者を結びつける史料は見当らないが、薩摩藩による指示を契機として、「平等之側」「平等所」の創設となったことが推知される。
(16)『後編』四、一八五五号。
(17)紙屋敦之「琉球支配と幕藩制」(『歴史学研究』一九七六年度大会報告別冊特集号、一九七六年。後に同『幕藩制国家の琉球支配』校倉書房、一九九〇年、所収)。
(18)註(17)紙屋論文における元和二年(一六一六)三月二一日付、中山王宛の島津家久書状の解釈に関する問題点は、II・第二章註(51)、参照。
(19)「向姓家譜」五世朝首の項(『那覇市史』資料篇第一巻7、一七七頁)。なお、この史料については、田名真之氏の御教示による。以下にその原文を示す。
(万暦)四十三年乙卯歳。全氏津堅盛則首訟曰、若開濬田場港、以通倭船、則両国必有利佚。因此　王命朝首与盛則、為奉行役。択吉起工。時毛氏上江洲親雲上盛相為具志川間切仮総地頭、共服其事。偶患便毒、告暇薬治逾乎。一旬病痊而出。盛則怒曰、汝托病還家、是急私緩公、利家忘国、非素衆乎。盛相心雖含怒、然盛則権勢難敵、遂辞其仮総地頭、于是盛則又訟曰、盛相所以侮慢　国朝、任意辞職者、其父教不足而至于斯。獄官亦以盛則権柄劇大、不能弁其是非。乃歳秋　家久公、遣平田大久房・猿渡新助殿二員、到球審是非、亦不能得其情実。遂帯盛則及盛相之父毛氏読谷山親方盛韶、帰還麑府。従厳審究、方露盛則為悪逆之情形也。朝首以与盛則同僚故削知行、於四十五年丁巳歳、因摂政尚氏佐敷王子朝昌、自麑府帰国、照旧賜知行高百石。

なお、ほぼ同様の記事が『球陽』附巻一にもみられる。ただし、『球陽』では、津堅は薩摩藩の信任が厚く、そのため驕横な行動が甚しく、訴訟を起したのも津堅島領有を読谷山（江洲）に拒絶され恥辱を受けたことが原因とされている等、若干の異同がある。

(20)『後編』四、一三九四号。なお、この「覚」に関して註(6)上原論文は、第五条目の「一津堅口事篇ニ付」を「一津堅御事篇ニ付」と『大日本史料』（第一二編之二七、四頁）の誤読に基づき、「島津氏側からみて好ましからぬ人物たちと目されていたことは確かである」と解釈している。しかしながら、これは本文で述べたように「口事篇」＝裁判の問題であり、氏の解釈は成り立たない。

(21)『鹿児島県史料』旧記雑録附録二、四四三号。ただし、この刊本は津堅を伴賢と誤読しているため、写真帳によって訂正した。

(22)『後編』五、一一六七号。それによれば、

（前略）仍先年其地江唐船来着之時分、麑嶋家来衆、巻物等買取候之哉、就其儀、今帰仁・国頭両人曲事ニ候付、三司官役被相離、被追籠之由候、惣別最前之様子始而令承知候、聊之儀ニ付、ケ様之沙汰不可然候故、家老衆へ申事ニ候、無異儀役等被仰付、如此中被召仕尤候（後略）、

という内容である。なお、同様の指示が同年九月一〇日付、三司官宛て喜入書状（『後編』五、一一七九号）によって次のようになされていた。

一、国頭（佐辺）・今帰仁（与座）事被召直、如本々三司官役被仰付、知行屋敷迄如最前可被給由、自江戸被　仰下候之事、（第二条）

一、さへ・よさ被召直可然由、従江戸被　仰出候、如其申付帰国候事、（第三条）

第三条目により、三司官以外の人物も処罰されていたことが分かる。

(23)『後編』五、五六〇号。

(24)『後編』五、四六六号。

(25)上原兼善「琉球の支配」（『講座日本近世史2　鎖国』有斐閣、一九八一年）。

(26)本書Ⅲ・第二章において、上原兼善氏とは異なる視点から対中国貿易拡大策の問題を検討した。

(27)『後編』六、九号。

(28)『後編』六、一〇号。

(29)『後編』六、一一号。

(30) 寛永一六年五月二八日付、伊東二右衛尉宛て勝連・金武連署書状（『後編』六、七三号）。

(31) 『後編』六、七三号。

(32) 寛永一六年一一月一日付、勝連・金武宛て三原伝左衛門佐他五名連署書状（『後編』六、七三号）。

(33) 東恩納寛惇「北谷親方一件」（初出一九二八年、後に『東恩納寛惇全集』第四巻、第一書房、一九七九年に所収）、喜舎場一隆「近世薩琉関係の一面―密貿易統制を中心として―」（『琉球大学法文学部紀要』社会篇一五号、一九七一年）、上原兼善『鎖国と藩貿易』（第二章、八重岳書房、一九八一年）等、参照。

(34) この慶賀船派遣時の準備過程、内外政状況、貿易運営については、真栄平房昭「明清動乱期における琉球貿易の一考察―康熙慶賀船の派遣を中心に―」（『九州史学』第八〇号、一九八四年）、参照。

(35) 寛文五年六月九日付、国頭按司等宛て三司官連署書状（「唐江慶賀」『琉球王国評定所文書』第一巻、一九頁）。以下、『評定所文書』と略する。

(36) 寛文五年八月三〇日付、中口衆宛て伊野波・具志河《(川)》連署書状（『評定所文書』一巻、二四～二五頁）。

(37) 寛文五年九月一七日付、覚（『評定所文書』一巻、二五頁）。

(38) 同右。

(39) 同右。

(40) 同右。

(41) 寛文六年四月二五日付、上江洲親雲上宛て保栄茂・摩文仁連署書状（『評定所文書』一巻、三三頁）。

(42) 寛文六年五月二二日付、与那原親雲上・原口吉兵衛宛て三司官連署書状（『評定所文書』一巻、三三～三四頁）。

(43) 『評定所文書』一巻、二八～二九頁。その内容は以下のようなものである。

一、北谷悴者共於唐悪事仕候ニ付、為其恐当分寺領被仕候、就夫御国本江差上せ候状数、連判如何ニ存候間、壱通者連判ニ而、壱通者無連判、三通ツヽ相調差上せ候得共、北谷連判之状者差出候間、不成合通、此方ニ而談合相極候間、麑島ニ而不及相談、被差出間敷事、

一、右之儀ニ付而、北谷為恐寺領被仕候、御尋被成儀も御座候半ゟ存、末吉万寿寺江被居候、今日ハ御尋被成儀も有間鋪ゟ存、弥恐ニ山越、普天間神宮寺江寺領被申候、其心得を以可被申上候事、

五月十九日　　伊野波

小禄親雲上　　摩文仁

(44) 寛文六年七月一五日付、新納又左衛門尉宛て三司官連署書状（『評定所文書』一巻、三八頁）。
(45) 寛文六年八月三日付、覚（『評定所文書』一巻、三九〜四〇頁）。なお、この覚は宛所、発給人ともに欠であるが、内容から琉球側から薩摩藩へ差出された書状であることは間違いない。
(46) 寛文六年一〇月一七日付、三司官宛て新納又左衛門書状（『評定所文書』一巻、四四〜四五頁）。
(47) 寛文六年一一月朔日付、三司官宛て新納又左衛門書状（『評定所文書』一巻、四五〜四七頁）。
(48) 註(33)上原著、七九頁。
(49) 寛文七年三月六日付「北谷咎付て仰渡之条々」（東恩納寛惇編「寛文七年北谷親方、恵祖親方斬罪一件糺書」沖縄県立図書館東恩納寛惇文庫蔵）。
(50) 『評定所文書』一巻、四九頁。
(51) 『評定所文書』一巻、五〇〜五一頁。
(52) 寛文八年五月八日付、島津帯刀他二名宛て三司官書状（『評定所文書』一巻、五一頁）。
(53) 寛文八年四月二二日付、三司官宛て羽地書状中の尚々書部分（『評定所文書』一巻、五五頁）。
(54) 『評定所文書』一巻、五八頁。
(55) 註(49)「北谷親方、恵祖親方斬罪一件糺書」。
(56) 『評定所文書』一巻、四九〜五〇頁。
(57) 『評定所文書』一巻、五一〜五三頁。
(58) 『評定所文書』一巻、五四〜五五頁。
(59) 寛文九年六月一七日付、諏方仲左衛門宛て羽地・三司官連署書状（『評定所文書』一巻、五五〜五六頁）。
(60) 寛文九年九月一七日付、羽地・三司官宛て諏方仲左衛門書状（『評定所文書』一巻、五六頁）。
(61) 寛永五年二月二七日付、「宮内少輔違之条々」（『後編』五、一四〇号）。なお、比志島国隆の一件については、『鹿児島県史』（第二巻、一八九〜一九一頁)、参照。
(62) 薩摩藩内における欠所物・科物は、藩に収公され神社・仏閣・橋等の建立、その他に支出されるべきものと規定されていた(『島津家列朝制度』巻二、『藩法集』8、鹿児島藩上、一一二号)。以上の点は、欠所物は欠所を命じた領主が収公するという原則に基づいている(平松義郎『近世刑事訴訟法の研究』創文社、一九六〇年、一五二頁)。
(63) 島尻勝太郎「明末清初の内戦と琉球—空道と二様の文書—」(同『近世沖縄の社会と宗教』第五章、三一書房、一九八〇年、初出一九七六年)。
(64) 小野まさ子・里井洋一・豊見山和行・真栄平房昭「〈内務省文書〉とその紹介」(沖縄県立図書館史料編集室『史料編集室紀要』第一二号、一九八七年、五〇号文書)。
(65) 註(63)島尻論文。
(66) 「翁姓家譜」六世盛敞の項(『那覇市史』資料篇第一巻7、九二頁)。
(67) 同右。薩摩藩側の言い渡しは以下のようなものであった。

(乾隆三六年一一月一七日条)

(前略)賜島津左中殿文書。伝命曰、茲番所請事情、不可寛宥。雖然、琉球遠隔海洋、若令使者以此一事、往返重洋之間、久経歳月、有妨国事。且汝呈文情詞懇切、具見悃忱。今次姑寛、可慎将来、等因(後略)。
(68) 菊山正明「琉球処分における裁判権接収問題と真宗法難事件」(『琉球大学教育学部紀要』第二七集、一九八四年)、参照。
(69) 明治九年六月七日付、三条実美宛て池城親方他七名連署願(『沖縄県史』第一二巻、一一三号)。

第四章　近世中期の対薩摩外交

はじめに

東アジアにおける近世の琉球王国の位置を大づかみに示すと、次のように要約されよう。第一に、政治的側面から見ると、中国（明清）との冊封関係と幕藩制国家（薩摩藩）による支配という、いわば二重の体制下にあった。第二に、経済的側面から見ると、中国への朝貢貿易を継続する一方、幕藩制の市場構造に深く組み込まれていた。もちろん、このような複合した政治経済的関係は薩摩藩の琉球征服（一六〇九年）と同時に一挙にできあがったものではなく、筆者の見通しでは、政治的関係においては尚豊王期（一六三〇年代）、経済的関係においては、およそ一六七〇〜九〇年代にかけて確立したものと考えられる。しかし、両者の側面は常に均等な関係にあったわけではなく、政治的緊張の度合いによって強弱や濃淡が見られることはいうまでもない。

さて、本章では、近世中期すなわち、一八世紀を中心に右のような幕藩制国家と対中国関係の二重の体制下にある琉球王国の政治外交がいかなる特徴をもっていたかを検討する。特に琉球・薩摩間において、耕地（＝陸地）と海上交通（＝海域）をめぐって発生した紛争の交渉過程とその特質について論ずることにしたい。

一　一七二〇年代における内検をめぐる琉球・薩摩関係

1　蔡温の内外政認識

王国の飾り

一七二八年から一七五二年にかけて、首里王府の要職・三司官職にあった蔡温は、「独物語」（一七五〇年頃成立）の冒頭において、当該期の琉球を次のように認識していた。

「御当国（琉球）は偏小の国力を以て唐（中国）・大和（日本）への御勤め御座候に付ては、御分力不相応程の御事候」（1）と、弱小の国力しか持ち合わせない琉球が清朝や薩摩藩・江戸幕府へ「御勤」を果たしており、そのことは琉球の国力に不似合いなあり方だと述懐していた。中国・日本への一種の二重朝貢体制下にある「偏小」国・琉球の現実を直視し、両国との関係を維持するための施策をどのように図るか、という蔡温の政治意識は続けて以下の六ヵ条に読みとれる。

要約すると、①琉球は大海の中にあって隣国と接していないため、風水害・旱魃の防災を図る必要があること、②異国船の漂着時には、その人員の保護収容と送還を図る必要があること、③中国の状況次第では指揮使・遊撃使等が不意に琉球へ渡来することもあり、その用意を図ること、④江戸幕府や北京への慶賀使・謝恩使等の派遣にかかる経費を事前に用意しておくこと、⑤中城王子の鹿児島上国に際しては、大分の物入りとなるため事前の準備が必要であること、⑥「百年に一度」の冠船（冊封使）の渡来時には、莫大な物入りとなるため、事前の貯えが必要であること、以上である。留意しなければならない点は、これらはいわば不時のできごとや事件への対処策であり、毎年のように派遣される鹿児島への年頭使や中国への進貢・接貢船にかかる経費、さらに薩摩藩への毎年の年貢負担は、いわば経常費として常に確保しておかなければならなかった。

右のような国内外への対応策を打ち出さざるをえない財政構造にあったため、蔡温は「御分力不相応」と概嘆したのである。さらに、「御当地ハ小国之御分力を以王国之御飾有之」との認識をも持っていた。「王国之御飾」とは、王国形態ないし王制を指している。近世の琉球は中国皇帝の冊封によって王号を付与されると同時に、薩摩藩の支配を蒙っていたため、中国・日本との関係を両立・維持しなければならなかった。ただし、両国との政治的関係において、琉球がより腐心しなければならなかったのは中国ではなく、薩摩藩との関係にあった。

(2) (3)

2　享保の内検問題

内検の概要

享保七年（一七二二、康熙六一）、薩摩藩から突き付けられた再検地の要求は、首里王府にとって「国家の浮沈に掛かる重儀」(4)とされるほど深刻な問題であった。以下、「享保内検」、あるいは「享保盛増」と呼称されるこの問題から当該期の琉球・薩摩関係を検討し、その特徴を明らかにしてみよう。

ところで、琉球における「享保内検」問題に関する本格的研究は皆無であり、そのためまず全体を概観し、ついで琉・薩間交渉の中で問題となった点を中心に論ずることとする。

薩摩藩は享保七年（一七二二）から同一一年（一七二六）にかけて「大御支配」＝内検を実施したが、(5)その射程には当初から琉球も入っていた。すなわち、享保七年一〇月には、種子島弾正の論達と郡奉行からの「御検地之次第」

（検地実施要項）十二ヵ条が鹿児島にある琉球仮屋へ通達され、(6)琉球へは同月一四日付け兼城親方（在番親方）等の書状で報じられた。同一八日付けの種子島弾正から摂政・三司官への書状には、

御領国中、地方御検地の儀、数十年に及び候ゆえ地面親疎これ有り、今度、御領国中一統御検地仰せ付けられ、平等支配致し候様にと仰せ出られ候、これに依り琉球の儀も御当地（薩摩藩）同前に仰せ付けられ候、(7)

とあるように、農民の所持田畠の不均衡を是正することが検地の目的とされ、琉球でも同様に検地の実施を迫ったのである。

首里王府内における審議

右の通達は、前述のように首里王府にとって「国家の浮沈に掛かる」と位置づけるほどの重大事であったことは次のことからも分かる。すなわち、同年一一月、首里王府の首脳部＝評定所は表十五人衆だけでなく、王子・按司・親方クラスへも以下の案件を諮問し、広くその意見を求めていたのである。(8)

①崇禎八年（一六三五）に薩摩藩から増し高を命ぜられたが、再検地もなく盛り増しとなった。それに準じ今回も検地を断り、増し高とすればどれ程の盛り増しが適度か。②御当国（琉球）の諸島は、水損が多いにもかかわらず色々と野山を開墾し仕明（開墾）田畠もできてきたが、前代とどれ程の変化があるのか。③国中の地面の実地検査をせず、推算で増し高を申請し、万一地方（耕地）の延び（余力）が少なく盛り増しが過大となれば国中の困窮となる。ともかく、実地検査を事前に行うべきかどうか。④御当国の内、地方（耕地）増減の地域を十分に吟味し、国頭・中頭・島尻の三手の内、二、三の間切を実地検査し、諸島まで押し広げて平均する術があるかどうか。⑤薩摩藩へ増し高の願いも行わず、再検地も断り、旧来どおりにされたいとの要望が成り立つような旨趣（弁明）があるかどうか。⑥どの案件も軽々しく論議できないため、御使者を鹿児島へ派遣し二、三年の延期を申請し、心力を尽くして実地検

査を行わなければならないが、その場合、延期願いの旨趣はどの様なものとすべきか。

ほぼ、以上のような諮問に対する回答で注目されるのは、蔡温（当時は末吉親方）のそれである。蔡温は同年一二月付けの「覚」全三ヵ条[9]で次のように具申した。

第一条において、慶長検地の後、総石高以外に盛り増しの前例もあり、そのことも予想される。たとえそうでないとしても、

御当地ハ小国之御分力を以王国之御飾有之、其上御国元江毎年上納幷上国衆之御入目、又ハ唐進貢接貢幷封王勅使・指揮使抔之御入目、又ハ江戸御使者之御入目、旁以余国ニ相替り無拠御公界有之候故、必其考を以品能可被仰定候、何そ及困窮程之事ハ絶而有御座間敷与奉存候、御当地之儀御国元之御為ニ者大分之御用相立、其上唐・江戸江之御公界者私ならす御事御座候、若御当地衰微いたし、右之御公界不御達程ニ罷成候ハヽ、御当地之御迷惑而已ニ而無御座、畢竟御国元之御為大粧成御厄害ニ相懸候儀疑無御座、此儀者御国元別而肝要可被思召与奉存候、

と全体的な見通しを述べている。

つまり、前述のように琉球の対外関係上の位置とそれに伴う王国の負担状況に触れ、琉球は他国と異なり「拠んどころ無き御公界」（＝江戸幕府・清朝との外交関係）があるため、琉球が困窮するほどの事態にはならないこと。さらに、琉球は御国元（薩摩藩）のため大分御用に立っていること。その上、清朝・江戸幕府への「御公界」（外交）は琉球一国の問題ではないこと。もし琉球が衰微し両国への「御公界」が維持できないことになれば、琉球の迷惑にとどまらず、結局は薩摩藩の厄介（面倒な事態）になることは間違いなく、そのことを特に薩摩藩は重視していると思われること。以上である。注目されるのは、清朝・江戸幕府との外交関係の維持を不可能にするほどの加重負担を薩摩藩が要求することはない、との状況認識を有していた点にある。

ついで第二条では、薩摩藩が琉球の地方（耕地）の変化と物資の規模が拡大している様子から琉球を「余富之国」と見なしているのではないか、として「右之御疑有之内ハ、何篇ニ付折々御不勝手之事而已可致出来与存当申候」と述べる。つまり、琉球が余富の国と認識されている限り、折りに付けて不勝手のことが生じるであろう。ただし、今回の検地について遅々とした対応の上に色々と訴えごとをしては、ますます最前の疑いと符合してしまい、宜しくない。琉球は善悪とも御国元（薩摩藩）次第ゆえ、検地などの事については御国元もとりわけ入念のはずである。それに対して色々と訴えを行い、もし「才覚」（策略）の様が表れてはかえって琉・薩両者ともに隔心を差し挟むこととなる。場合によってはそのようなことも必要であるが、検地は軽くない事項であり、「唯情実を専一ニ被思召上、御国元を父母与頼上、被仰付候通御検使御申請」て地方の分力や人民の暮らし振りまでを詳しく検分させることによって、今後は琉球の分力を十分に了解し、くだんの疑念も晴れると思われる、と。要するに、検地を速やかに受諾すべし、との意見である。

注目されるのは、第三条である。「慶長年間、御検地を以御当地之惣高委細御取究、江戸江も其首尾為被仰上由御座候、然者今より軽々敷惣高致増減候儀者御国元自由ニ御達被成間敷筈御座候」とあるように、琉球石高は慶長検地において幕府によって承認されたものであり、現時点で容易に薩摩藩が変更し得るようなものではない、と石高制のあり方についての鋭い認識を示し、ついで野山や田畠の変化があっても惣高の支障にはならない、と述べて薩摩藩の狙いを次のように予測している。

此節御支配被仰付候御本意者、何そ地高取増候御用ニ而ハ無之、先年盛増之例ニ準今ちと盛増被仰付度之思召候半与押量仕候、尤故例盛増被仰付候共御当地者件之通唐・大和ニ向私ならす御公界被遊候間、莵角永代可相保者色々御考可有之候、何そ御念遣相懸り候も有御座間敷奉存候（後略）、右のように、薩摩藩の目的は「今ちと」の「盛増」にあり、中国・日本との「御公界」を維持しえるように薩摩藩は考慮するはずであるから懸念には及ばない、として次のように主張した。「早々御請之旨御叮嚀被仰上、尤御検地之儀者来夏之熟不熟御見合を以御申請可然与奉存候」とあるように、検地時期は来夏の作柄の状況を検討した上で返答すべし、と条件を付しながらも早々の受諾を進言したのである。そうすれば、「却って御検地も盛り増しも無く相済むべきや」と、やや楽観的な観測を交えていた。

以上、三ヵ条にわたる蔡温の進言を検討した。注目されるのは第一に、中国・日本との外交関係の維持を困難とするほどの要求を薩摩藩は行えないであろうということ、第二に、琉球総石高は薩摩藩の一存で容易に変更し得るようなものではない、との幕藩関係における石高制に対する認識から、薩摩藩の目的は盛り増しにあると予想し、その対処策を図っていた点にある。

このような蔡温の具申に沿って王府が対薩交渉に臨んでいたことは、同年一二月の評定所から国王へ上申された「覚」[10]から判明する。それによると、王府首脳部は検地の受諾時期をめぐる対立意見をまとめ上げ、翌年の夏に受諾の使者を琉球から派遣すること、鹿児島において盛り増し問題が持ち上がった場合、琉球側からは対応しないこと、薩摩藩から検地役人の派遣となった場合、百姓の疲弊を理由に検地役人を極力少なくするよう要望すること、という内容であった。ところが、翌年（一七二三）五月、一転して内検の延期願いへと変更された。その理由は、御検使の渡来に伴う負担状況を詳細に検討したところ、「年延之御願」いは避けられないからとしていた。[11]

鹿児島での交渉

王府は田場親方を鹿児島へ派遣し、交渉に当たらせた。その際、田場に託した同年五月八日付けの書状（「乍恐御訴訟申上候覚」[12]）によれば、早々に御検使来琉を願うべきであるが、「冠船渡来前より至今迄、段々出物申付置、其上此両三年風旱之災殃相続、作毛不熟ニ付て飯料続兼、百姓及難儀砌候故、（中略）先四五ヶ年程被召延被下度奉存候」あるように、百姓は冠船（冊封使）渡来以前からの加重負担と、ここ二、三年にわたる風害・旱魃の災害による凶作から食料不足となり困窮状態に陥っているとして、四、五年程度の延期を要請していたのである。

田場親方は、同年六月二一日に御仮屋守役の吉井勘右衛門を介して前述の要請を行ったが、何の返答もなく、七月二二日にいたって薩摩藩側が「隠密」に派遣した郡奉行士師孫右衛門と折衝した。その際の「御内意申上候覚」(13)によると、薩摩側は、四、五年の内検延期は許容できないこと、来年の秋には検使を派遣せざるを得ないこと、その場合、慶長検地時に較べ琉球の人口及び開墾地も増大している筈であるから検地人数は一、〇〇〇人規模になるであろうとした上で、それを避けるには寛永年間と同様、盛り増しによる処理しかない、と持ちかけた。

それに対して、田場は次のように反論した。

先年盛増被仰付候儀、琉球ヨリ為奉願儀曾而無御座候、人高応シ地方少々明増候儀者左様ニモ可有之候得共、琉球之儀、当分之出物サヘ乍漸上納仕相済来候処、此上出米相重候儀取覚得不申候、チト稲不熟仕候得者運賃米者不及申、反米之内ヲモ代銀ヲ以上納仕年モ御座候、当年モ運賃抔過半代銭ニ而請取候由、船頭共申候噺茂承申候、右通国中残米少ク士ニ茂無足之者ハ朝夕カラ芋ヲ食事イタシ、尤百姓共者不断イモニテ一円米ヲ不被下候、且又毎歳大風之災有之及難儀、就中先キ丑年ハ度々大風仕候付而悉芋カツラ吹枯飯料差迫、数千人飢死為仕事候、畢竟貧国ニ而□物無之、殊憐国モ無之、右仕合御座候、此様子ヲ以相考候得者、先キモ御噺申上候通、当分之出物サヘ兎哉角ト相済来候処、猶又盛増之願申上儀、曾而存当不申通致返答候、

要約すると、①先年（寛永年間）の盛り増しも琉球側から要請したものではないこと、②耕地の増加はあるが現在以上の出米負担は困難であり、少々の不作時においても薩摩藩への上納等を代銀や代銭で支払う状況にあること、③

そのため琉球国内に残る米は少なく下級士族や百姓は唐芋ばかりを食する状況であり、二年前の丑年（享保六、一七二一）の大風で芋葛が吹き枯れ、食料不足から数千人の餓死者を出したこと、④現在の出物でさえ精一杯であり、これ以上の盛り増しを琉球側から申請することはできないと返答したこと、以上である。

盛り増しの通告

その後の交渉については不明であるが、琉球側の拒否にもかかわらず結局、薩摩藩は同年一〇月三日付の書状で次のように盛り増しを首里王府へ通告した(14)。

琉球側の四、五ヵ年の内検延期願いに対し、

大御支配之支ニ茂罷成事、御検地付而者多人数不被差渡候得者難相調儀候、左候得者困窮之百姓共別而痛み成筈ニ候、其上当冬者大清江慶賀使被差渡、物入も有之由候得者旁以可差支儀候故、御検地者被差免候、慶長御検地以来及数年(十脱カ)候故新開地有之、縦損地致差引候而も増高有之積候、依之寛永御支配盛増半分、本高百石ニ付三石六斗八升弐合五勺之盛増にて、都合高九万四千弐百三拾石七斗九勺四才被仰付候間、右之旨被奉承知、右之高賦之通、明辰之年より出物引合有之候様、摂政・三司官江可被申達候、

と寛永時の盛り増しの半分、すなわち本高一〇〇石に付き三石六斗八升二合五勺の盛り増し率とし、総高を九万四、二三〇石七斗九勺四才とはじき出し、その総高に応じて翌年（享保九、一七二四）からの年貢上納を要求してきたのである。

ここまでの推移を見ると、当初、内検実施を迫っていた薩摩藩は、琉球側の抵抗に逢い盛り増し要求へと転換したように見える。しかし、前述のように薩摩側は、田場親方との折衝段階から盛り増しを打診しており、当初から盛り増しが目的であったことも十分推測されるが、その問題は今後の検討課題としておきたい。

ところで、王府側は内検へも対応しえるよう雍正元年（享保八、一七二三）一月二九日に三司官の西平親方を惣主取に任命していたが[15]、前述のように盛り増しに変更されたため、新たな対処策を次のように講じた。

盛り増しの延期願い

享保九年（雍正二、一七二四）閏四月三日付けの薩摩藩宛ての書状[16]によって結論を先に示すと、四年後の享保一三年（一七二八）までは盛り増しを延期し、その翌年（享保一四、一七二九）から盛り増しに基づく上納を行いたい、というものであった。その際の琉球側の主な弁明は以下のようなものであった。

第一は、慶長検地以後、耕地の「増高」（生産増）も見られるが、人口の増加によって余力はなく、かえって以前より逼迫していること、また、琉球全体は用水不足の上、台風や旱魃の災害によって毎年のように年貢未進が多いこと、とりわけ「進貢接貢料并諸使者取仕立抔之物入彼是難調、時々差支候趣ハ眼前ニ御座候」と、特に中国への進貢・接貢や薩摩藩への使節派遣の対外関係経費が多く、しばしば支障をきたしていること、というものである。

第二は、盛り増しを受諾した以上、今年から出物を上納すべきであるが、冊封使（冠船）の迎接費用として拝借した借銀を享保五年（一七二〇）から同一四年（一七二八）にかけて薩摩藩へ返済するため国中に賦課している最中であり、もし「当年より不図盛増申付候テは運賃迄相込候故、三重四重之出米罷成、必至と当迫仕候」と三重四重の出米負担となり、急迫する事態になるというものであった。

この琉球側の嘆願に対する薩摩藩の回答は、次のようになされた。すなわち、同年（享保九、一七二四）九月付けの種子島弾正の書状[17]によれば、「冠船渡来物入の儀相続き、国中出物申し付け置かれ、冠船方拝借銀も来ル申年迄ニ返上相済す事候間、翌酉年より出物仰せ付けられ下され度き旨、訴訟申し出られ候、拠んどころ無く差し支えの訳聞こし召し達せられ、願の通り酉年出物仰せ付けられ候間、承知し奉らるべく候」とほぼ琉球側の弁明を認めていた。ただし、今後盛り増し高について「御断」（＝拒否）するようであれば、その時は薩摩側から検使を派遣し検地を実行する、と強く釘を刺していた。(18)

新盛り増しの決定

以上の交渉を経て、享保一二年（一七二七）六月一五日付けで「享保拾二丁未年盛増高御取立御目録」(19)が琉球に下された。その詳細は省略するが、「高九万四千二百三拾石七斗九勺四才」を総高とし、その内「九万八百八拾三石九斗壱合二勺七才」は「慶長竿、寛永盛増、上木方」を合わせたもの、今回の盛り増し分は「三千三百四拾六石七斗九升九合六勺七才」で寛永盛り増し高の半分、すなわち「本高百石ニ付、盛増高三石六斗八升二合五勺宛」という加算率であった。

そして、享保一四年（一七二九）から新盛り増し高による薩摩藩への上納が次のように開始された。(20)本出米は一万三六九石一斗四升六合三勺三才、御賦米は一、四〇八石七斗四升八合九勺八才、牛馬口銀代米は一五六石八斗五升五合七才で、合計一万一、九三四石七斗五升三勺八才という内容である。すなわち、享保盛り増しによって一万一、九三四石余が琉球国の法定負担額と決定されたことになる。(21)

以上が享保盛り増し問題の全体的状況である。この交渉過程から窮えることは、琉球側が冊封使の渡来や慶賀使派遣などの外交問題と自然災害による百姓の疲弊状況という内政問題を結びつけて交渉に臨み、薩摩藩から一定の譲歩を引き出すことができた点にある。蔡温の具申に見られる、琉球国の対外関係上の役割を薩摩藩は無視し得ないはずだとの認識は、特に注目される。すなわち、清朝と江戸幕府との外交関係の維持を困難とするほどの収奪を薩摩藩は成しえないという認識の下での対薩交渉であり、そのことが薩摩藩による内検実施という強行策を採らせず、盛り増しへ転換した背景にあると考えられるからである。しかしながら、首里王府は冊封使の迎接費用には薩摩藩から借銀しなければならない脆弱な財政構造にあった。[22] そのため薩摩藩への依存と反発という、あい矛盾する対応を示しながらの対薩交渉となっていたのが、享保の盛り増し問題であった。

二 「船法」をめぐる琉球・薩摩関係

琉球・薩摩間での享保盛り増し交渉は、究極的には年貢高につながる問題であり、いわば耕地＝陸地をめぐる紛争事項であった。他方、海運や海難事故をめぐる琉球・薩摩間の紛争も少なからず発生していた。この問題は、いわば海上交通[23]＝海域をめぐる一群の紛争事項であるが、その紛争処理のあり方から一八、九世紀における島嶼国家・琉球がいかなる論理で薩摩藩に対処していたかを次に検討してみたい。

1 長左衛門船濡れ米一件

享保一九年（一七三四）七月一日から四日にかけ、那覇港内で風雨のため薩摩への上納米を濡らした長左衛門船の一件について整理すると、以下のようになる。[24]

一件の内容

①長左衛門船は、那覇港で大風雨に遭い八〇石余が濡れ米となった。琉球駐在の薩摩役人である在番奉行へ指示を仰ぎ俵替えを指示されたが、船頭の手に及ばないため首里王府方へ要請したが急の差し替えはできないと断られたこと、長々の滞船は時期遅れとなること、などの理由から在番奉行の「御付状」を受け取り、そのまま鹿児島へ運送した。薩摩藩では、濡れ米について琉球からの出物積み船は「一の湊」から出船前に破損した場合には、琉球方の損失

とする「御規」だとして、正米を琉球側が代納（弁償）せよと、琉球仮屋方（鹿児島）へ通達した。

②それに対し、奥平親方らは次のように反論している。右の通達の内容は破損した場合のものであるが、「一の湊」の出帆以後において濡れ米があった場合には船頭が弁上納（弁済）する先例であること。かつまた、長左衛門は琉球での積み荷の際、濡れ欠け等が生じた場合は、即座に弁上納するとの書物（誓約書）を提出していること。琉球からその書物が送付されてきており、長左衛門を琉球仮屋へ召喚し上納方を命じたところ長左衛門はそれを承服した。

③ところが、弁済米を代銀で支払いたいとの長左衛門の要請を受けた薩摩側は、勝手方で吟味を行い、その結果、琉球仮屋が弁済すべきであると再度通達してきた。

④琉球仮屋側は、承服しえないとして享保四年（一七一九）の先例を提出して反論した。それは小根占の船頭長十郎が港内で大風に遭い、出物米が濡れたまま上国した。長十郎は鹿児島で種々嘆願したものの却下され、弁済を藩から命ぜられた、というものである。その先例から見て今回の処理は納得しがたいとの抗弁であった。

⑤薩摩側は、先例として提出された長十郎の場合は首里王府からの付状のみを所持し、在番奉行による付状がなかったためであり、今回の場合は在番奉行の発給した付状を携帯しており先例とは異なる、として琉球側の抗弁を拒絶した。ただし、付状以外の濡れ米の分は船頭に弁済させ、これらの一件を詳細に記録して将来間違いないようにせよ、とあわせて指示した。

⑥琉球仮屋方はこれ以上の抗弁は無理と見て、入札払いで売却した濡れ米代銀の不足銀（一七五匁七分二厘）を仮屋蔵方から補塡し、さらに濡れ米代銀三貫一四七匁三分八厘と合わせ、計三貫三二三匁一分を薩摩藩へ上納した。

以上が、長左衛門一件の概観である。ちなみに、「一の湊」とは当該船が荷物を最初に積載した港のことである。(25)

琉球側の不満と先例

さて、次に琉球側の反論を一歩踏み込んで検討することで争点を追究してみよう。享保一九年（一七三四）一〇月付の奥平親方・内田仲左衛門から代官座へ宛てた「口上覚」(26)は、「この儀、手広く後例にあい立ち、軽からざる事候ゆえ」に「御訴訟」に及んだとあるように、この事件が一回性の問題としてではなく、今後のあり方をも大きく左右するできごととして位置づけていたことが分かる。

右の「口上覚」には琉球側の不満も表明されていた。「琉球には毎年御国船（大和船＝薩摩船）が数艘来航するが、船頭共は何かと申し分が多く、計り難いので前々から（藩の）御指図を承けて琉球仮屋に規模帳を備えている。琉球でも先例が猥りにならないよう申し付けてきたところ、今回、先規と相替わり何とも黙視しがたい」とあるように、琉球・鹿児島間を往来する薩摩船頭等(27)の自侭な振る舞いに不満を懐き、藩の指示を受け対処方法を明文化してきたにもかかわらず、先規と異なる処理には納得がいかない、と積年の不満を顕にしていたのである。

その先例とは次のような内容であった(28)。享保四年（一七一九）夏、小根占の長十郎、串木野の権右衛門、山川の次右衛門、中之島の長十郎らが、琉球の牧港で出物の積入れの際、大風雨で米俵が濡れ、俵替えを申請したものの日数がかかること、また荒場での滞船は不安であるとして、そのまま出船した。その際、濡れ米があった場合には、船頭の運賃米の中から補塡して上納する、と琉球から付届けがあった。中之島の長十郎船の新米の内、濡れ米六六石五斗余は未納となり迷惑している。その船頭は琉球仮屋側から弁済するよう申し出てきたが、琉球仮屋役人は、むしろ船頭の運賃米から補塡して上納するのが先例であると説諭した。しかし、船頭は了承せず、藩の船手代官座へ色々と訴え出た。それで次のように琉球仮屋側は回答していた。

（前略）一之湊ニ而打荷仕候節も船頭運賃米を始、自分荷物之内着替・船具外者惣而打荷方之弁ニ申付、乍其上不足分琉球損失罷成事候、勿論濡米者猶以自分運賃米能覚悟仕、上納者致如在濡候仕形も有之事候故、専右之締方

を以濡米ハ運賃米之内を以差足申先規之由候得ハ、船頭より上納不仕候而不叶事之由、段々右三人より申上候趣有之候処、被聞召達、弥船頭上納被仰付、仮屋よりハ何之構も無之由、琉球問合帳之内ニも書留有之、右先例ハ何れも慥ニ存罷在事ニ候（後略）、

「一の湊」の先例

要約すると、①「一の湊」で打荷した場合は船頭（に支払われる）運賃米だけでなく船頭の所持荷物は、着替え・船具を除き全て弁済に充て、なお不足があった場合に琉球側の損失となること。②濡れ米の場合にも船頭の運賃米は濡れないようにし、上納米の分は粗略に扱い濡れ米となることがある。そのために①のような締まり方によって濡れ米は船頭の運賃米で補塡するのが「先規」であり、船頭が弁済しなければならないこと。③以上を藩当局と交渉したところ、琉球側の主張は承認され、船頭へ弁済命令が下されて、琉球仮屋は構い無しとされた。そのことは明確に「琉球問合帳」に記録されていること。

この先例を根拠にして、それゆえ今回の諏訪之瀬島船頭の長左衛門の訴えについては、先の長十郎の場合と同様であり再度調査の上、長左衛門から上納させるように幾重にも願いたいと要請した。しかし、それだけでは不十分として次のような主張をも展開していた。

一、運賃米より引替上納不仕候而不叶事候処ニ、長左衛門よりも運賃米迄召御上納仕候由申出候而、右之次第相しらへ申候処、運賃米八拾九石九斗八升余、俵ニして三百五拾九表《俵》、砂糖三百六拾九斤樽数三丁相渡為申由候、尤少々ハ飯米引入可申候得共、濡米御改之節ハ運賃米百六十表《俵》、石ニして四拾石御卸シ申候由ニ候、左候得ハ惣様卸為申儀ニ而無之、四拾九石九斗八升余ハ不足之筋ニ相見得申候、且又七月初比迄ハ時分後ニ而無之候間、於御当地上納方念遣候ハ、在番御奉行御付状迄ニ而受合出船仕筈ニ而無之、少滞船仕候共、俵替之願相達候以

後出船仕候歟、又者琉球仕上せ方江も申出、俵皮迄之濡ニて候哉、米迄も濡候哉相究可申候処、左様之儀も無之候故究而者相知不申候得共、善太夫殿御申越之筋ニ而者、米者別条も無之、俵迄濡為申□□ニ候、左候得者那覇出船以後大形仕□も□□為申訳も可有之候哉、右大風雨之節者長左衛門船迄ニ而も無之、類船も難儀仕積荷取卸為申由候得共、外之船ニ者濡米之沙汰も不承候、此節迄之儀ニ而無之、右体之儀者急度締方無之候而不叶事候処、向後難仕儀共到来可仕儀案中候故不顧恐申上候間、右之趣被仰上可被下儀奉願候、仮屋蔵方江前々より格護仕置候規模帳之書抜并琉球問合帳抜書差上申候、以上、

すなわち、①船頭の運賃米から補塡して上納することは当然であるが、長左衛門による運賃米上納の件を調査したところ、王府から運賃として八九石九斗八升余（俵計算で二五九俵）、砂糖三六九斤（樽数三丁）を支払っている。ところが、濡れ米検査の時には運賃米は四〇石（＝一六〇俵）を船から卸し、それで補塡したという。そうすると、運賃米全部を卸した訳ではなく、四九石九斗八升余が不足していること。②鹿児島向けの船が七月初め頃に琉球を出発するのは時期遅れではない。もし、鹿児島での上納が懸念されるのであれば在番奉行だけの付状で出船するのではなく、少し滞船し俵替えを完了してから出船するか、あるいは王府仕上世方による俵や米の被害状況を検査すべきであった。それを行わなかったために王府側では被害状況を把握していない。在番奉行の報告には、米には問題なく、俵だけの濡れであるとされている。そうであるならば、那覇出船以後において大形（粗略）となったのではないか。③かの大風雨の際には長左衛門船だけでなく他の薩摩船も難渋したが、それらの船からは濡れ米の報告は聞いていないこと。④このような問題は今回だけのことではない。船頭らへの「締方」が強く必要とされているにもかかわらず、船頭共は先例を無視し何かと訴えがましいゆえ、今後も紛議が生じるのは必至である。琉球仮屋蔵方へ以前から格護している規模帳と琉球問合帳から関連事項を抜粋し上申する、というものであった。

薩摩藩の論理

この反論に対する薩摩の決定は先述のように、「中之島之長十郎船ょり積登候濡米者御在番奉行付状無之、琉球計之儀ニ候、此節之濡米者在番奉行付状を以積登候儀紛無之事ニ、□（先）例之筋為相替事候得者、其例ニ者可被難準旨、於座々遂吟味申出候」(29)とされ、在番奉行の発給した付状の有無によって判断を下したのである。すなわち、前回の長十郎の場合は在番奉行発行の付状がなく、首里王府だけの付状であるが、今回は在番奉行の付状を有しており有効である、と琉球側の主張をはねつけた。しかし、薩摩側は将来同様のことが生じた場合、在番奉行の付状を携帯した濡米は今回の例に従い、付状のない濡米は琉球が主張する先例のように船頭による弁済にすると、今後のあり方を明確化した。ところが、琉球側はその処理方法では納得しなかった。享保二〇年（一七三五）四月一〇日付の鎌田太郎右衛門に宛てた摂政・三司官の「覚」(30)によって、その問題を整理すると次のようになる。

「一の湊」の細則化

①今後、「一の湊」で濡れ俵が生じた場合は、鹿児島で支障がないように琉球で引き替えて差し登すようにする。ただし、船頭の対処方が宜しくない場合か、または少々の濡れ米は引き替えず、船頭の了解済みの付状（在番奉行発行）を有し上納の際支障がある場合には、御沙汰の上で琉球の主張する先例同様に船頭の弁済としてほしい。

②琉球から鹿児島への登り船は、「自物」（個人）荷物を多く積載するため、藩への上納米については特に念を入れるようにしている。ちなみに、享保四年（一七一九）の上納米の際、大風雨の節、薩摩藩から「御物は下積み、諸人自物ハ上積み致すべく候、中途において難風に逢い打荷これある時分は成るべく程、上積みうち捨つべく候、船頭・水主自物の儀は御物の内不足においては差し替え、船具の外御取り揚げたるべき旨」の指示があり、それに従って船頭から証文を取るようにしてきた。しかしながら、「一の湊」での濡れ米に関する船頭への規定が不明確であるため、

納得がいかないこと。

③右の享保四年の指示に準拠し、「向後、一の湊にて濡れ俵これあり候ては、船頭運賃米、幷びに自分米まで濡れ物まかり成り候はば御米は琉球より引き替え、もし船頭運賃米・自分米あい濡れず候はば其の分は濡れ米引き替えあい納め候様仰せ付けられ下されたく願い奉り候、左候はば船頭不働にて濡れ候儀はこれあるまじくと吟味仕り候」とより詳細な規定を要求した。すなわち、「一の湊」での濡れ米は、船頭の運賃米・個人米まで濡れた場合には王府側が引き替えること。もし、船頭の運賃米・個人米が濡れていない場合は、船頭がその分で濡れ米と差し引きし納入すること。この規定によって船頭の怠慢による濡れ米を予防しえること。

④「一の湊」での濡れ米のまま出港する場合には、琉球仕上世方へ届け出て、王府側作成による詳細な付状を携帯させるようにすること。

右に見るように、薩摩船頭に対する統制強化と濡れ米規定の具体的な要求を行っていた。それに対して、薩摩側は同年九月一二日付、琉球仮屋守宛ての書状(31)でほぼ全面的に琉球側の要請を了承した。さらに、留意すべきは、今回の長左衛門濡れ米一件は、在番奉行が付状を発行したため「灘状」(海難事故証明書)に準じて処理されていた。そのため琉球仮屋側がその弁済を命じられることになったが、今後は「一の湊」での濡れ米は王府仕上世方による付状発行に改める、という点である。(32)

長左衛門船濡れ米一件から明らかになった点は、琉球側が執拗に先例を持ち出して交渉を進めていたこと。さらに、「一の湊」での曖昧な濡れ米規定を明確化することに成功し、琉球側の主張を一定度通したこと。以上である。

琉球・薩摩間の海運において、長左衛門濡米一件のような問題は頻発していた。そのような問題を「琉球館文書」から整理したのが、以下のものである。

事例1。明和三年（一七六六）、上納運送船の中途引き返し問題。[33] 種子島の勘左衛門は、奄美大島への御米七八三石を積み入れ、那覇を出帆し、大島経由での上国途上で逆風のため再び那覇へ戻ってしまった。一度出船しながら舞い戻ってきたこの船は特に欠け米が多く、さらに越年したため、その補充米はおよそ三、〇〇〇石にも及ぶ結果となったのである。そのため琉球側は対処策として運賃米は半額のみ支払う「御法様」の適用か、あるいは欠け米補充措置の撤廃を薩摩側に要請していた。

事例2。寛政元年（一七八九）、内之浦の鉄之助の、無運賃での琉球行き拒否問題。[34] 琉球館で使用する米六〇〇石程の運搬を内之浦の鉄之助に依頼したところ、定式外の積み荷は積み下ろしで隙取り苦労するため、（往復の）運賃を要求してきた。それに対して琉球側は、例外の積み荷や、あるいは荷物の種類や数量で拒否されては琉球方の用件が達成されないこと。「船々運賃の儀は片道に仰せ付けられる筈の御法と承り候ところ、上下とも運賃あい渡し候ては、此の節始めて事にて御法違いにもあい成るべく候」と主張し、以前のように片道は無運賃での運搬方を薩摩の御船奉行へ要請した。その結果、「先例の通り無運賃」によること、という裁定が藩から下され、琉球側の要請が認められる結果となった。

漂着民と船法・国法

琉球諸島に漂着する中国人や朝鮮人等に対する対応[35]とは別に、琉球人および薩摩人漂着民の取り扱い方は、争点の一つであった。その問題を次の事例から検討してみよう。

事例3。寛政一二年（一八〇〇）、下総国への漂着琉球人の荷物運賃問題。(36)

摩藩）の伝次郎船で運搬した。その際の運賃を伝次郎が琉球側へ請求してきた。先例を調べた結果、寛政九年（一七九七）に、内之浦の惣右衛門船が宮古島で破船し、船頭・水主等は沖縄島へ琉球船で送還された。その際、積み荷にかかる運賃を支払うように宮古島の在番人から要請があり、運賃を支払ったことが分かった。このことから下総での一件も同様であり、琉球方から運賃を請求すべきかどうかを審議した薩摩藩の御船奉行は、琉球側へ運賃の支払を命じた。

①寛政一〇年（一七九八）、下総国へ漂着した琉球船は大破したため船本体は焼却処分し、乗員の荷物は内之浦（薩

②それに対して琉球館側は次のように応じた。破船は急難の憐れむべき事態であり、乗組員は琉球の「国役」で送還することが琉球の「国法」である。どのような理由で惣右衛門から運賃を受け取ったのかを首里王府へ問い合わせているが、究明するのは容易ではないので、顚末が判明するまで運賃の支払いを待ってほしい、と。その申し出を薩摩側は一応認めながらも、長期の支払い延期は船方の迷惑となるので、ひとまず琉球館から支払い、王府側から要請があれば返銀に応ずる、として伝次郎への運賃支払いを命じたため、琉球館側は伝次郎へ銭五三〇貫文余を支払った。

③ところが、王府側は調査の結果として次のように要請した。惣右衛門の荷物を宮古島から運搬する際、必ずしも運賃を要求したわけではなく、船頭との相対で行うようにと指示したにもかかわらず運賃を受け取る結果となった。「右体難船に及び候節、荷物等送り届け方の儀は自国役の筈候えば、役々承け届け其の取り計えこれあるべく儀候ところ其の儀なく、畢竟取り扱い向き大形の所より国法違いにあい及び、其の時の役々勤め向き行き届き申さず候に付き、在番人を始め所の役々きっと其の咎目申し付け」る、と海難事故の際、荷物を搬送するのは自国役の筈であるが

宮古島役人の「大形」(粗略)な対応から「国法違い」となったため、関係役人を厳重に処罰すると陳謝した。「勿論、国法違いの取り扱いと申し候はば、第一琉球国の仕置き筋にもあい懸かり、永代の難題軽からざること候あいだ、惣右衛門方より請け取り置き候運賃はきっと差し帰し、左候て伝次郎へ館内よりあい渡し置き候運賃の儀は御法様通り仰せ付けられ、右の一件は御物へ御書留等もこれ無き様願い奉り、後来とも難題に及ばざる様、取り扱い仕るべき旨」と、三司官による書状が提出され、琉球館はその趣旨に沿って同様の要請を薩摩藩側に行った。

以上が、下総へ漂着した琉球人の荷物運賃に関する概略である。この問題の結末は残念ながら不明であるが、次のことは判明する。第一に、首里王府は薩摩船の海難事故においても、琉球領内では「自国役」(王府負担)による荷物運搬を「国法」としていた。第二に、その「国法」を貫徹するために、かつて宮古島の海難事故において運賃を受領した前例を撤回し、琉球・日本相互に「国役」での処理を要請していた。第三に、右の一件を薩摩藩の帳留(記録)から削除することを要望していた。これらの点を総合すると、首里王府は先例との整合性をいかに強く意識していたかが理解されよう。

以上の琉球・薩摩間の交渉の事例から明らかになった点は、首里王府は「先例」「一の湊」規定、「国法」「船法」などを楯とすることによって対薩交渉を行っていたということである。薩摩藩もそのような先例を持ち出されると簡単には却下しえなかったのである。

三　琉球・薩摩間航路における馬艦船問題

1　馬艦船の定期運航化

一八世紀初頭、中国のジャンク型に属する馬艦（マーラン）船が琉球で造船されるようになり、以後民間商船としての馬艦船は、琉球諸島海域において主役の位置を占めるようになる。馬艦船の全体状況については、すでに喜舎場一隆氏による分析[37]があるが、ここでは馬艦船の琉薩間航路における定期船化について、旧来取りあげられなかった問題点を検討してみたい。

喜舎場氏は、①琉球国の海域内を運航していた馬艦船を琉薩間の運航に充てる契機となったのは、天明七年（一七八七）に薩摩藩が首里王府に対して鹿児島への上国使者を琉球船を用いるようにと指示したことによること、②それに対して琉球国内で十二反帆（三四〇石積み）の大型の馬艦船を五、六艘新造したが、以後、遊休化したため、その打開策として使者衆以外に琉球館へ搬送する砂糖等の諸物資の積載方を嘆願したこと、③薩摩側は五年を限って許可したが、琉球側は期限の切れるたびにその延長を嘆願し、文化九年（一八一二）以後は無期限の運航を許可したこと、等々を指摘している[38]。しかし、②については、なお検討すべき論点が残されている。以下、首里王府がいかなる論理のもとに馬艦船を琉薩間航路に割り込ませたかを再検討してみたい。

太孫上国料の捻出と馬艦船

寛政四年（一七九二）二月、薩摩藩に嘆願した内容は、以下の通りである[39]。

①那覇の大嶺筑登之親雲上へ十二反帆の馬艦船を五、六艘新造させたが、その後、上国使者の使用が途絶えたため、両先島等へ運用を振り向けた。ところが、その航路にはすでに六、七反帆クラスの馬艦船が定数化されて運航しており、それらの船舶に支障が起きた場合にのみ大嶺船を用いることになったが、その運航は不安定であり、かつ積み荷

はわずかであったため十分に機能しなかった。鹿児島への使者専用船として取り立てられていたにも関わらず、鹿児島への運航が途絶え、五、六艘の大船がいたずらに放置され、多額の借銀を抱え難渋していたのである。

②そのため、次のような打開策を嘆願した。

(前略)依之乍恐奉願候者、此節より太孫上国料として産物相重差登候手当仕候付、夫さへ積入、年々差登候ハヽ、迷惑筋ニ□(者カ)不相成候間、当年より太孫上国迄之間、産物繰合次第両楷船幷使者乗船之外、右馬艦船江積入、壱弐艘ツヽ差登候儀御免被仰付被下度奉願候、左様被仰付被下候ハヽ、使者上国不仕候而も最初難有被仰付置候琉球自船差登候訳茂相立、船持之儀も迷惑筋無之、万端難有次第奉存候間、願通り御免被仰付被下度奉願候、尤琉球船差登候而も御国船江積入候荷物減少仕儀ニ而者曽而無御座候(後略)、

すなわち、第一に、太孫(尚温)の鹿児島への上国費を捻出するため積み荷を毎年搬送すれば迷惑にはならないので、今年から太孫上国までの期間は産物を繰り合わせて(旧来の)楷船・使者船以外に大嶺馬艦船の運航許可を嘆願していること。第二に、右の件を許容して頂ければ、使者の上国がなくても当初藩当局から命ぜられた、琉球人は琉球船で上国せよとの指示にも合致し、船舶所持者の迷惑も取り除かれること。第三に、たとえ琉球船(馬艦船)を運航させても、御国船(大和船)へ積載する船荷が減少すること(大和船の損失)はないこと。等々である。

しかしながら、右の嘆願を薩摩藩は受け付けなかった。それに対して首里王府は翌寛政五年(一七九三)の正月六日と同年二月付で詳細な理由を付して再三にわたる嘆願をくり返していた[40]。前年の嘆願理由とともに新たに加えた理由は、正月六日付の「口上覚」において、二年前に江戸への謝恩使として派遣された新垣親方が、難船のため中国へ漂着したが馬艦船を利用していたため事なきを得た。もし、大和船に乗船していたならば困難な事態、すなわち琉薩関係の露顕という事態を招きかねなかったとして、その点からも馬艦船の運航を要望していた。さらに、同二月付の

「口上覚」は八ヵ条にわたって、かつて天明七年（一七八七）の布達と異なる現在の処理方法では使者専用の馬艦船に乗船できず、結局御国船（大和船）へ乗船することとなり（第二条）、運賃の不要な琉球船ではなく、砂糖運賃を支払って大和船を利用するため「琉球必至と禿入」ること（第四条）、近年の五年間で琉球は渡唐船一艘、砂糖積み大和船三艘、渡唐銀船一艘、馬艦船三艘、楷船一艘の計九艘が遭難し多額の銀を損失したこと、さらに両先島は災害続きであること（第七条）、等々の窮状を訴えた。その中で特に注目されるのが、次のような論理に基づく嘆願である。

薩摩藩の「御威光」

第一は、冒頭の条目で薩摩藩の領分としての琉球を打ち出していた。すなわち、再三に及ぶ嘆願は一見薩摩藩の下知をないがしろにするかに見えるが、「適御領分之琉国大難之涯乍差見得、其訳筋逐一不奉申上畏居、往々国中疲入御用向不相達体成立候而者、猶又不忠之儀故」と、薩摩の領分・琉球が疲弊し、その結果藩の御用を遂行しえなくなることこそ不忠な行為として、まず嘆願の正当性を述べている。

第二は、右と若干重なるが、薩摩藩の「御威光」を強調していた。すなわち、第五条目において、次のように展開していた。

（前略）国土之興廃ニ相掛儀を押置候而ハ却而御領分之詮も無之、偏ニ御国之御介助迄ニ而相立罷在候琉国之儀候得者、此涯御威光を以全不失旧規相勤申度念願奉存趣者、中城王子事、当年拾歳ニ被罷成候付、今五六年振ニ者先規之通上国　御目見を茂被奉願内存ニ而、此儀者江戸立等ニ者難比、太子・太孫一世一度之公務、於琉球ハ此上之大切成儀無御座、江戸立・冠船等より物入も相増、殊ニ先中城王子上国之砌与者相替、諸品物高直ニ相成候故一倍程入料も可及哉与及心配、去年より者右為手当役々別段召立置、色々尽吟味候処、当分之振合ニ而者先規通全相調候儀無覚速（束）、何様之手筋を以相調可申哉、不能了簡次第御座候、

すなわち、琉球国は薩摩藩の「御介助」によって存立していると前置きし、薩摩藩の御威光によって旧規を失わないようにされたい、と嘆願する。旧規とは、薩摩藩主へ琉球国王の世子（＝中城王子）あるいは世孫が「御目見」（拝謁）する一種の服属儀礼である。右の第六条によれば、この「御目見」は江戸上り、すなわち将軍や琉球国王の代替わり時に江戸へ派遣される琉球使節（慶賀使・謝恩使）以上のものであり、「太子（世子）・太孫（世孫）一世一度の公務」として琉球では極めて重く位置づけているため、江戸上りや冠船（冊封使）の来琉以上の物入りとなっている。前回の中城王子の上国時と異なって今回は、諸物価の高騰から経費が「一倍」（二倍の意）程にはね上がることが懸念され、去年からその対策を講じているが現在の有り様では「先規」通りの執行は困難であり、打開策が見いだせない、と。

さらに、第六条において、目下、借銀は八、〇〇〇貫余であるが二、三年中には一万貫目余にも達しかねない状態にあり、小国（琉球）に不釣り合いな借銀高となっている。しかし、渡唐銀を停止することもできず、「前後の支も構い無く、専ら当難を凌ぎ申す迄の首尾合いにて、中城王子上国の手当存じ付くべく様もこれ無く、古来より未聞の難渋」した窮状に陥っていると訴えた。

「御目見」儀礼の強調

以上をふまえ、結論部分において「然ば王子上国の儀は、琉国大切なる儀にて古来より全くあい勤め来たり候ところ、当代に至り先格の体あい調わず候はば、永代迄の外聞取り失うべき儀と甚だ以て驚き入り居り申し候」と「御目見」儀礼を当代で簡略化することは末代まで外聞を失うことになる。ゆえに、旧規通り「御目見」を執行するためには「先達って願い奉り候通り、当年より王子上国迄の間、手船一二艘続き料積み入れ差し登し、尤も使者乗船の儀も去る未年有り難く仰せ渡し置かれ候通り、琉球受け持にて別段手船取り仕出し、御在番所えは御届け迄申し出、差し登し候儀御免仰せ付けられ下され度く千万願い奉り候」と、再三にわたって嘆願してきた手船（馬艦船）一、二艘の運航以外に打開策はないとしたのである。

このように王府の嘆願方法は琉球国の窮迫という一般的な理由からではなく、次期国王となる中城王子の「一世一度の公務」である「御目見」の遂行には馬艦船の運航が不可欠であるという論理によるものであった。この「御目見」儀礼が、琉球使節の江戸上りや冊封儀礼以上の経費を要したかは疑問であるが、中城王子が「一世一度」直に鹿児島に赴き「朝覲」することは、薩摩藩にとって藩の「御威光」を示す上で重要な儀式であったことは間違いない。その儀礼遂行を切り札として持ち出していた点に王府の新たな戦術があったのである。

薩摩側がいかなる判断によって琉球の要請を容認したかは不明だが、結局薩摩藩は先述のように寛政五年（一七九三）から五年を区切って許容し、期限が切れかかると琉球側は再度延長を願い、文化九年（一八一二）にはついに無期限で運航を容認することになるのである。(41)

以上の経緯を経て、大型馬艦船二艘が那覇・鹿児島間の定期船として運航することになった。薩摩藩への嘆願において、琉球側は馬艦船の運航によって大和船の積み荷が減少することはない、と常に弁明していた。そのことは、換言すれば、薩摩藩が馬艦船の運航を容易に承認しなかった原因がどこにあったかを物語っているといえよう。ともあれ、王府の公用船である楷船を除くと大和船によってほぼ占められていた那覇・鹿児島間の航路に、王府は大型馬艦船を割り込ませて定期運航化に成功したのである。

2　馬艦船と対中国関係

以上のような推移で琉薩間の航路にも振り向けられた馬艦船は、前述のように中国のジャンク型に属する帆船である。一八世紀初頭以後、琉球で建造されるようになる馬艦船は、単なるジャンク型の帆船という以上の意味あいをもっていた。以下にそのことを検討してみよう。馬艦船の導入については、池野茂氏がすでに指摘しているように、一七一〇年からである[42]。

『球陽』附巻二、尚益王元年（一七一〇年、乾隆四九）条[43]に、「（尚益王）元年、馬艦を造くりて外島に往来す。本国は原、馬艦舡無し。西南諸島は、海を隔つること遥遠にして、以て往来し難し。今番、命を薩州に請ひ、幸に兪允を蒙る。始めて馬艦を造りて、以て外島を往還するの用に供す」とある。すなわち、第一に、西南諸島（両先島地域）との往来の便に供するために馬艦船を新造したこと、第二に、馬艦船の新造には薩摩藩の承認が必要であり、それが許可されたこと、以上が示されている。両先島航路において薩摩藩の承認を必要とした理由は不明である。たんに御国元薩摩へ形式的に伺っただけにすぎないのか、あるいは大和船（薩摩船）は両先島航路へも進出しており、馬艦船との競合の激化をその理由としてあげることも可能である。

馬艦船と道の島

ともあれ、一七一〇年代から那覇を起点とする馬艦船が両先島地域へ展開するようになり、さらに一七三〇年からは八重山でも馬艦船が建造されるようになり、両先島でも次第に和船型の地船から馬艦型へと移行していった[44]。ほぼ琉球諸島全域がジャンク型の馬艦船に取って代わるようになるが、奄美地域は除外されていた。そのことを明示するのが、次の史料である[45]。

仲（沖）永良部島之者より琉球馬艦船之姿ニ船作被仰付度旨願申出候間、其通被仰付候而も琉球方差支候儀者有之間敷哉、致吟味可申上旨御尋之趣承知仕申談候処、右島之儀言語琉球ニ相替候得者、万一依風並唐江致漂着候ハヽ、唐人相疑厳蜜（密）改方有之候ハヽ、無案内致返答、御差障相成候儀も可致出来哉、別而念遣仕候、其上琉球船江相紛候而諸浦津江取締も行届不申筈与奉存候間、右願筋御取揚不被仰付候様被仰付被下度奉存候、依御尋此段申上候間、

宜被仰上可被下候、以上、

右の史料は年欠であるが、一七三〇年代以降の事象を示していることは間違いない。要約すると、第一に、沖永良部島民から馬艦船建造の申請が薩摩藩へ提出されているが、そのことを首里王府側は了承するかどうか、という諮問を薩摩藩から受けたこと、第二に、王府側の返答は、沖永良部島は言葉が琉球とは異なっており、万一中国へ漂着し官憲から厳しく尋問された場合、不案内な返答（琉・薩関係の露顕）から重大な支障が懸念されること、第三に、琉球船に紛れて琉球の諸浦々での取締りが不行き届きとなりかねないこと、第四に、以上のことから右の申請は却下していただきたい、というものである。換言すれば、首里王府は奄美地域の馬艦船化を拒否していた、ということになる。

中国に対して奄美地域は琉球王国の領内として表向きでは処理されていた。しかしながら、沖縄島およびそれ以南の中山王領と実質的に薩摩藩の直轄地となった奄美地域を区別していたのである。その理由は右の第二、三に示されているように、琉・薩関係の露顕と琉球船に紛れることでの統制の困難さをあげているが、注目されるのは前者である。清代において推進された「日琉関係の隠蔽政策」[46]と深く関連しているからである。

「大和模様」の駆逐

「日琉関係」＝琉薩関係の隠蔽策を如実に示す想定問答集の「旅行心得之条々」[47]（一七五三年）において、琉球の諸船は皆一様でありながら奄美地域は「日本船之法式」である理由は何か、という問いに対して、その答えを次のように設けていた。

（前略）唐江進貢以来大船作様之法式、於唐致稽古進貢船者其通作調来候、其余之諸船者三府三十六島共、前代より前々之模様ニ作置候処、於唐馬艦作様之法式致稽古候故、中山府之商船者過半馬艦船之法式を以作置候、跡々者宮古島・八重山島・久米島抔之船も日本模様ニ作り置候処、雍正之始より馬艦作りニ調直為中儀ニ候、此以後

者
漸々惣様作り直し候半与存候、

右のように、馬艦船の導入は琉球諸島で広く見られた「日本模様」の船舶（和船タイプ）から中国型ジャンクへの転換として位置づけられており、奄美地域はその途上にあると弁明しているのである。ただし、前述のように薩摩藩への返答において首里王府は奄美地域での馬艦船化を拒否しており、若干のずれが見られる。しかしながら、ひとまず造船技術の問題を捨象すると、馬艦船の導入政策は、琉球から「日本模様」を駆逐するという論理に基づいていたことは明白である。

右の想定問答の論理は、たんなる方便ではなかった。すなわち、馬艦船の導入時期である一七一〇年代は、首里王府が中国的色彩を強める時期と重なっていたからである。例えば、古琉球的な宗廟祭祀から中国的な宗廟祭祀への転換が、ほぼこの時期に行われていた(48)。さらに、一七三二年には、士族・百姓を含む琉球社会全体を儒教倫理によって教化しようと図る「御教条」が発布されている(49)。

以上を貫くものは、琉球王国の中国化という論理である。このような中国指向を強める王府が中国のジャンク船をモデルとした馬艦船を導入したことは、自然な流れであったと考えられる。右のような背景のもとに導入された馬艦船は、旧来の地船よりも外洋航海において優れた航行能力をもっていた。「開き走り」という逆風を突いて遡航する帆走能力(50)や船の堅牢性ゆえに馬艦船への移行に拍車がかかったものと考えられる(51)。しかし、その前提として王府の中国指向が存在した点を看過することはできない。

おわりに

以上、一八世紀における琉球・薩摩関係の中で、耕地＝陸地に対する最大の問題である享保内検問題と海運をめぐる「船法」と馬艦船問題を中心に検討してきた。その結果を要約して結びとしたい。

第一は、享保盛り増し問題における交渉過程では、琉球側は冊封使の渡来や慶賀使派遣などの外交問題と百姓の疲弊状況という内政問題を結合して対薩交渉に臨み、一定程度の譲歩を引き出していた。その際、琉球王国の対外関係上の役割を薩摩藩は軽視し得ない、との蔡温の見通しに基づき対薩交渉が行われ、蔡温の予期した通り盛り増しとなった。ただ、首里王府は薩摩藩への反発を示しながらも冊封使の迎接費用等には同藩の銀に依存していたため、依存と反発というあい矛盾する対応を示していたのである。第二は、海運問題に関する琉薩間の交渉から、首里王府は「先例」「一の湊」規定、「国法」「船法」などを前面に押し出して対薩交渉を行っていたということである。第三は、馬艦船の那覇・鹿児島間航路への割り込みと定期船化は、中城王子の「御目見」という服属儀礼を逆手にとり、薩摩藩の「御威光」意識を喚起させるという戦略をとっていた。さらに、馬艦船の導入は、琉球王国の中国的色彩の強化という論理の下にあったことを示した。

以上の諸点は、薩摩藩の政治経済的従属下にあると同時に清朝の朝貢国として存在した琉球外交の一八世紀における特徴を物語っている。

註

（1）崎浜秀明編『蔡温全集』（本邦書籍、一九八四年）、六〜七頁。

（2）近世中期の王府財政については、上原兼善「近世中後期の琉球王府財政」（『岡山大学教育学部研究集録』第七二号、一九八六年）、参照。

（3）『那覇市史』資料篇第一巻10、「琉球資料」上、八七頁。

（4）『那覇市史』同右、八六頁。

（5）薩摩藩における享保内検については、黒田安雄「薩摩藩享保内検の一考察」（秀村選三編『薩摩藩の基礎構造』お茶の水書房、一九七〇年）、面高正俊・四本健光・桑波田興「享保内検の研究」（『薩摩藩の総合的研究』伝統と現代社、一九七一年）等、参照。
（6）『那覇市史』資料篇一巻2、七二頁。『鹿児島県史料　旧記雑録追録　三』、一四八二号、一四八三号。以後、『追録』と略す。
（7）『追録』三、一四八四号。
（8）『那覇市史』資料篇第一巻10、八六頁。
（9）同右、八七頁。
（10）同右、八八頁。
（11）同右、八八頁。
（12）『那覇市史』資料篇第一巻2、七二頁。
（13）「琉球国要書抜粋抄」（『石室秘稿』国立国会図書館蔵）。
（14）『琉球王国評定所文書』第一巻、一四六頁。以下『評定所文書』と略す。
（15）「翁姓家譜」五世盛伝（翁国柱）の項（『那覇市史』資料篇第一巻7、八八～九頁）。
（16）『那覇市史』資料篇第一巻2、七五～六頁。
（17）同右、七七頁。
（18）享保九年一一月二日付野村親方「覚」（同右、七七頁）。
（19）同右、七七～七九頁。
（20）同右、七九～八一頁。
（21）ただし、すべて米納ではなく黒糖による一部代納とされていたこと、また薩摩藩の御用物は本出米と差し引きされていたこと、等々には留意する必要がある。
（22）註（2）上原論文、参照。
（23）琉球・薩摩間の海上交通については、藤本隆士・松下志朗「幕末における薩摩藩の海運について」（秀村選三編『薩摩藩の基礎構造』お茶の水書房、一九七〇年）、喜舎場一隆『近世薩琉関係史の研究』第三編「薩琉間の交通形態」（国書刊行会、一九九三年）、真栄平房昭「薩摩藩の海事政策と琉球支配」（柚木学編『日本水上交通史論集』第五巻、文献出版、一九九六年）等、参照。

(24)『評定所文書』一巻、二〇〇～二一六頁。
(25)「一の湊」規定については、「(前略) 胡平底ニ而御米積入候船者胡平底一之湊与兼而相心得居申候由」との文言から明らかである(『評定所文書』一巻、一八一頁)。
(26)『評定所文書』一巻、二〇七～二一〇頁。
(27)薩摩船頭については、仲地哲夫「薩摩支配における特権商人の役割」(『沖縄歴史研究』第一〇号、一九七三年)、参照。
(28)註(25)に同じ。
(29)享保一九年一一月二二日付、高奉行・代官宛て鎌田太郎右衛門書状(『評定所文書』一巻、二一一頁)。
(30)同右、二一四～五頁。
(31)同右、二一六頁。
(32)享保二〇年一〇月五日付、摂政・三司官宛て幸地親方等の書状(『評定所文書』一巻、二一五頁)。
(33)「琉球館文書」(『那覇市史』資料篇第一巻2、一五二～一五三頁。ただし、同書所収「琉球館文書」の翻刻には多くの誤読・脱落等が見られるため、原典と校合して引用した。以下、同)。
(34)同右、一九四頁。
(35)拙稿「江戸時代の『難民』問題―琉球国における漂流・漂着を中心に―」(『国際交流』六二号、一九九三年)、同「一七世紀における琉球王国の対外関係―漂着民の処理問題を中心に―」(藤田覚編『十七世紀の日本と東アジア』山川出版社、二〇〇〇年)、渡辺美季「近世琉球における対〈異国船漂着〉体制―中国人・朝鮮人・出所不明の異国人の漂着に備えて―」(『琉球王国評定所文書　補遺別巻』(二〇〇二年)等、参照。
(36)『那覇市史』資料篇第一巻2、一〇八～一〇九頁。
(37)喜舎場一隆「『馬艦船』新考」(『近世薩琉関係史の研究』国書刊行会、一九九三年、初出一九七四年)。
(38)註(37)喜舎場著。池野茂『琉球山原船水運の展開』(ロマン書房本店、一九九四年、一二六～一二八頁)にも若干の言及が見られる。
(39)『那覇市史』資料篇第一巻2、二〇〇頁。
(40)同右、二〇三～二〇七頁。

(41)　文化九年七月付、口上覚（同右、二七二頁）。
(42)　註(38)池野著、一二一～一二二頁。
(43)　『球陽』附巻二（角川書店、読み下し編、七〇八頁）。
(44)　註(23)喜舎場著、註(38)池野著。
(45)　『那覇市史』資料篇第一巻11、六五七～六五八頁。
(46)　紙屋敦之「幕藩体制下における琉球の位置」（同『幕藩制国家の琉球支配』校倉書房、一九九〇年、初出一九七八年）。
(47)　沖縄県立図書館蔵。
(48)　本書Ⅲ・第一章。
(49)　儒教による教化政策については、安達義弘「政策としての異文化導入と文化統合の問題―近世琉球における儒教化政策と報償体制―」（『西日本宗教学雑誌』第一一号、一九八九年）、参照。
(50)　註(38)池野著、一二五～一二六頁。
(51)　註(37)喜舎場論文は、馬艦船の普及原因を旧来の地船に比較して建造費が安価であったことを理由としている。しかし、里井洋一「近世八重山における造船について―上納船を中心に―」（沖縄教育委員会編『沖縄県文化財調査報告書第一〇一号　西表島船浦スラ所跡』一九九一年）において、喜舎場氏の用いた史料からは氏のような解釈は導けないこと、諸村の六反帆馬艦船は旧来の地船より船材を余計に必要とし杣山保護上も問題があることを理由に、首里王府当局から馬艦船の抑制策が一時、採られたことを明らかにしている。

III　琉球王権と対外関係

第一章 祭天儀礼と宗廟祭祀からみた琉球の王権儀礼

はじめに

一七一九年（康熙五八）七月二六日、琉球王国において最大の式典である冊封儀礼[1]をとどこおりなく終えた尚敬王は、翌月二日にもう一つの儀礼をとり行った。首里城正殿前の御庭（ウナー）で執行されたその儀礼には冊封使一行の中国人は一人も招かれず、新国王と琉球官人だけによる儀礼であった。国王自ら北殿側に設けられた「子《ね》の方《ほう》」の拝礼場所において北へ向かって焼香し、それにあわせて列座する官人は「排班、斉脆、衆官皆跪、叩頭」などの中国語の号令のもとに中国式の跪・叩頭を繰り返し行っていた。この儀礼は「天《てん》の御拝《みはい》」あるいは「子の方」御規式と呼ばれる、一種の祭天儀礼であった。

「天の御拝」は、このように中国的色彩の濃い王権儀礼であり、事実当時の人々もその儀礼を「中華の礼法なり[2]」と認識していた。だが、その儀礼はたんに中国儀礼の模倣として片づけられない問題をはらんでいた。

冊封儀礼とは別に執行された「天の御拝」（祭天儀礼）は、琉球の王権を検討する上で興味深い問題を投げかけているが、その点を正面から取りあげた研究は現在のところない。本章の第一のねらいは、その祭天儀礼を検討することにある。第二のねらいは、一七世紀後半から一八世紀中葉にかけて、儀礼の創設、改変、廃止が集中的に行われる時期があり、その時期に発生した王家の宗廟祭祀をめぐる問題から琉球王権を探ることにある。換言すれば、琉球王権がどのような観念によって王権強化をはかっていたか、さらに、王権を支える観念体系は古琉球的なあり方から近世ではどのようなものへ転回していったのか、という問題意識によるものである。

一　祭天儀礼と王権

1　古琉球における儀礼と天の観念

一五世紀前半に統一王国を樹立した琉球において、首里城は政治的中心であるだけでなく、儀礼的中心でもあった。王城で展開されるさまざまな儀礼は、王権を強化するための装置を数多く備えていた。そのなかで王の代替りごとに中国皇帝の名代として派遣された冊封使（天使）による冊封儀礼は、琉球王権の支柱の一つであった。琉球国中山王号の授与の際、王へ頒賜された皮弁冠服は、王権の象徴物として機能していたからである(3)。

このように琉球王権は、外部から王権の正統性を付与されるという性格を王国の成立当初から刻印されていた。しかし、琉球王権は中国から対外的権威を付与される以前においてすでに小国家を形成し、山北・中山・山南の小王権を克服する過程で成長してきた統一王権であり、王権の歴史性を無視することはできない。すなわち、中国の皇帝権威による王権の正統性付与だけでなく、土着の王権観念が一方で存在するということである。

土着の王権観念については、近年いくつかの論考が発表されている。太陽（てだ）と地方の首長である按司とが結び付けられる観念や、太陽神の末裔（てだがすえあんじおそい＝太陽が末按司添）として王が観念されていたことなどは、戦前の研究でもすでに指摘されている。ただそれらの問題は、知名定寛氏が指摘しているように(4)、宗教的世界観の解明を主として太陽信仰を捉えることに比重が置かれており、古琉球国家成立過程における王権と太陽神信仰の結合という観点から検討されるようになったのは、ようやく近年のことに属する。[5] 国王と太陽神の末裔（てだこ）とを同一視する観念の登場時期の問題や「天の思想」とセヂ（霊力）との関係など、王権をめぐるいくつかの論点が提起されている。本章では以上の点を念頭に置きながら、やや視角を変えて王権儀礼からアプローチしてみたい。

薩摩藩の琉球侵略（一六〇九年）以前の古琉球期において、王府儀礼に関する史料は乏しいが、少ない史料から儀礼の手がかりをつかんでみよう。尚真王の事蹟を記した「百浦添之欄干之銘」（一五〇九年）に、「其の十に曰く。中華の風を移し、此の土の俗を易ふ。是れ以て朝儀を朔望に起こし、班爾・左右に列拝す。蓋し叡算の万歳を祝る者也」[6] とある。朔日・一五日ごとに首里城正殿前において官人は位階ごとに列座し、中国皇帝の長寿を祈る儀礼が導入され、そのことによって琉球の「土俗」を「中華の風」に改めたというのである。しかし、第一尚氏期の一四三六年において、すでに聖節（中国皇帝の誕生日）や正月元日に中国から頒賜された冠服を着して儀礼を行っており、[7] 尚真王代に初めて中国様式の儀礼が導入されたわけではない。むしろ、尚真王の事蹟の意味することは、官人制の整備と王城儀礼とが結合され、整然とした皇帝拝礼の儀礼が行えるようになった、という点に求められよう。

だが、その儀礼も純然たる中国形式であったかどうかは、検討の余地がある。というのは、「王は紅錦衣を具し、平天冠を戴き、一僧と対坐して望闕の礼を行う」[8]（『朝鮮王朝実録』一五四六年）とあるように、僧侶とともに国王は「望闕の礼」＝紫禁城遥拝を行っているからである。一六世紀中頃に仏教が王府とその周辺社会で盛んであったことは、「其（琉球）の俗、盛んに僧仏に事え、私居及び官府、皆仏像を列ぬ」[9]（一五四六年）という点からも判明する。王権と仏教との関係がおぼろげながら窺えよう。

さて、真玉道と真玉橋を築造した際の「真珠湊碑文」[10]（一五二二年）は、当該期における儀礼の一端を知る上で興味深い事例を提供している。それには、「首里の王おきやかもいかなし、天のみ御ミ事に、ま玉ミなとのミちつくり、はしわたし申候時のひのもん、嘉靖元年ミつのへむまのとし四月九日きのとのとりのへに、きこへ大きミきみ〳〵のおれめしよわちへ、まうはらいの時に、御せゝるたまわり申候、（中略）天三十三天、地八十八天あかめたてまつり候て、三百人そうたち、はしくやうの御ゆわい申候」とある。聞得大君や君々（神女）によるミセセル（神の託宣）とともに「三百人」の僧侶によって橋供養が行われており、王府儀礼に僧侶が組み込まれていたことが分かる。さらに、右の碑文から、①おぎやかもい（尚真王）の命令が天の命令（天のみ御ミ事）であるということ、②仏語の三十三天、十八天が用いられていることなどが指摘しうる。尚真王代から王と天とを結び付ける観念が成立していたことはすでに指摘されているが、[11]さらにこのような天の観念と仏教の天の思想とが矛盾なく共存している点は留意すべきであろう。

王権と天の関係において、王の神号が天から授けられたものであるという認識は重要である。[12]そのことは、古琉球において天がどのように観念されていたかを示すからである。周知のように、古琉球における天あるいは天下（てにがした）の観念は、オモロでさかんに歌われていた。特に、本章との関係でいえば、さまざまなセヂ[13]（霊力）のなかで天が重要な位置を占めていることは看過しえない。

オボツセヂ・カグラセヂ、ヂテニノセヂ（地天の霊力）は天上に源を持つセヂであるが、それらのセヂは聞得大君や君々を媒体として王へ与えられるという観念を有していた。[14]さらに、オモロには聞得大君による天への祈願行為も見られる。[15]このオモロは直接天上のセヂを希求する内容ではないが、土着の祭祀形態において天と聞得大君などの神女との関係が密接なものであったことを示しているといえよう。

オモロ研究者によって明らかにされた聞得大君と天の関係は、歌謡の性格上、歌われた年代を特定することが多くは困難である。しかしながら、「やらざもりぐすくの碑」[16]（一五五四年）から聞得大君と天（天下）の関係を窺うことができる。それには「琉球国中山王尚清てにつきわうにせのあんしおそひかなしのミ御ミ事、（中略）おきなハの天きや下ハ、きこゑ大きみの御せちのミまふりめしよハるけに」とあるように、国王の統治する「おきなハ」の天の下＝琉球世界は、聞得大君のセヂ（霊力）によって加護されているという世界観が明瞭に示されている。オモロに歌われる「天ぎやした」（天下）、「てによりした」（天より下）という場合の天下とほぼ同じであるといえよう。すなわち、少なくとも一六世紀中葉の琉球において天や天下という観念は、セヂの信仰と深く結び付いた観念であったと考えられるのである。

2　近世における元日儀礼

薩摩藩支配下の近世琉球において、王城（首里城）で行われる年中公事のうち冬至・元日・正月一五日の儀礼は、三大儀礼として最重要視されていた。それらに共通するのは、国王自身による祭祀（＝親祭）が行われた点にある。それらの始期は判然としないが、近世に至って創出された儀礼ではなく、古琉球にさかのぼることはほぼ間違いない。

さて、ここではおもに元日の儀礼を取りあげ、土着の論理とそれ以外の要素との関係を検討してみよう。元日の儀礼は、いくつかの要素から構成されているが、国王の親祭する儀礼として朝拝の規式（朝の御拝）がある。『琉球国由来記』（一七一三年）によれば、それは次のように大きく二つの儀礼に分けられる。(17) 第一に、首里城の御庭で「歳徳の明方」（その年の吉方）へ向かって国王による焼香が行われ、それにあわせて官人も拝礼する。その際、久米村長史が国王の側で祝文を唱える。第二に、その後、国王は正殿に移り西面して官人と対面する。王妃による焼香、官人による国王拝礼、三司官による焼香と長史による祝文の唱拝が次々に行われる。

これらの儀礼を王府は、前述したように「中華の礼法」と認識していた。しかしながら、その認識には問題がある。

国王による「歳徳の明方」への拝礼は、明らかに歳徳神（恵方）の観念に基づくものである。そのことは、日本の陰陽道系の儀礼が王府の元日儀礼に取り込まれていたことを推測させる。年ごとに異なる福徳の方角決定には暦による日撰が不可欠であると考えられるが、その詳細な方法については不明である。ただし、古琉球における王府の日撰方法は中国から支給された暦に基づくものではなく、日本的暦注によるものである、という中鉢良護氏の見解[18]は示唆的である。すなわち、氏によると、一六世紀の碑文などに表われている日本風の訓みによる干支の表記（例えば、「大明嘉靖二十二年ミつのとのう六月二十四日ひのとのとりのへ」、「かたのはなの碑」など）[19]やその他の点から、王府が日本的暦注を使用していたこと、また、日本から渡来し祈禱や卜占を行う禅宗の僧侶、修験道や陰陽道と混交した真言宗の僧侶による影響のもとに王府の日撰や占卜行為が行われていた、とされる。[20]日本中世の卜占や歳徳の方角選定法が王府儀礼に深い影響を与えていたことは、これらの点からも明らかであろう。

歳徳の観念についていえば、一七二八年に廃止されるまで、正月甲子の日に波上社、沖宮社、安里八幡社などの七社の祝部らは「歳徳所在の霊社」に集まり神楽三座を催していた。[21]また、一七二七年以前には諸官人による王の洪福祈願の際に「歳徳所在」の御嶽を択んで祈福することも行われていた。[22]これらの祈願形態は古琉球までさかのぼることはほぼ間違いない。前述の元旦における歳徳を拝する国王の行為は、そのような流れを汲むものといえよう。陰陽道系の歳徳信仰が明確に王府儀礼に定着していたのである。

ところが、朝の御拝における歳徳の方角への拝礼方法は、一七一九年に廃止され、以後は北へ向かって行われる「子の方」拝礼に固定されるようになる。それは「元旦は冬至の例に照らして、改めて其の位を殿庭の正北に定め、以て北闕に向かひ皇禧を祝るの儀を致す」[23]というように、北闕＝紫禁城の皇帝を遥拝することを理由にあげている。その問題については後述するが、ここで明らかにされたことは、「子の方」拝礼が新規の儀礼ではなく、冬至の儀礼様式を元日儀礼に適応したということ、さらに日本的な歳徳信仰形態を元日儀礼から払拭したということにある。
さて、元日儀礼のなかで「中華」様式と目される儀礼（儀注）の形式を中国の祭天儀礼と比較することによって、琉球のあり方を検討しよう。「大明会典」(25)と「琉球国王家年中行事　正月式之内」(26)を比較すると、明朝では執事官が皇帝の左右において上帝へ供える祭品の補助を行っているのに対し、琉球では国王の左右において三司官と長史が焼香の補助を行っていること、あるいは跪や叩頭の号令のもとに百官が拝礼する形式は共通している。このように琉球側が明朝の形式を模倣していたことは明らかである。次に儀礼時に読み上げられる祝文を検討してみよう。(24)

［A］維
康熙五拾弐年歳次癸巳、正月朔旦、琉球国中山王、世曾孫、臣尚敬、敢昭告于
皇天后土神祇。茲遇三陽開泰、万物回新、謹率臣僚、詣所祈求、風調雨順、国泰民安、永遵
天道。臣等下情、無任忻躍感戴之至。(27)

［B］
維洪武某年、歳次某甲子、正月
嗣天子臣　　敢昭告于
昊天上帝
后土皇地祇。時維孟春、三陽開泰、敬率臣僚、以玉帛・犠斉・粢盛庶品、恭祀于
大祀殿、備茲燎瘞、
皇考仁祖淳皇帝配
神、尚享。(28)

［A］が琉球の祝文、［B］が明朝の祝文である。一見して琉球側の文言が明朝の祝文を模倣していることは明らかである。しかし、子細に検討するといくつかの差異が指摘できる。まず中国では昊天上帝（＝宇宙の最高神）・后土皇地祇への祈願であるが、琉球は昊天上帝ではなく、たんに皇天后土神祇＝天地の神々への祈願となっているからである。さらに、中国の祭天儀礼において不可欠の玉帛や犠斉の祭品は、琉球側の文言には登場しない。実際の拝礼台（焼香台）にもたんに醴《あまざけ》入りのチマル、金花、龍燭、香などが飾られていたにすぎない[29]。また、琉球では祭天のための特別な建造物である天壇を構築することもなかった。強いていえば、首里城の御庭の一角が天壇（圜丘壇）の代わりを果たしていたが、仮設の拝礼台を儀礼時に設置するにすぎなかった。天壇について付言すると、『海東諸国紀』の琉球国の項には、「一、天地壇有り。凡そ祈禱には必ず之を祭る[30]」とある。しかし、この天地壇は中国風の壮大な建造物ではなく、寺や御嶽などの祈願所を指すものと思われる。というのは、首里城近くの崎山村には、旱魃の時、国王自身による雨乞い儀礼を行う御嶽が存在するからである。その他、冬至の際の琉球側の祝文には昊天上帝は登場しない。中国皇帝の皇恩への感謝と長寿を祈願する内容である。ただし、「皆、天が我が君を生じ、民を保ち治を致すに頼る[31]」という文言には留意すべきであろう。ここに天と「我が君」（琉球国王）との関係が若干うかがえるからである。琉球では昊天上帝を拝礼する祭天儀礼ではなかったが、中国の祭天儀礼の形式を採っていたことは明らかであろう。

以上のことから、一七一九年に歳徳の方角が廃止され、北方に固定される以前の王府の元日規式は、陰陽道系の歳徳信仰と中国風の拝礼様式とが混交した儀礼であったことが分かる。すなわち、一七一九年以後のあり方は、中国的形式を強化する方向への改革となっていたのである。しかしながら、天と国王との関係は、別の問題をも内包していた。

3　天の御拝と国王

天上への拝礼を近世では「子の方」拝礼、あるいは「天の御拝」と呼称していたことは前述の通りである。元日・一五日・冬至などに定期的に執行されていたこの儀礼について、王府は次のような認識を持っていた。「新集科律」（一八三一年）によれば、「天地の御祭祀、御当地（琉球）にては准しがたく候えども、大概冬至・元日ならびに御祈願等の御時」[32]に執行している、と。すなわち、王府は「天地の御祭祀」（＝天の御拝）は琉球では許容されない儀礼であることを認識していたのである。なぜ、天の御拝が琉球では許容されない儀礼であったのか。久米村の儒臣、蔡文溥（前祝嶺親方）の「四本堂家礼」[33]（一七三六年）にその答を見いだすことができる。「日月星辰、拝むべからず」という条項において「日月幷に北斗、拝み申す儀、唐において八天子のみ御祭これあり。其の外は堅く御禁止の御事候ところ、右の訳存じ申さず、其の恐れこれなく」琉球では常の神仏のように「平人ども」が拝礼していると批判しているのである。ここでは天そのものの拝礼という表現ではないが、その指す内容は天をも含んでいることは明らかである。すなわち、祭天は中国天子にのみ許された特権的儀礼であり、それを琉球で行うことは許しがたい行為だという論理である。そのような認識が「新集科律」に反映していた。だが、琉球ではそのように認識していながら「天地の御祭祀」＝天の御拝を廃止することはなかった。

他方、朝鮮国は、明朝との冊封関係から祭天儀礼に関して複雑な対応となっていた。国王の祭天儀礼は朱子学を信奉する官僚から常に強い批判にさらされ、旱魃時にかろうじて行うことが許されるというものであった[34]。朝鮮王朝は明朝から多くの儀礼を受容していたが、祭天儀礼においては大きく制約されていたのである。

琉球と朝鮮は同じ中国への朝貢国でありながら、祭天儀礼でこのように対応が大きく異なるのはなぜであろうか。

政治哲学としての儒教の天命思想を厳密に理解・適用しようとした朝鮮官僚と、一八世紀前後に儒教を本格的に受容しだした琉球官僚の儒教理解の違いにその一因を求めることも可能であろう。それとともに看過しえないと思われるのが、琉球の天に対する観念である。儒教知識を身につけた蔡文溥の批判に見られるように、近世の琉球社会において天は神仏一般と同じ程度に崇拝される対象にすぎなかった。ただし、聞得大君や神女にとって天への拝礼はやや位相が異なるものであった。近世末期の聞得大君の就任儀礼において「久高・外間のる拾五人、御待御殿御庭にて大君加那志え手を合せ、天に向い手を合せ、おもひ、やらしい、あらしこゑな仕り」[35]というように、依然として天への拝礼を重視していたことが分かる。そのことは、王府の祭天儀礼（天の御拝）の根底に古琉球以来の天と王権を結び付ける根強い観念の存在が想起されよう。

太陽神と王を一体とする王権観念は、その始期はなお検討を要するが、やがて国王を天と呼ぶ「首里天がなし」（＝首里の天様）という呼称に象徴されるように、天と国王を一体化する観念へと変容・移行していったと考えられる。すなわち、琉球の祭天儀礼は太陽神崇拝を基盤として、やがて天と国王を一体とする観念へと移行するが、古琉球的祭祀形態の削減・廃止という向象賢（羽地朝秀）の一連の政治改革のなかにあっても廃止されることはなかったのである。

中国皇帝の独占的・特権的儀礼として祭天儀礼が存在するという儒教知識を獲得するようになっても、中国皇帝の居所、紫禁城遥拝という論理を強調することによって祭天儀礼（天の御拝）を堅持していたといえよう。一八世紀前後の時期から中国的知識を広く獲得しだした王府官僚は琉球社会の再編を図っていくが、変容を被りながらも王権儀礼の機軸としての命脈を保っていたのが「天の御拝」であったのである。

だが、他方で儒教知識による祭祀の大きな変更も発生した。王家の宗廟祭祀の問題がそれである。

二　宗廟祭祀と王権

1　宗廟祭祀の再編

一六八三年、尚貞の冊封のため清朝から派遣された冊封正使の汪楫は、琉球の歴代王の宗廟ともいうべき崇元寺において先王たちの神主（位牌）を目にし、配列の多くが乱れている、と記している。(36) 汪楫が奇異に感じた「琉球国先王廟神主序次図」を示したのが図1である。

それによると、中央の舜天を太祖として英祖・察度の三位は不祧の神主のように見えるが、その他の配列は「淆るもの多し」と汪楫が言及したのは、昭穆秩序(37)に照らしていたからである。中央の神主を太祖として二・四・六世を左側に置いて昭とし、三・五・七世を右に置いて穆とする中国の宗廟制における昭穆秩序に照らすと、琉球の配列が奇妙に見えるのは当然であった。しかしながら、一見無秩序に見える琉球の神主の配列には、琉球の秩序意識が働いていた。すなわち、第一に、中央の舜天・英祖・察度の三王統を琉球王統の機軸に据えていること。第二に、それを取り囲む左右には第二尚氏王統（＝当該期の王統）の最新の神主（尚質）とその前代の神主（尚賢）から漸次前代へと配列していること。第三に、その外側の左右に対称はやや崩れつつも第一尚氏王統・英祖王統・舜天王統の順に配列していること。すなわち、三王統の鼻祖を同軸として現王統の最新の神主をすぐその側に配し、その他は鼻祖へ遡

図1	図2
歴代有功王叔 大成 尚巴志	昭（一五）尚益 昭（一四）尚貞 昭（一三）尚豊 昭（一二）尚永 昭（一一）尚清 功王叔

先王廟神主昭穆図）

尚思達
尚泰久
尚徳
宣威
尚円
尚清
尚永
尚寧康翁
尚豊宗盛
英祖
舜天
察度
尚質直高
尚賢秀英
尚元
尚真
尚忠
英慈
西威
王(玉)城
思紹
武寧
義本
舜馬順熙
歴代王妃

歴　代　有

昭(一〇)宣威
昭(九)尚円
昭(八)尚泰久
昭(七)尚思達
昭(六)尚巴志
昭(五)武寧
昭(四)西威
昭(三)英慈
昭(二)英祖
昭(一)舜馬順熙
○舜天
穆(一)義本
穆(二)大成
穆(三)玉城
穆(四)察度
穆(五)思紹
穆(六)尚忠
穆(七)尚金福
穆(八)尚徳
穆(九)尚真
穆(一〇)尚元
穆(一一)尚寧
穆(一二)尚賢
穆(一三)尚質
穆(一四)尚純

先　代　王　妃

（図1：琉球国先王廟神主序次図，図2：

及するように外延に置いていたのである。

ところが、三六年後の一七一九年に来琉した冊封使の徐葆光が見た神主の配列は大きく異なっていた。徐葆光の記した「先王廟神主昭穆図」[38]を示したのが図2である。

徐葆光は舜天を太祖として左側に昭、右側に穆の昭穆秩序（図2では左右逆）の論理によって整然と配列された神主を目にしたのである。汪楫の帰国後から徐葆光の来琉前の期間における、このような変化は何を意味しているのであろうか。以下、その問題を手がかりに王家の宗廟祭祀のあり方を検討してみよう。

宗廟祭祀の再編問題は、一六九〇年代から一七三〇年代に集中している。その問題は、王統の直系ではないことを理由に、旧来祭祀の対象とされなかった王家ゆかりの人物たち、すなわち尚稷（尚円王の父）・同妻、尚円王妃、尚懿（尚真王の曾孫に当たり、尚寧王の父）、尚久（尚元王の三男、尚豊王の父）の神主（位牌）を創建して祀ることに端を発していた（系譜は図3、参照）。『球陽』によれば、一六九七年、このようにして尚稷、尚懿、尚久らは新たに王の追号を受け、その神主は崇元寺へ、同じく尚稷王妃、尚円王妃のそれは天王寺へ安置された[39]。

神主を創建して祭祀を行っていただけではなく、一六九一年（康熙

図3　琉球中山王統系図

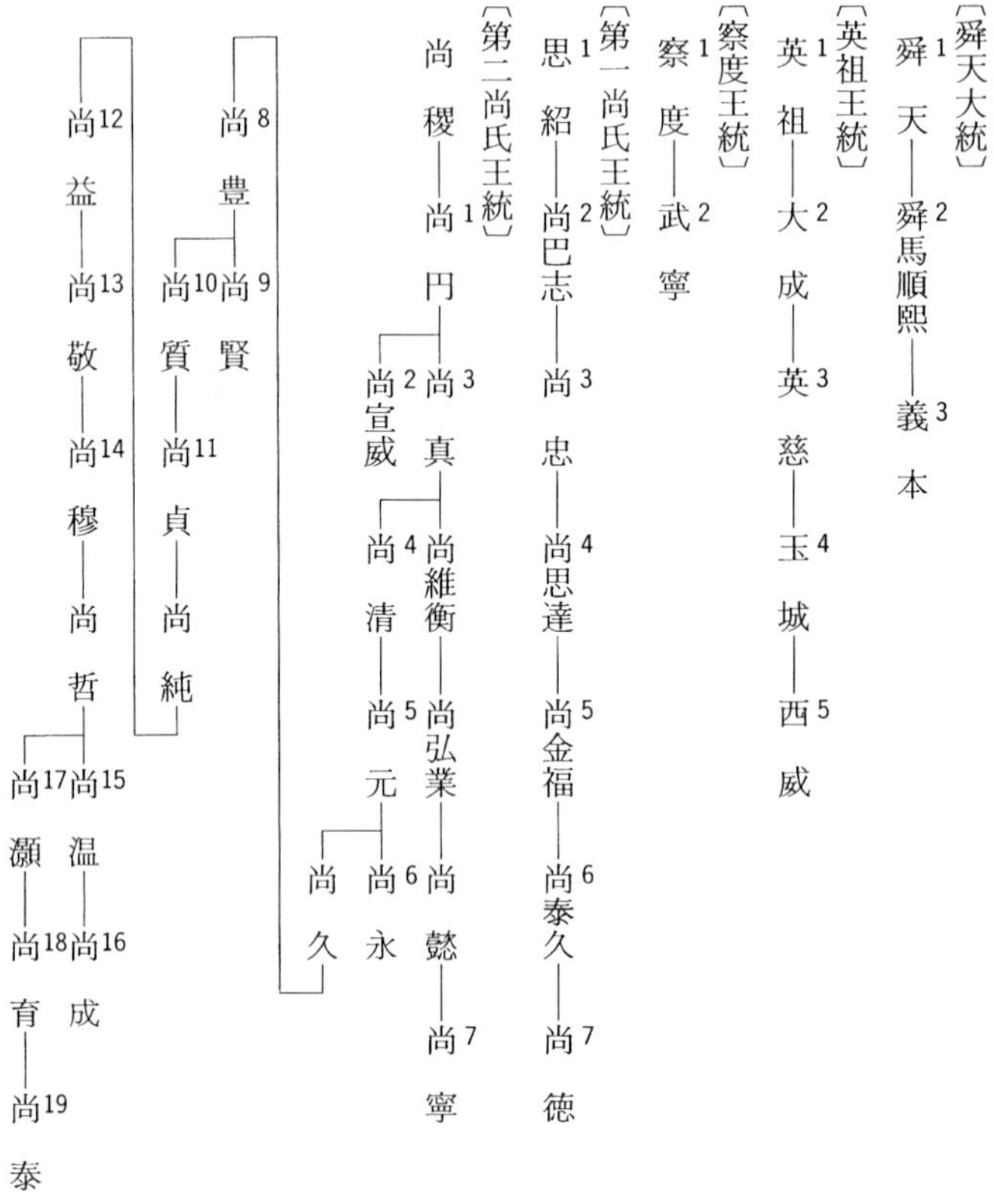

(出典:「中山世譜」『琉球史料叢書』第四巻より作成)

三〇)には次のような宗廟祭祀の改変も行われた。旧来、毎年春秋二仲の上戊の日に、歴代先王の神主を崇元寺で祭っていた。多くの神主には献帛・献爵の礼を執行していなかったが、舜天王・英祖王・察度王・尚質王の四位の神主については、「功徳」のある王として別格にあつかい、献帛・献爵の礼を欠かさなかった。ただそのなかで尚質王の神主は、当代国王・尚貞の父王であったため特別の祭祀を行っていた。ところが、尚巴志・尚円両王も「功徳」があるにもかかわらず、献帛・献爵の礼を行わないことは礼を欠くことになる、と首里王府では評議し、その結果、尚巴志・尚円両王へもその礼を行うことになったのである。(40)

　しかしながら、『球陽』に記された尚巴志・尚円両王の「功徳」の内容は曖昧である。実際には、別の論理で献帛・献爵の礼が行われていた。そのいきさつは、「御宗廟御位牌加那志之儀ニ付詮議書」(41)（以下、「詮議書」と略す）に詳しい。なお「詮議書」では位牌と表記されているが、ここでは神主に統一した。

さて、「詮議書」によれば、王府は、久米村(42)の儒臣らに宗廟における尚円王の神主への「奠帛・献酒」の祭礼について諮問していた。久米村儒臣らも尚円王は現王朝の始祖であり、その祭礼の欠如を訝しがりながらも「久米村仕置」などの確実な根拠となる文書が見当たらないため、旧来通りの執行を回答した。それに対して王府は再度、詮議を尽くして回答することを要求した。そのため久米村側は、第一に、尚円は（第二尚氏王統の）始祖であるからその祭礼があって当然であること。第二に、かつて中山・南山・北山の三国に分かれていた琉球が統一されたのは尚巴志の「御勲功」によること。第三に、尚巴志代に永楽帝から尚姓を授与され、以後、中山は代々尚姓を称することが「大明会典」に記されていること。第四に、尚円は冊封を申請した際には、他系であるにもかかわらず尚巴志の子孫として皇帝へ上奏していたことが「久米村案書」に見えること。以上のことから、尚巴志・尚円の両神主へも奠帛・献酒の祭礼を行うべきである、と回答したのである。結果は、前述した通りである。ここに王家の宗廟祭祀において歴代の王のなかで舜天・英祖・察度に加えて尚円・尚巴志の神主を特別の「功徳」「御勲功」のある王として祭礼することになった。

この久米村儒臣と王府のやり取りにおいて注目されるのは、次の点にある。当初、尚円・尚巴志への特別な祭礼を可能としながらも、その明確な証拠がないため旧来通りの祭祀方法を回答した久米村に対して、王府は再度検討することを要請していたことである。つまり、王府は尚巴志・尚円を特別に祭礼すべき神主として位置づけようと諮問当初から図っていたことが窺える。さらに、久米村儒臣らは、前王朝の尚巴志と現王朝の始祖尚円の「御勲功」を同列に論じており、王朝交替のことを全く問題にせず、両王朝の先王祭祀に区別を設けてもいない。当該期における王府の先王意識を知る上で興味深い問題といえよう。

2　尚稷・尚懿・尚久・尚純・尚益への追号と神主安置問題

前述のように、一六九七年に尚稷、同王妃、尚懿、尚久、尚円王妃の五神主(位牌)を創建し、各王は崇元寺へ、各王妃は天王寺へ安置して祭祀を行っていた。ところが、これらの神主のうち、尚稷・尚懿・尚久・尚純・尚益の王号の件とその神主の安置所の件で問題が持ち上がった。尚稷・尚懿・尚久は前述のように王家の本系ではない人物たちであり、尚純(一六六〇〜一七〇六年)は即位以前の世子時に死去し、尚益(在位一七一〇〜一七一二年)は、即位後、中国に対する朝貢活動を行ったものの冊封されずに死去した人物である。

これらの人物に王号を付し崇元寺へ安置していることが問題視されたのである。その処理をめぐって再び久米村の儒臣へ諮問が行われた。その際に検討された協議の内容は、前掲「詮議書」によって知ることができる。ただし、この一件について「詮議書」は康熙五九年(一七二〇)と記し、『球陽』は同五八年(一七一九)の条に記されている。本章では、内容や前後関係などを検討した結果、久米村への諮問は『球陽』の記載年である一七一九年を妥当なものと判断し、その年を採ることにする。

さて、王府の諮問に対して久米村では協議の結果、許田親雲上らの連名による回答が提出された。諮問された案件は、第一に尚稷・尚懿・尚久・尚純・尚益の王号の妥当性の件、第二にそれらの安置所の件、第三に崇元寺・円覚寺などの廟号の件であった。その回答は以下のようなものであった。

すなわち、第一条は、尚稷は遠い先祖ではあるが、当代の本筋(本系)の先祖とは軽くない関係にあるため、円覚寺へ安置すべし、との主張である。その理由として、中国でも皇帝が新たに天下を取れば、その先祖へ帝号を追封して宗廟において祭っていること、尚円王から王朝が交替したこと（第一尚氏から第二尚氏へ）は、すでに一六八三年の冊封使汪楫の来琉時から知られており、尚稷に対する相応の処遇がなければ、本法にはずれ孝行にも叶わないというものである。

第二条は、尚懿・尚久は本筋ではないため、先王を配列した昭穆のなかに入れることはできない。ゆえに、天王寺かあるいは天界寺を脇廟として位置づけ、そのいずれかに安置すべし、としている。

第三条は、冊封を受けずに王号を付与するのは僭号であり、中国の本法には叶わないが、尚宣威・尚賢は琉球国内では即位した主君として以前から王号を付けており、冊封使の来琉時にも問題にされることはなかった。そのため、尚益も国内では即位しており、さらに中国への進貢も勤めているので王号を付けても問題はない。尚宣威・尚賢の例に照らして崇元寺において王号を付けても支障はない。そもそも円覚寺で論祭を行うことはなく、その上、同寺は和朝（日本）に倣った仏法の格式に基づいている。安置された神主には皆一様に王号を付けるべきだと考える。たとえ、中国人が聞き及んでも右の理由で崇元寺・円覚寺を使い分ければ問題は生じない、と。

第四条は、尚健・尚久は本筋ではないが、先王の直父であり旧来通り王号を付けても問題はないとする。「大明会典」にも養子を取って、その直父を皇帝へ請封して王号を追封される例が見られる。その例に準じてもよいという見解である。

以上、廟号に関する回答は欠けているが、久米村諸大夫らの回答の骨子は右のようなものであった。要するに、尚稷の神主（位牌）は円覚寺へ、尚健・尚久のそれは天王寺・天界寺のいずれかへ移し、尚益のそれはそのまま崇元寺へ安置し、王号はいずれも除去する必要はないという見解である。尚稷・尚懿・尚久の三神主は崇元寺から移設するが、王号の件では「御当国の旧例に任し《せ》付け上げ」てよい、という点に端的に示されているように、中国の昭穆秩序と琉球の「旧例」とを折衷・妥協させた見解となっているのである。

3 久米村長老の論理と王府の対応

王府は、許田親雲上らの見解に対して、当時久米村の長老あるいは重鎮であった蔡鐸（志多伯親雲上）、鄭弘良（前大嶺親雲上）、蔡文溥（前祝嶺親方）へも諮問するという念の入れようであった。蔡鐸は老体を理由に回答を辞退したが、他の二人の見解は以下のようなものであった。

尚稷・尚純・尚懿・尚久の王号の件と崇元寺への神主安置の件について、鄭弘良の回答の趣旨は、次の通りである。第一に、子が孝心から父を王位として尊敬することは、神主も同様の「尊慮」が必要であること。第二に、尚貞様の御代（在位一六九九〜一七〇九年）に尚稷・尚懿・尚久の御三前に対して王号を追封し、崇元寺への安置一件を諮問された際、当時の久米村の諸大夫による詮議は、その件を妥当なものとして判断していること。第三に、宗廟へそれらの神主を安置することは無礼には当たらず、王の父に対する当然の処遇であること。もし、批判がましくいわれた場合には、「此の儀、知らず」と無視すべきこと。第四に、冠船（冊封使）渡来時に難題となることが予想されるのであれば、その一時期のみ別所へ移せば問題はないこと。第五に、円覚寺・崇元寺の廟号については、変更する必要はないこと。その理由は、円覚寺・崇元寺は霊前に対しても美麗の名称であり、かつ寺の呼称は北京でも大理寺・大《(太)》常寺・光禄寺・鴻臚寺衙門などとあること。以上のことから、尚貞代の決定通り四神主をそのまま崇元寺に安置すべきであり、また、崇元寺・円覚寺の改称の件も旧来通りでよい、と主張していた。

この鄭弘良の見解の特徴を要約すると、中国の宗廟祭祀の規範に従う姿勢が弱いという点にある。冊封使の眼が懸念されるのであれば、その時期のみ別所へ移設すればよい、という点にそのことは端的に表わされている。尚貞代に決定されたあり方を変更する必要はないとする点は、琉球における孝の論理を重視する見解とも思われるが、その点についてはなお検討の余地があり、ひとまず留保しておきたい。

他方、蔡文溥の回答は次のようなものであった。まず、諸大夫の詮議に対する諮問の経緯、ついで中国における歴代の帝王廟や宗廟のあり方を「大明会典」をもとに説明し、以下六ヵ条にわたって自らの見解を述べている。第一に、崇元寺は宗廟に相当し、一方、円覚寺は和朝に準じているが宗廟と称するのは宜しくないこと。第二に、尚純の神主は崇元・円覚の両寺に安置すべきこと。第三に、尚稷の神主を崇元寺に安置するのは宜しくない。円覚寺の大寺を祧廟として、そこに安置すべきであること。第四に、尚稷・尚久の神主は、かつてその子孫が格護していたが、一六九七年から崇元寺で祀るようになっている。しかし、それは正統を乱す原因となる。また、天王寺・天界寺に安置することも宜しくない。以前のように具志頭・金武の両御殿家へ返還すべきであること。第五に、尚稷・尚懿・尚久へ私に王号を付けるのは宜しくないこと。第六に、中国へ追封の要請も行わず、王号を使用することは僭号となる。尚宣威・尚賢の王号は僭号に相当するため、それを除去すれば尚純・尚益も同様に処理しえること。もし、その変更が不可能であれば、尚純・尚益へも先例通り王号をつけるべきこと。以上である。

許田親雲上らの連名の回答、鄭弘良、そして蔡文溥の回答を要約すると、鄭弘良の見解が従来通りとする無変更型とすれば、蔡文溥のそれはもっとも強い中国的祭祀志向型であり、許田ら連名のそれは両者の中間型と類型化されよう。

さて、このような三つの回答を得た王府が下した結論は、「尚稷公・尚久公の神主は改めて天王寺に安んじ、尚懿公は改めて天界寺に安んず」というものであり、そのいきさつを「康熙己卯（一六九七年）、尚稷・尚懿公・尚久公の神主、先王と尊称して崇元廟に奉安す。是の年（一七一九年）唐栄の儒臣、其の三神主は、王爵を除去して改めて奉安を致すを題請す。王、其の請ふ所を准し、即ち尚稷公・尚久公神主を天王寺に安んじ、尚懿公神主を天界寺に安んず」(44)(『球陽』巻一〇、尚敬七年)と記している。『球陽』では久米村儒臣などの要請に対する国王の裁可という形式を採っている。しかしながら、これまで検討してきたように最初に王府から久米村への諮問があり、それに対する複数の回答のなかから王府が選択・決定したというのが事の真相であり、もっとも中国志向の強い蔡文溥の見解を採用していたのである。

ところで、尚純・尚益の神主に関して『球陽』には記載が見られないが、崇元寺に旧来通り王号を付したまま安置されていたことは間違いない。なぜならば、前述の『中山伝信録』の「先王廟神主昭穆図」(図2)には、尚稷・尚懿・尚久の神主は見当たらないが、尚純・尚益の神主は昭穆秩序に組み込まれているからである。尚稷・尚懿・尚久の神主が実際に崇元寺から除去される一方、尚純・尚益は旧来通り王として位置づけられていたことになる。

また、一七三一年にも宗廟祭祀にかかわる同様の問題が発生していた。王府は、舜天に先立つ天孫氏を宗廟(崇元寺)において祭るべきかどうかを久米村に諮問していたのである。久米村の回答は、すでに高良倉吉氏の分析に見られるように天孫氏への祭祀は無用というものであった(45)。高良氏は言及していないが、天孫氏問題に対する久米村側の論理は、中国の宗廟祭祀を規範とし、それに依拠しようとしていた点にある。すなわち、中国の古典(「礼記」「春秋」)を引いて宗廟祭祀のあり方を論じ、新たに天孫氏の神主を祭ることは祖廟を創建することであり、そのような「聖人の御法」にも見られない対処方法では宗廟を瀆すことになりかねないと主張していたのである(46)。

以上のことから、王府は宗廟祭祀を中国的規範に基づいて再編していたことが明らかになったといえよう。

三　先王祭祀の拡大

1　首里王府と儒教

宗廟祭祀問題は、中国の宗廟祭祀方法を規範として旧来の祭祀を改変するというものであったが、その問題はたんに中国的祭祀を琉球の宗廟へ適応・導入するということにとどまるものではなかった。一七世紀半ばから一八世紀半ばにかけて首里王府は、さまざまな儀礼・祭祀を再編する政策を展開していたからである。一七世紀の中葉、すなわち羽地朝秀（向象賢）の摂政期（一六六六〜七三年）において一連の政治改革によって琉球の体制が大きく転換したことは、近年の研究によって明らかにされた点である。[47]多岐にわたる羽地の改革によって古琉球的祭祀（＝聞得大君を頂点とした祭祀など）は大きく変容していくのである。[48]では、そのような古琉球的祭祀の削減・廃止政策と王家の宗廟祭祀問題はいかなる関連性をもっていたのであろうか。儒教政策、先王祭祀政策などを検討することによってその課題へアプローチしてみよう。

中国人（主に福建出身者）の末裔である久米村の人々が、中国文化を琉球社会にもたらす上で重要な役割を果たしていたことは周知の事実であるが、首里王府が積極的に久米村の儒教や中国的規範を国家的に支援・拡充するようになるのは、一七世紀後半頃からであり、本格化するのは一八世紀初頭からである。[49]

具体的に示すと、一六七三年に久米村に孔子廟が創建され、その六年後の一六七九年から正月二日には、王世子が王子や三司官・御物奉行・申口官などを伴い、孔子廟で香や酒を供える儀礼が制定された（『球陽』巻七、尚貞七年）。

一七一八年には、琉球最初の学校である明倫堂が程順則らの建議によって孔子廟の境内に創建される。堂内には啓聖王（孔子）の神主を安置し、その左右の壇に四氏（顔子・曾子・子思・孟子）の神主を安置して春秋に釈奠の礼[50]（孔子崇拝儀礼）が総理唐栄司（＝久米村の統轄者、久米村総役）によって行われるようになるのである[51]（『球陽』巻一〇、尚敬六年）。このような孔子廟に対する王府の位置づけは、翌一七一九年を境に大きく変化する。孔子廟における毎年春秋の祭礼は、旧来、総理唐栄司によって主祭されていた。ところが、一七一九年から初めて盛大な供物・御馳走をそなえる大牢による釈奠の礼が行われるようになり、三司官が王府から特別に派遣され、その祭礼を主祭するようになるからである[52]（『球陽』巻七、尚貞四年）。このことは、孔子崇拝儀礼が久米村の祭礼から国家的祭礼に引き上げられたことを意味する。

さて、このような孔子崇拝儀礼への王府の積極的関与だけでなく、ほぼ同時期に王府は中国から風水思想の導入も行っていた[53]。すなわち、一七世紀後半から一八世紀前半に及ぶ時期は、琉球が儒教[54]や風水などの中国文化を国家的政策として本格的に導入・展開した時期に当っていたのである。

2　先王祭祀の展開

先王祭祀を中国的規範に適合させようとしていたことは前述の通りであるが、では、宗廟祭祀はどのような過程を経て展開していたのであろうか。『球陽』[55]から主な事項を整理して示したのが、次の年表である。

［先王・同妃祭祀関係年表］

一六六九年　国王は、即位後、円覚寺・天王寺・天界寺の三廟で先王へ焼香するも、崇元寺廟への拝謁はなし。この年より崇元寺廟への拝謁が始まる。

一六七〇年　旧来、王子らは一月三日に円覚寺で先王神主へ拝礼す。按司から諸官人は一月二日に拝礼す。この年から上下を区別せず一月二日に一斉に拝礼することに改定される。

一六九一年　崇元寺廟において尚巴志王・尚円王への献帛・献爵の礼を加祭する。

一六九七年　始めて尚稷王・王妃、尚円王妃、尚懿王、尚久王の五位の神主を創建し、各王神主は崇元寺へ、各妃神主は天王寺へ奉安する。

尚永王妃・尚寧王妃の神主を天王寺廟へ移安する。もと、尚永王妃の神主は向憲（大宜味按司朝昆）の屋敷に安置、尚寧王妃の神主は馬氏（恵祖按司）家に安置す。朝議により各神主を天王寺廟へ移安する。

一六九九年　尚稷公・尚懿公・尚久公の神主を先王と尊称して崇元寺廟に奉安する。

一七一五年　先王の法事での宗廟祭典は、寺社奉行が掌ることを制定する。

一七一八年　尚純公の神主を天界寺から円覚寺・崇元寺の宗廟に移す。

一七一九年　始祖の先王尚円は二百年忌、他の先王は百年忌で祭祀を終えるとする宗廟祭祀の年期を制定する。

崇元寺廟から尚稷公、尚久公の神主は天王寺へ、尚懿公の神主は天界寺へそれぞれ王爵を除去して移す。

一七二一年　円覚寺住持の徳叟、同寺の先王神主の配列を儒式から仏式の旧法に改めることを要請し、許可される。

一七二二年　円覚寺廟の先王に対し一月二日、七月一四日に王子から諸官人までの拝謁に改める。

一七二四年　天王寺廟・天界寺廟内の神主を屏位に改める。

一七二八年　円覚寺大殿を王の宗廟と改定する。

天孫氏・尚忠・尚泰久・尚思達・尚金福・尚徳の王の神牌（神主）を創建し、昭穆に従って龍福寺に奉安する。

一七二九年　円覚寺・天王寺・天界寺の三廟への行幸・先王拝礼を旧来の七月七日から同一四日に改める。

元日、一月一五日、三司官を円覚寺・崇元寺へ派遣し香礼を行い、諸人の社参を廃止する。

国王は一月二日に円覚寺・天王寺・天界寺の先王・同妃の神主を拝謁し、王妃・王族の婦女は同三日に三廟に拝謁することに改める。

一七三〇年　始めて春秋仲月の初戊日に紫巾官を龍福寺へ派遣し、香を先王神主へ進めることを定める。

始めて夏稲の御初と八月一五日の葺揚餅を円覚寺・天王寺・天界寺の先王・同妃の神主へ献納することを定める。
一七三一年　始めて春麦の御初、上巳の艾餅、端午の粽、六月の蒸糯飯、八月の赤飯、十二月の鬼餅を円覚寺・天王寺・天界寺の先王・同妃の神主へ献納する。
龍福寺の先王神主への礼式を五節と冬至・歳暮・十二月晦日などにも進香することを定める。
一七三三年　始めて先王の法事ごとに諸王子・三司官は、前日から三日間、早晩廟において恭礼することを定める。
春秋二仲の崇元寺廟の祭品は、久米村筆帖式の自弁から、三廟に照らして王府（御料理座）からの支給に改める。
一七三四年　天王寺を改修し、大殿を王妃の廟とする。
一七四二年　始めて、春秋二季・四時の佳節、先王・同妃の忌日における王城（奥書院）での焚香拝礼を改め、円覚・天王廟に拝謁し、焼香行礼することに定む。
一七六八年　始めて清明節に国王、玉陵（玉御殿）において奉祭することを定む。
一七七四年　旧来、元旦・上元・冬至などの日、天王寺廟へ香を進めることなし。この年から御書院奉行を派遣し、進香することを定む。
一七七七年　先王の法事に際し、円覚寺・天王寺から神位（神主）の王城への奉遷は佐事僧から住持へ改める。

右の年表に見るように、那覇にある崇元寺廟の位置づけは、首里の円覚寺・天王寺・天界寺に較べて軽い位置づけであったが、新たな神主の創建や祭礼の整備過程で歴代の宗廟として整備されていく様が了解されよう。一七三三年に、春秋の祭品を首里の三廟同様に王府から支給する改定がなされるが、そのことから改定以前の崇元寺での祭祀のあり方が類推されよう。すなわち、崇元寺の先王祭祀を旧来よりさらに国家の側に引き付けて運営しようとする王府の施策の表われと見ることができる。それに並行して、首里の円覚寺・天王寺・天界寺への国王の行幸や先王・同妃への祭祀も拡充・整備されていたことが分かる。また、浦添の龍福寺への祭祀も昭穆秩序による再編がなされるなど、一七世紀後半から一八世紀中葉にかけて宗廟祭祀が全体的に整理・拡充されていたのである。

しかしながら、それらの寺廟は同列の位置づけではなく、円覚寺がもっとも重視されていた。そのことは、円覚寺住持の知行高が一〇〇石（物成三二石余）、天王寺住持は五〇石（物成一六石余）、天界寺住持は三〇石（物成九石余）、崇元寺住持は三〇石（物成九石余）、龍福寺住持は一二石（物成三石余）という知行形態からも了解されよう。[56]

以上の過程を経て、円覚寺は第二尚氏の「王統御廟」、天王寺は同「王妃御廟」、天界寺はそれ以外の国祭の「御神廟」[57]、崇元寺は舜天以来のすべての王の「歴代の国廟」[58]、龍福寺は天孫氏から第一尚氏王統までの宗廟[59]として位置づけられ、それに対応した宗廟祭祀が体系的に展開されていったのである。付言すると、円覚寺での先王祭祀は仏式、崇元寺は儒式というように截然とした先王祭祀が見られた。単純に先王祭祀をすべて中国様式化したのではなく、蔡文溥の「円覚寺の儀、古来より仏法の格式を以て御祭などこれ有る御事に御座候、勿論、御当国の儀は、唐格式一統にても物ごとあい済まず、両様召し行わる御事に御座候」（前掲「詮議書」）という文言に端的に示されているように、琉球は仏式と儒式の両様の祭祀が必要であるという認識を久米村の儒臣ももっていたのである。一七二一年に、円覚寺の先王神主の配列を儒式から元の仏式へ改めたのも、そのような規範意識が働いていたからであろう。それに対し、崇元寺はもっぱら中国向けの顔をした歴代王の宗廟であった。

ともあれ、王府は、一七世紀の後半から円覚寺、天王寺、天界寺、崇元寺、龍福寺に安置されていた先王神主を秩序化し、王府の年中儀礼のなかに組み入れることによって、先王崇拝の儀礼体系を築きあげていたのである。以上の五ヵ寺のうち、特に第二尚氏と関係の深い円覚寺・天王寺・天界寺の先王崇拝儀礼の拡充は注目される。このことは、ほぼ同時期に着手されていた第二尚氏王統ゆかりの地の整備と深く関連している。すなわち、高良倉吉氏がすでに指摘するように、第二尚氏の開祖である尚円（金丸）の出生の地とされる伊是那玉御殿の重修整備（一六八八年）、西原間切での屋敷とされる内間御殿の重修整備（一六七九〜一七三八年）、国頭の宜名真御殿の整備は、「開祖ゆかりの地を国家的聖地として意義づける事業」(60)であることは間違いない。

しかしながら、それはたんに「国家的聖地」としての整備以上に、むしろ近世における「国家的聖地」の創出と見るべきであろう。なぜなら、本章でこれまで検討してきた宗廟祭祀や先王祭祀の歴史的文脈のなかにその問題を置くならば、王府の意図が明瞭に浮かび上がってくるからである。すなわち、第二尚氏王統の先王祭祀とその開祖である尚円ゆかりの地の整備は、先王崇拝という共通点を持っている。王府が古琉球的祭祀にかわる新たな聖地創出の動向と、新たな王権儀礼を模索するなかから体系化されたのが、先王崇拝儀礼としての宗廟祭祀の体系化であったのである。

おわりに

近世琉球における先王崇拝の展開は、直接的には中国的祭祀による宗廟の見直しを契機としていたが、その背景には、古琉球的祭祀形態から新たな儀礼体系の創出によって王権強化をはかろうとする王府の意図が存在した点を看過することはできない。そのなかで、「天の御拝」という王権儀礼は近世においても廃止されることなく存続していた。しかし、祭天儀礼に見られる古琉球的要素を払拭する論理として拝礼方向を北方に固定し、紫禁城（中国皇帝）遥拝という形式を強調することによって旧来の祭天儀礼に皇帝拝礼を融合させ、王権儀礼を維持していたのである。

宗廟祭祀では儒式を受容することによって王権強化を図りながらも、儒教的天命思想を受容することはなかった。そのことは琉球国王と天との根強い関係を示しているといえよう。古琉球に確立した土着の王権観念、すなわち太陽と王を一体化する観念、そして天と王を一体化する観念を基盤とし、変容しつつも儒教的天命思想を拒絶していた点に琉球王権の特徴の一つが表われているのである。

註

(1) 冊封とは、王・侯・君・長・土司などの爵位を中国皇帝が授与すること。中国国内だけでなく、中国へ朝貢する国や部族の首長へも授与された。諸外国へ皇帝の名代として赴く使者が冊封使であり、詔・勅や頒賜品(冠服など)を授ける儀礼が冊封儀礼である。なお、冊封儀礼については、真栄平房昭「琉球国王の冊封儀礼について」(『窪徳忠先生沖縄調査二十年記念論文集 沖縄の宗教と民俗』第一書房、一九八八年。以下、『窪徳忠論文集』と略す)、拙稿「冊封の様相」(『新琉球史 近世編 上』琉球新報社、一九八九年)、孫薇「冊封・朝貢について―中琉の冊封・朝貢関係を中心に―」(『沖縄文化研究』一七号、一九九一年)等、参照。
(2) 『定本 琉球国由来記』(角川書店、一九九七年、二二二頁)。
(3) 本書Ⅰ・第一章。
(4) 知名定寛「沖縄の太陽信仰と王権―『てだこ』思想の形成過程について―」(註(1)『窪徳忠論文集』、所収)。
(5) 主な論考に、外間守善『古典を読む22 おもろさうし』(岩波書店、一九八五年)、註(4)知名論文、比嘉実「琉球王国・王権思想の形成過程―若太陽から太陽子思想へ―」(『球陽論叢』ひるぎ社、一九八六年)、同「琉球王統譜・神号の思想史的研究―禅譲論受容の思想史的背景―」(『沖縄文化研究』第一六号、一九九〇年)、池宮正治「王と王権の周辺―『おもろさうし』にみる―」(『新琉球史 古琉球編』琉球新報社、一九九一年)等がある。
(6) 沖縄県教育委員会文化課編『金石文 歴史資料調査報告書Ⅴ』一九八五年、二三五頁。
(7) 『歴代宝案』校訂本、1、一七・二号、正統元年九月二四日付、礼部宛中山王咨文。
(8) 『朝鮮王朝実録』明宗元年二月戊子条。
(9) 同右。
(10) 『金石文』、四四頁。
(11) 註(4)知名論文。
(12) 天の思想による王権の正当化について、尚清王代(一五二七~五五年)からとする比嘉実氏の見解(註(5)「琉球王国・王権思想の形成過程」論文）に対し、知名定寛氏は尚真王代（一四七七〜一五二六年）からとする見解（註（4）論文）を提示している。本章は、本文で引いた「真珠湊碑文」（尚真期）に示されるように、天と王との関係は尚真王代から明確に見られるとする知名の見解が妥当なものと考える。

（13）セヂについては、仲原善忠「セヂ（霊力）の信仰について」（初出一九四七年、後に『仲原善忠全集』第三巻、沖縄タイムス社、一九七八年に所収）、参照。

（14）「おもろさうし」の詳細な分析を行った玉城政美『南島歌謡論』（砂子屋書房、一九九一年）等、参照。

（15）仲原善忠・外間守善編『校本おもろさうし』（角川書店、一九六五年、一四〇頁）。関連する部分は以下の通りである。

あおりやへかふし

一　きこゑ大きみが、天のいのり、しよわれば、てるかはも、ほこて、おきやかもいに、しまそゑて、みおやせ（後略）、

（16）『金石文』、二三八頁。

（17）『定本　琉球国由来記』、二二頁。

（18）暦注とは、日付の下の二八宿、一二直、納音などの注記のこと。日の干支や年の干支に基づいて日の吉凶禍福を占うのに用いられた。中鉢良護「王府の暦をめぐる諸問題」（『沖縄文化』七七号、一九九三年）、参照。

（19）『金石文』、二三六頁。

（20）琉球への禅宗の伝播については、葉貫磨哉「日本禅宗の琉球発展について」（『駒沢史学』第七号、一九五八年）がある。また、琉球仏教を概観したものに、同「琉球の仏教」（『アジア仏教史　中国編Ⅳ　東アジア諸地域の仏教』（佼成出版社、一九七六年）、知名定寛「古琉球王国と仏教―尚泰久・尚徳・尚真の仏教政策を中心に―」（『南島史学』第五六号、二〇〇〇年）等、参照。

（21）『球陽』（読み下し編、角川書店、一九七四年）、二七八頁。以下、『球陽』からの引用はすべて同書による。

（22）『球陽』、二七五頁。

（23）『球陽』、二六〇頁。

（24）祭天儀礼は、天（至上神）の命を受けた君主が、天子（天の長子）として中国の土地人民を統治するという儒教の政治哲学に基づいている。天子（皇帝）は天を祭ることが義務であり、また特権でもあった。詳しくは、諸橋轍次「支那の家族制」祭祀篇（初出、一九四〇年）『諸橋轍次著作集』（第四巻、大修館書店、一九七五年）、好並隆司『秦漢帝国史研究』（第三篇第一章「中国古代

祭天思想の展開」、第二章「中国古代における山川神祭祀の変貌」未来社、一九七八年）、金子修一「中国―郊祀と宗廟と明堂及び封禅―」（『東アジア世界における日本古代史講座9　東アジアにおける儀礼と国家』学生社、一九八二年）、小島毅「天子と皇帝―中華帝国の祭祀体系」（松原正毅編『王権の位相』弘文堂、一九九一年）等、参照。

(25) 『正徳大明会典』巻八〇、祭祀一、郊祀（第二冊、及古書院）、二〇八～二一四頁。

(26) 拙稿「史料紹介『琉球国王家年中行事　正月式之内』」（『浦添市立図書館紀要』第二号、一九九〇年）。

(27) 「琉球国由来記」、一〇頁。

(28) 『正徳大明会典』、二一四～二一五頁。

(29) 子の方御飾の図「図帳当方」（『首里城関係資料』沖縄開発庁沖縄総合事務局発行、一九八七年、七一頁）。

(30) 申叔舟著（田中健夫訳注）『海東諸国紀』（岩波文庫、一九九一年）、二七四頁。

(31) 「琉球国由来記」、一一頁。

(32) 「新集科律」巻七、賊盗、大祀之御祭器盗の項（崎浜秀明編『沖縄の法典と判例集』本邦書籍、一九八六年、二八〇頁）。

(33) 沖縄県立図書館蔵。沖縄県教育委員会発行影印本、下、一一八～一一九頁。

(34) 平木實「朝鮮半島における王権について―朝鮮王朝時代を中心に―」（註(24)『王権の位相』所収）。

(35) 道光二〇年（一八四〇）「聞得大君加那志様御新下日記」（『神道大系神社編五二　沖縄』財団法人神道大系編纂会発行、一九八二年、二六八頁）。

(36) 「中山沿革志」（『那覇市史　資料篇第一巻3　冊封使録関係資料（原文編）』那覇市役所発行、一九七七年、五八頁）。

(37) 註(24)諸橋轍次「支那の家族制」宗廟篇、二一三～二一五頁。

(38) 「中山伝信録」（註(36)、一五一～一五二頁）。

(39) 『球陽』、二三四頁。

(40) 『球陽』、二二八頁。

(41) 「琉球国要書抜粋」（『石室秘稿』一、国立国会図書館蔵）。

(42) 一四、五世紀に主に中国福州から渡来した華人の末裔の居住地のこと。現在の那覇市久米町に当たる。クニンダと訓み、唐営（唐栄）とも称した。近世琉球の対中国外交の専門集団であり、中国文化導入の窓口でもあった。

(43) 天子（中国皇帝）が使者を派遣して祭ること。冊封に先だって故王を弔う儀式が琉球では崇元寺（那覇在）で行われた。冊封使には皇帝から諭祭文や諭祭品が託されており、冊封儀礼と並ぶ一大儀礼であった。
(44) 『球陽』、二六〇頁。
(45) 高良倉吉「近世琉球における天孫氏問題―雍正九年の天孫氏位牌安置一件の詮議から―」（『球陽論叢』ひるぎ社、一九八六年）。
(46) この天孫氏問題に関する史料は、註(45)で高良氏が指摘しているように笹森儀助『南島探験』（一八九三年）による。本文は『南嶋探験1』（平凡社東洋文庫、一九八二年、一四五頁）による。
(47) 主なものとして高良倉吉「向象賢の論理」（『新琉球史　近世編（上）』琉球新報社、一九八九年）、田里修『「羽地仕置」に関する一考察」（『沖縄文化』第七一号、一九八八年）、上原兼善「琉球国における寛文改革の意義―いわゆる羽地「仕置」の性格をめぐって―」（『西日本史学会宮崎支部報　一九八五～一九八八年』宮崎大学教育学部、一九八九年）等、参照。
(48) 渡名喜明「琉球王権論の一課題―国王の久高、知念・玉城行幸の廃止を巡って―」（註(1)『窪徳忠論文集』、所収）、拙稿「首里王府の祭祀規制策と西表―農耕儀礼との関連から―」（『地域と文化』第四〇・四一号併号、一九八七年）等、参照。
(49) 近世の久米村については、富島壮英「明末における久米村の衰微と振興策について」（中琉文化経済協会主編『第一届中琉歴史関係国際学術会議論文集』聯合文化基金会・国学文献館出版、一九八七年）、田名真之「近世久米村の成立と展開」（『新琉球史　近世編（上）』琉球新報社、一九八九年）、池宮正治、他編『久米村―歴史と人物―』（ひるぎ社、一九九三年）等、参照。
(50) 中国における明清代の釈奠については、矢沢利彦「孔子崇拝儀礼（釈奠）について」（『思想』七九二号、一九九〇年）、参照。
(51) 『球陽』、二五七頁。
(52) 『球陽』、二〇八頁。
(53) 家・墓・村落・王都などの立地選定において「気」の凝集する地を理想とする知識・思想体系のこと。地理、堪輿ともいう。都築晶子「近世沖縄における風水の受容とその展開」（窪徳忠編『沖縄の風水』平河出版社、一九九〇年）、渡邊欣雄『風水思想と東アジア』（人文書院、一九九〇年）等、参照。
(54) 糸数兼治「近世琉球における朱子学の受容」（『沖縄文化』第六八号、一九八七年）、安達義弘「政策としての異文化導入と文化統合の問題―近世琉球における儒教化政策と褒賞体制―」（『西日本宗教学雑誌』第一一号、一九八九年）、参照。
(55) 『球陽』、二〇四～三八七頁。

(56)『近世地方経済史料』(第一〇巻、吉川弘文館、一九三二年、三九五〜三九六頁)。なお、当該部分は年欠であるが、『球陽』一六九五年条(二三一〜二三二頁)において、円覚寺の知行高が一〇〇石へ改定されており、本文での各寺の知行高はそれ以降のものと推測される。

(57)『近世地方経済史料』、三六六頁。

(58)『球陽』、二八九頁。

(59) 註(45)高良論文。なお、高良氏は同論文で、崇元寺と龍福寺の関係を「崇元寺は広義には舜天以後の歴代のすべての王の廟所であるが、狭義に見れば第二尚氏王統歴代王の廟所であり、これに対し竜福寺はもっぱら第二尚氏以前の歴代王統の廟所である」(一五八頁)と規定している。龍福寺の位置づけに異論はないが、崇元寺の狭義の理解には首肯しがたい。本文で述べたように、第二尚氏の宗廟は円覚寺である。そのことは、『球陽』一七二一年条(二六四〜二六五頁)において、円覚寺の先王神主の始祖は尚円であるという点からも明白である。

(60) 高良倉吉「伊是那玉御殿をめぐる諸相」(註(1)『窪徳忠論文集』、後に高良倉吉『琉球王国史の課題』ひるぎ社、一九八八年に所収、二六一頁)。

第二章　従属的二重朝貢国＝琉球の対外関係と貢納制

「両属」概念を越えて

前近代における国家には、都市国家・港市国家・古代国家・王朝国家・封建国家など多様な形態が見られた。アジア世界では、中国王朝を中心とした冊封・朝貢システムが広く諸地域を覆っていた。中国とその周辺諸地域・諸国との結びつき方は一様ではなく、土司・土官・藩部・朝貢国など多様な結合関係の下に国際秩序が形成されていたが、その「国家」形態もまた多様であった。[1]

そのような中で、一四世紀から一九世紀にかけて存在した琉球国は、およそ五〇〇年の長期にわたって中国（明清）との冊封・朝貢関係を取り結ぶ典型的な朝貢国の一つとして存在した。一七世紀初頭に薩摩軍勢の攻略を受けた後も、中国（明清）との冊封・朝貢関係を旧来通り維持したまま薩摩藩島津氏の「領分」＝幕藩制国家の支配領域内に組み込まれた。そのため二重の性格を持つ複雑な国家形態をとるようになる。

本章では、このような中国と日本という複合支配の下に置かれた地域＝琉球王国が、どのような宗主・藩属関係、朝貢関係を取り結んでいたか、さらに国内ではいかなる統治方式をとっていたかを探ることにしたい。

幕末において琉球国の帰属をめぐって交わされた幕府内部の論議は、近世琉球国のあり方を探る上でひとつの手掛かりとなる。この問題は、すでに真栄平房昭・横山伊徳両氏によって指摘されているが、やや異なる視点から取りあ[2]

げてみよう。ペリー艦隊による琉球の開国要求に危機感を懐いた老中阿部正弘は、琉球の所属問題を関係部署に次のように諮問した。琉球国は日本と唐土（清国）へ随従しているが、欧米諸国に対して公式にはどのように表明すべきか、と。それに対して、林大学頭（アメリカ応接掛）らは、琉球は「薩州（薩摩藩）附属の国」だが、明代以来、中国の冊封使によって国王に封ぜられ、かつ中国の正朔を奉じており、また日本への随従を外国に対して隠していること等から、「唐国は父の如く、日本は母の如き意味」であり、強いて言えば「唐土の属国」であるとの見解を提出した。「父」を優先する儒者の論理に、大目付海防掛らは、将軍の判物によって琉球は薩摩藩島津氏の領分とされており、琉球の石高一二万石は「皇国」の版図内であり、「薩州の附庸」の点に疑問の余地はない、と反論した。ただ、琉球は朝鮮とともに「通信の国」であり、中国やオランダの「通商の国」とは異なると近年、諸外国へ表明している都合上、「通信の国」琉球が薩摩藩の「従附の国」とは表明しにくいとトーンダウンした。それでもなお琉球は「薩摩守の指揮」を受けていることや琉球使節の江戸上り等から一方的に「唐土の属国」とは決めつけられない、「両国随従の国」と称するのが妥当との見解を示した。勘定奉行らも、薩摩藩の郷帳に琉球が記載されていることを根拠に薩州への帰属を主張しつつも、林大学頭らの主張にも一理ありとして、いずれとも決めがたい以上、薩摩藩の返答によって決定すべきだとした。ところが、当の薩摩藩は一七世紀半ばの明清交替時における幕府の決定（清国による琉球の冊封を容認したこと）の経緯を書面で提出しただけであった。(3) このように結局、幕府は琉球＝日清「両属」という旧来の見解以上のものを打ち出すことはできなかった。その点に、当該期における琉球の国際関係上の位置が象徴されているといえよう。

しかしながら、この「両属」という捉え方では琉球が置かれた複雑な国際関係上の位置や琉球王国の特質を十分に説明することはできない。また、たんなる日清両属論では宗主国による上からの領有の論理に帰着し、琉球側の歴史主体性を欠落させた歴史認識に陥りかねない。宗主国の側からではなく、琉球の視座から捉え直す方法のひとつとして、本章では朝貢システムに着目する。中国（明清）・日本（薩摩藩）と琉球の関係は、一種の二重朝貢と規定することができるが、両国への朝貢は同質でも同レベルでもなかった。中国（明清）への朝貢が平時において樹立された関係である一方、日本（薩摩藩）への朝貢は、薩摩軍勢の琉球出兵という戦争を契機として成立したものである。また、朝貢のあり方も大きく異なる。明清への朝貢は、貿易を随伴するものであったため琉球側は積極的であったが、他方、薩摩藩へのそれは敗戦の結果、強制を余儀なくされた朝貢であった。このように両国への二重朝貢は、相対的に規制力の弱い中国への朝貢と大幅に王権を制約された薩摩藩への従属的朝貢という特徴を持っている。それらを包括する概念として、本章では「従属的二重朝貢」と呼ぶことにする。

一　「大和の御取り合い」

1　薩摩藩への従属的朝貢形態

近世の琉球王国では、中国・日本との関わり方を「唐・大和の御取り合い」と称していた。「取り合い」（トゥイエー）とは「親交・交際・外交・交易」を意味し、個人間の交際から国家間の交際（外交）を含む多義的な用語として用いられていた(4)。ここでは、まず「大和の御取り合い」から見てみよう。

薩摩軍勢による琉球攻略以後、薩摩藩から次々と布達される法令やキリシタン禁令、国王以下王府高官らの薩摩藩への臣従を誓う起請文による誓約体制、中国貿易への介入などから、かつての研究では琉球を薩摩藩の傀儡王国と位置づけるものもあった。だが、そのような見解は、現在では実証的な側面から批判・否定されつつある。しかしながら、琉球王国（より限定していえば琉球王権）が、薩摩支配によって制約されていたことは事実であり、その支配の程度が明確にされず曖昧にされるならば、かつての傀儡王国論の単なる裏返しとなり、これまた一面的な理解に陥ってしまう。

端的にいえば、薩摩藩による琉球支配の実態と支配の限界を峻別することが、まずは必要とされる。そこで、薩摩藩への従属的朝貢の特徴を、これまでの研究を念頭に概括し[5]、ついで王権を掌握しようとして採られた服属儀礼の問題を検討してみたい。

一六〇九年の薩摩軍勢による支配の後、尚寧王以下、首里王府の高官らは薩摩藩に連行され、駿府・江戸で大御所家康と将軍秀忠に謁見し、帰国したのは一六一一年であった。その間に、薩摩藩は琉球検地を行い、奄美地域を除く琉球諸島の総石高を八万九、〇八六石余と打ち出した。しかし、その石高に基づいて薩摩藩への年貢上納（仕上世）がすぐに開始されたわけではない。一六一一年の年貢は、芭蕉布三、〇〇〇反・牛皮二〇〇枚・上布六、〇〇〇反・下布一万反などの琉球の土産物であった[6]。しかし、その上納方法では不都合が生じたとして、翌一二年からは、指定産物を少々とし、それ以外の産物は自由とした。ところが、その方法も直ぐに変更され、一六一三年からは、銀子三二貫目の年貢となった。これは、すべて銀納ではなく、それに相当する年貢上納を意味し、数量は不明だが米納も一部行われていた[7]。その後、年貢の基本は、一時的に上納免除となったり、あるいは一六三三年の冊封使渡来によって半免となることもあったが、表1のように推移した。当初の比較的軽い負担から徐々に負担率が引き上げられていったことが分かる。特に、一六一七年から一石当たり銀八分として、琉球総石高に基づく年貢徴収が取られるようになる。

その後、銀納を機軸とした方式から米納へとシフトして行くが、一七世紀後半から一八世初頭にかけての年貢負担のあり方は不明な点が多い。ただ、表2に示したように、少なくとも一八世紀初頭では、大ざっぱに一万一、〇〇〇石余から一万二、〇〇〇石弱が薩摩藩への法定負担額であった。これは、琉球国内における穀物・上納布等による年貢徴収の総計が二万四、七〇九石余とされていたことからすると、そのおよそ半分に相当する。それ以外にも琉球に駐在する在番奉行への接待費や薩摩藩との交際上の費用も加算されることから、琉球国の年貢徴収総量から見て薩摩藩への年貢上納は、決して軽いものではなかった(8)。

ただし、この年貢総量には、特産物である黒砂糖や鬱金（ウコン）の収量は除外されている。すでに指摘されているように、少なくとも一八世紀初頭以後の琉球は、黒砂糖・ウコンを日本市場へ売却し、入手した銀を資本（渡唐銀）として対清貿易へ投下する経済構造を確立していた(9)。このことは、日本（薩摩）と中国（清）への政治的な二重朝貢システムが貿易面においてもリンクしていたことを物語っている。

ともあれ、このような黒砂糖・ウコンを除く年貢徴収の約半額相当を薩摩藩への上納として義務づけられており、少なくとも一八世紀初頭では、残りの一万石余で対中国貿易以外の王府財政を賄わなければならなかった。

そのことに関して、三司官職にあった蔡温は「独物語」（一七五〇年頃成立）の中で「毎年、御国元（薩摩）へ年貢米を上納することは、御当国（琉球）にとって大分の御損亡の様に見えるが、結局は大分の御得となっている。それには誠に筆紙に尽せない理由がある。というのは、往古は政道も不安定で、農民も耕作を油断し、物資も不自由で、いずれも気ままで風俗も悪く、その上、世替りの騒動もしばしば発生し万民の困窮となっていた処、御国元の御下知（支配）に従って以来、風俗も引き直り、農民も耕作に精を入れ、国中の物資も思うままに調達でき、このように目出たい御世となった。そのことは、結局御国元の御陰であり、筆紙に尽くせない御厚恩と思うように」と、薩摩藩の「御厚恩」を強調していた。しかし、それが建前であったことは、別の箇所で「唐・大和への御礼対については、琉

表１　1611～1644年，年貢（出物および出銀）状況

西暦	日本年号	出物・出銀　【　】内は推定額	琉球総石高
1611	慶長16	芭蕉布（3000反）・唐紵（1300斤）など	89,086石
1612	慶長17	何品にても上納	〃
1613	慶長18	銀32貫目	〃
1614	慶長19	出物免除	〃
1615	慶長20	銀64貫目	〃
1617	元和3	1石＝銀子8分【銀71貫264匁】	〃
1618	元和4	1石＝銀子8分【銀71貫264匁】	〃
1619	元和5	1石＝銀子1匁【銀89貫86匁】	〃
1625	寛永2	1石＝銀子5分【銀44貫543匁】	〃
1628	寛永5	1石＝銀子1匁【銀89貫86匁】	〃
1632	寛永9	1石＝銀子1匁5分【銀124貫627匁】	83,085石
1633	寛永10	1石＝銀子5分【銀41貫514匁】	83,085石
1635	寛永11	1石＝銀子3匁【銀272貫499匁】	90,833石
1644	寛永21	1石＝銀子3匁【銀272貫499匁】＋重出銀2分【銀18貫166匁】＋合力銀1人付2分【銀22貫余】【＊計銀312貫665余】	90,833石

1644年の推定人口11万2000人余.

典拠：「御当国御高並諸上納里積記」,「薩藩旧記雑録後編」.

上原兼善「元禄期琉球王政の展開」(『史料編集室紀要』15号，沖縄県，1990年)，参照.

表２　1650？～1726年，1727年～の年貢負担

1726年(享保11)以前(総高90,833石)		1727年(享保12)以後(総高94,1806石)	
出米	7,361石余	本出米	7,632石余
御賦米	999石余	御賦米	1,036石余
運賃米	2,492石余	運賃	3,772石余
牛馬口銀代米（運賃含）	156石余	牛馬口銀代米（運賃含）	156石余
在番奉行等へ支給米	105石余		
計	11,009石余	計	11,933石余

出典「御財制」.　　出典「御当国御高並諸上納里積記」.

球の御分力では不相応な御物入りであり、諸事万端にわたって不如意の体である。その上、御国元からは時々、重出米・出銀等の上納を命ぜられ、重ね重ね安堵の思いもない。御両国への御奉公の兼務は、誠に大粧なことである[10]」と二重朝貢体制を維持することの困難さと、特に薩摩藩から賦課される臨時増徴への不満が漏れている点を見逃すことはできない。

2　琉球王位と中国・薩摩

薩摩藩への年貢負担以外で、これまで全く注目されることのなかった従属形態に次期王位継承者の鹿児島への渡海がある。その問題から琉球・薩摩関係へアプローチしてみよう。

薩摩藩支配下における琉球の王位継承方法を概括すると次のようになる。国王が死去すると、次期王と目される人物を王族や王府高官らが推戴し、薩摩藩主へその許可を要請する。薩摩藩はそれを幕府へ具申すると、将軍は「（琉球は）薩摩守の領国であり、（薩摩守の）心次第」と薩摩藩主へ委任している旨を回答する。それを承けて薩摩藩は琉球へ王位の承認を通達する[11]。そして、時期を見て新王は薩摩藩主へ臣従の起請文を提出させられ、新王継ぎ目の謝礼として江戸幕府へ謝恩使を派遣する（江戸上り）。

他方、中国との関係では、薩摩藩からの回答後、中国皇帝へ冊封の要請を行い、冊封使を琉球へ迎え入れて、王号の授与式（冊封儀礼）を大々的に挙行する。その後、冊封への謝恩使を派遣する。こうした一連の複合的な過程を経て琉球王位は確定する。

以上のことは、琉球・中国間で完結していた冊封関係に、新たな宗主国となった薩摩藩島津氏が割り込んでいたことを示している。琉球王権は自立した存在から外部（薩摩藩）の介入を強く受ける存在となったのである。ただし、琉球側の申請した王位継承者を薩摩藩が覆したことはない。そのことは、王位継承の実質的な主導権は琉球側に存していたことを意味するが、薩摩藩は幕府権威を後ろ盾とすることで、上位権者として琉球の王位を承認するという形式を採っていた(12)。その点に幕府・薩摩・琉球の権力的位置が表されているといえよう。

3　中城王子の上国

近世の琉球では、王位継承者は中城王子を原則としていた。薩摩侵攻時の尚寧王、そして琉球処分時の尚泰王を除くと、一旦即位した国王が国外へ赴くことはなかった。ところが、即位前の中城王子時代に鹿児島へ赴く時期があった。それを「中城王子様御上国」と呼称していたが、中城王子の鹿児島への渡海は、結論を先取りしていえば薩摩藩主への服属儀礼を意味している。

しかし、この中城王子上国は薩摩支配と同時に開始された訳ではない。それ以前には次のような人質制度があった。要点を記すと、一六一一年、尚寧王が日本から帰国するのと入れ替わるように「国質」制がスタートした。首里王府の高官である三司官か、それに準ずるランクの人物が「国質」に充てられ鹿児島に抑留された。一六一四年からは「十年質」として佐敷王子（後の尚豊王）が送られたが、佐敷はその冬に帰国している。一六二六年からは三年間の「国質」制となり、一六三〇年からは三司官の一人が確実に抑留される三司官の三年詰めとなり、その制度は一六四六年まで続いた(13)。三五年に及ぶ人質制度であった。

そして、一三年間の空白を置いて、一六六〇年から中城王子の上国（朝覲）制度が新たにスタートしたのである。その全体状況をまず概観してみよう。最初に上国したのは、尚質王の長子であった尚貞が前述のように一六六〇年に上国した。第二回目は、一六七四年に尚純（尚貞王の長子）が上国した。ただし、尚純は即位前に死去している。第三回目は、一六九二年、尚益（尚純の長子）の上国である。ところが、次の尚敬王（在位一七一三〜五一年）や尚穆王（在位一七五二〜九四年）は幼くして即位したため、中城王子時代は短く、薩摩へ上国する機会がなかった。そして、第四回目は一七七三年に尚哲（尚穆王の長子）は上国したものの、即位前に死去した。そして、この尚哲を最後に中城王子上国は事実上行われなくなる。(14)

尚温王から尚灝王期にかけて上国が見られない理由は、その国王たちの在位が極端に短いことにあった。尚温王は七年間（一七九五〜一八〇二年）の在位にすぎず、尚温王の長子である尚成は、わずか三歳で即位したが翌年には死去していた。その跡を継いだのは尚灝（尚哲王の第四子）であるが、尚成の急逝のため中城王子時代はなかった。(15)上国が計画されながら、(16)各王の度重なる急逝によって中断を余儀なくされていたのである。

尚育王（在位一八三五〜四七年）から最後の国王尚泰（在位一八四八〜七九年）までの期間に上国がなかった理由は、欧米勢力の外圧にあったと思われる。一八四四年以後、フランス・イギリス・アメリカ等の異国船は琉球へ和親・通商・キリスト教布教の要求、そして琉球の「開国」を次々に迫った。そのため尚育王代の中城王子上国は結局、薩摩側から免除措置がとられ、(17)尚泰王代の中城王子尚典（尚泰の長子）も同様に「一世御容免」として上国を終身免除された。(18)琉球側の免除要請を受けての措置と思われる。要するに、薩摩藩は中城王子上国を維持しようとしていたが、琉球各王の夭逝、そして幕末における国際関係の激変等によって中止へ追い込まれていたのである。

では次に、翻ってなぜ一六六〇年から中城王子上国が開始されたか、ということが問題となる。しかし、残念ながらその点を明確に示す史料は見つかっていない。この制度が明代ではなく、清代になって始まったこと、すなわち中城王子上国の三年後（一六六三年）に、清朝初の冊封使が渡来したこととの関連性が推察される、という指摘に今のところは止めておきたい。

4　服属儀礼の内容

さて、次に中城王子上国の中身を見てみよう。初回の中城王子上国に対して、薩摩藩が入念な準備をしていたことは、例えば「琉球衆（中城王子一行）の御振舞いは、極月二十八日に行われた。右の御馳走（接遇）として路地は新しくされ、日本に二つと無いようにせよ、との指示があり、我々も大いに驚かされた。御能があり、演目は翁、老松、実盛、湯屋、三井寺、養老で、御振舞い膳は五五三の料理であった」と薩摩藩家老自身が「驚目」するほどのものであった。(19)

初回の儀式内容は不明だが、最後の上国となった一七七三年時のものが「石原家文書」に残されている。(20)その概略は次の通りである。同年夏、上国した中城王子尚哲らは、八月一九日に鶴丸城へ登城し、藩主島津重豪へ最初の謁見をし、同月二一日には磯御屋敷で宴席や花火見物の接待を受け、九月三日には聖堂への参詣、同月二四日には「外お庭御茶屋」での宴席、一一月一三日には島津家のお家芸である「犬追物」の観覧・宴席、同月二七日には鶴丸城での五五三の料理と能の観覧、一二月一三日には琉球仮屋へ藩主自らが赴いての宴席、翌年正月九日には鶴丸城での藩主への謁見・宴席、同一八日には琉球仮屋での宴席というものであった。

特に、一一月二七日の宴席が一大セレモニーであった。鶴丸城の御書院の間で最初に藩主と謁見し、そして能楽を三番観劇した後、五五三の料理が出された。五五三とは七五三の本膳料理に次ぐ饗膳料理の一種である。次いで、四汁十三菜の引替え料理が続き、藩主から盃の下賜と返盃、伴の三司官らへの盃のお流れ、御後段の料理、御菓子、御引き肴・お吸い物・御銚子、再び能楽、間の御菓子、二汁八菜の御湯漬け、等と宴席料理が延々と続いたのである。

以上のことから、薩摩藩主への謁見は、服属を直接的に強制するような儀式を伴うものではなかった。むしろ賓客を持てなす一大接待（宴席料理・芸能・花火・お家芸等）という形式をとっていたことが分かる。大々的に接遇することで薩摩藩の大国ぶりを誇示し、それを次期国王へ直に見せつけることによって薩摩藩への帰服を狙うことに主眼があったといえよう。

中城王子上国とは薩摩藩への服属儀礼の第一段階であり、即位後における薩摩藩への起請文の提出はその第二段階と位置づけられる。薩摩藩はこのような形態で琉球王権を掌握しようとしていたのである。

二　「唐の御取り合い」

1　明清両朝との朝貢関係

ここでは「唐の御取り合い」の実態を、主に明末における朝貢問題と清初の朝貢品改定問題から見てみよう。

明代における朝貢関係を概括すると、次のようになる。朝貢関係は明の建国直後の一三七二年、明使・楊載の招きを契機に入貢したことに始まる。明代における主要な朝貢品は表3のようなものであった。ただし、それらは、網羅的なものであり通常の朝貢（常貢）品と特別な頒賜品に対する謝恩の朝貢品に大別される。常貢品は、馬・硫黄などであり、特殊なそれは「刀・瑪瑙・象牙・胡椒」等、東南アジア各地と中継貿易を活発に展開していた時期の朝貢品も含まれている。(21)

朝貢ルート（貢道）や朝貢の間隔（貢期）は、朝貢国ごとに規定されており、琉球は海路で泉州（後に福州）へ赴き、そこから陸路で都（当初は南京、遷都後は北京）へと向かった。貢期は、当初、不定期朝貢を許され一年に数回の朝貢も

表3　明代東アジア朝貢4国の主要朝貢品（万暦大明会典，巻105）

国名	品　名
琉球	馬・刀・金銀酒海・金銀粉匣・瑪瑙・象牙・螺殻・海巴・擢子扇・泥金扇・生紅銅・錫・生熟夏布・牛皮・降香・木香・速香・丁香・檀香・蘇木・烏木・胡椒・硫黄・磨刀石
朝鮮	金銀器皿・螺鈿梳函・白綿紬・各色紵布・龍文簾席・各色細花席・豹皮・獺皮・黄毛筆・白綿紙・人参・種馬（毎3年50匹）
日本	馬・盔・鎧・剣・腰刀・鎗・塗金装綵屏風・灑金厨子・灑金文台・灑金手箱・描金粉匣・描金筆匣・抹金銅提銚・灑金木銚角盥・貼金扇・瑪瑙・水晶数珠・硫黄・蘇木・牛皮
安南	金銀器皿・犀角・象牙・白絹・薫衣香・降真香・沈香・速香・木香・黒線香・紙扇

見られたが、やがて一年一貢、そして若干の変遷をへて二年一貢が例規となった。[22]

さて、このような明国との朝貢関係を持つ琉球国は、一六〇九年における薩摩藩の軍事攻略を受け、以後薩摩藩の支配下に置かれた。そのため、一六一二年に明国は琉球の国力回復を待って一〇年後に朝貢せよ、という一〇年一貢の処断を下した。琉球の背後にある日本（薩摩藩）を警戒しての措置であった。それに対して、琉球側は旧制の二年一貢へ戻すようにさまざまな要請使者を派遣するが、明国はそれらを拒否し続け、一六二三年になって五年一貢が許された。その後も旧制への回復を要求すると同時に、一六二一年から二七年にかけて四度にわたる尚豊の冊封要請がようやく認められ、一六三三年に冊封使を琉球へ迎えることができた。この冊封を契機に琉・明関係は新たな展開を迎えることになる。

冊封使の渡来を待望していたのは、薩摩藩も同様であった。というのは、薩摩藩は、七、〇〇〇貫余りに膨れ上がった借銀を琉球の対明貿易で打開しようとして、一六三一年から琉球貿易に強く介入・テコ入れを図るようになる。[23] 薩摩藩の貿易拡大策に対して、首里王府側は執拗なサボタージュや非協力体勢で臨んだとするのが旧来の見解だが、[24] その理解には今少し検討の余地がある。薩摩藩の朝貢貿易拡大策に対する琉球側の対応の側面が十分に明らかにされてはいないからである。

2　誤読された文書―寛永九年「覚」―

そこで、この問題を再検討する上で寛永九年（一六三二）八月二七日付の琉球の摂政・三司官へ宛てた「覚」が、その手がかりとなる。[25] そこには、琉・薩間における朝貢貿易への対処法が集中的に表れている。

第一条は、借銀（七、〇〇〇貫余）の返済は、琉球口からの「唐の才覚」（朝貢貿易）によって解決することとなったこと、それを琉球側も了解し、油断のないようにすること。

第二条は、琉球へ当夏に冠船（冊封船）が到着したなら、勅使（冊封使）へ何とか才覚を働かせて中国への派遣船の増加を図り、借銀返済のために随分精を入れるべき由、各（おのおの）が申し上げられたこと。さらに、勅使を送り帰す時には、国頭・喜友名を派遣して中国でもそのお詫び（嘆願）を行うこと。具体的には、①三年に一度（二年一貢のこと）の朝貢要請、②毎年、年頭のお礼使者の派遣、③馬・硫黄の朝貢品の増加、④毎年、皇帝の誕生日（聖節）への使者派遣、④やこ貝の殻（螺殻）を毎年進上すること、というものであった。

第三条は、前代の進貢では、貢馬は一五疋から八疋、硫黄は二万斤内外であったが、しやな（謝名）の要請で貢馬は四疋、硫黄は一万斤に減額され、さらに御弓箭（薩摩藩の攻略）以後は十年御免（一貢）となり、その後、貢期の回復要請の結果、五年一貢となった。もし、右（第二条）の五項目が許可されたなら、船を多く派遣するのは問題はない。銀子を過分に持ち渡り（薩摩藩の）御為になる、と各々が仰せられた由を申し上げる。さらに、進貢は前代からの定規で、琉球の失墜（失費）であったが、右の四項目（年頭使者派遣から螺殻進上の項）が承認されたならば、船数を増加することができ、その費用は鹿児島（薩摩藩）の負担とすべきことを申し談じた。また、二年一貢が許可されたならば、年に船を一艘ずつ渡海させる。その方法は、今年渡唐した使者は北京で越年するため、その船は年内に帰国させ、翌年に迎え船を出すことにすれば、その後は毎年の派遣船となる。

第四条は、勅使が当秋に帰国する際、二艘の送り船を派遣することを協議した。そうしたならば、一艘に銀六、〇〇〇貫目に相当する糸（生糸）を乗せられると仰せられた。しかしながら、七五〇貫目を搬送すべきことを堅く申し決めた。それで、中国で進貢船を大型に作り替え生糸を購入して帰朝するようにと協議した。もし、当秋に勅使から二艘の送り船は不要とされたなら、一艘は来春に勅使の帰国の安否伺いの船を派遣することを協議した。

第五条は、当夏にもし冠船の来着が見られないならば、去年、東宮慶賀使として渡唐した池城のお迎えとして一艘を派遣すること。もし、池城が今年帰国したならば、冠船の迎接に二年前に派遣された又吉の迎えとして一艘派遣すること。また、勅使の到着が今年なければ、来春その様子伺いに一艘派遣すること。

第六条は、勅使の帰国の際に琉球側から王舅を付けて今年派遣する場合は、来年の秋その迎接船を一艘派遣すること。そして、この船を中国で大船に作り替え、生糸を大量に積載できるように考慮すべきことを相談し、船の改造費用は薩摩側の負担とする。

第七条は、銀八〇貫目は琉球国王の御物として毎年、中国へ持ち込むことを各々から要請された通り、具に申し上げる。

第八条は、数年来、生糸の目減り分は国王の「御物糸」で弁償し、進貢船の仕立て料や中国での遣い物代も琉球側の失費であったこと、さらに、生糸の目減り分は交易担当の才府・官舎役も弁償させられ迷惑となっていた様子を細々と披露する。

第九条は、進貢船が二艘の場合、水手（水夫）は琉球側で用意し、もし三艘となった場合には「道の島」（奄美地域）

から水手を手配する件を、これまた具に申し達する。

以上、やや長々と引用したのは、この「覚」が不十分な位置づけのまま、薩摩藩からの一方的な指示・命令文書と解釈され、「琉球の外交は薩摩の意のままであった」[26]という根拠にされているからである。しかし、右の「覚」は結論的にいうと、首里王府と薩摩側の冠船奉行（新納忠清・最上義時）の間で、冊封使の渡来を契機として貿易活動を一挙に拡大するための協議内容を確認した文書、というべきものである。

「各（＝摂政・三司官）仰せらるる由」などとあるように、琉球側の発言を確認し、それを言質とする一方、第七〜九条では琉球側の要求―国王の貿易銀の確保、生糸損失分の鹿児島側負担、奄美地域からの水主要請―を盛り込んでいた点を見逃すことはできない。また、進貢船の拡充策が可能となった場合、その負担を薩摩藩側が担うこと（第三条）や、大型船への改造費用も薩摩藩の負担とすること（第六条）が合意されており、朝貢貿易における共同経営的側面が見られるのである。そのことは、翌三三年に、これまで琉球が負担してきた「舟の取り仕立て料、唐での礼銀、水主賃・飯米、生糸を鹿児島へ搬送する際の出費を今後は薩摩側も負担する」[27]という点に示されるように、琉球側の利害を一部吸い上げることによって対明貿易の拡大策が図られていたのである。

確かに、薩摩藩は琉球側に対して前年に御物銀一、〇〇〇貫目ほどを一年で中国貿易へ投下するための談合（協議）の開催と、年に春秋冬の三度、進貢船を派遣することを要請していた。[28]その意味では、右の「覚」は薩摩藩の貿易拡大策に沿ったものであり、決して琉・薩間の対等・平等な協議ではありえなかった。また、薩摩藩から琉球役人の「御奉公は唐口の商売」以外にはないと、対明貿易への専念を強要されてもいた。[29]そして、薩摩側の貿易活動への介入に不満を懐く者が首里王府に存在したことも、すでに指摘されている通りである。[30]しかしながら、そのことから直ちに王府ぐるみによる非協力態勢へと結論づけるのではなく、むしろ王府内部における対処の差異―迎合的推進派と消極的非協力派の存在—として腑分けする必要があろう。

3　朝貢貿易拡大策の展開

ともあれ、この琉・薩共同の貿易拡大策がどのような展開を遂げたかを次に見てみよう。一六三三年、冊封儀礼を終えた冊封使・杜三策らを送り届ける役目は、「覚」通り王舅役として国頭親方（呉鶴齢）、大夫役は喜友名親方（蔡堅）であったが、送り船は一艘のみで、[31]謝恩船二艘の派遣計画は実現しなかった。ところが、翌年四月に、冊封使の帰還の安否を伺う探問使として鄭子廉らが派遣されており、[32]「覚」の第四条どおりとなった。国頭・喜友名らの乗った謝恩船は、福州へ到着後、明国の「冗費」節減に資するためという理由で即時帰国を要請し、[33]翌年六月に帰国の許可をうけている。[34]この要請は、派遣船のサイクルを早めるための「覚」に基づく方策であったことは間違いない。

一六三四年九月には、五年一貢の貢期に当たっていたため蔡錦らの朝貢使節が派遣された。[35]ところが、その翌三五年二月にも、以前に中国へ漂着した宮古島民の琉球送還に対する謝恩という名目で鄭藩献らが福州へ派遣された。[36]前述の「覚」には見られない使節であるが、一六三三年一一月から三五年四月までの約一年半の短期間に四回にわたって次々と進貢・謝恩の名目による遣船が行われたのである。

次に、「覚」第二条で明国当局へ請願すべき項目とされた二年一貢、朝貢品目と数量の増加・改定問題を見てみよう。結論を先に示すと、琉球側の要請は、ほぼ支障なく容認された。その要請方法とは、以下のようなものであった。①琉球は辺地にあり、土産は馬匹・硫黄のみだが、次回の朝貢からは常貢の外に馬を六匹増して一〇匹とし、硫黄は一万斤増して二万斤とし、螺殻三、〇〇〇個を加え、いささかの愚忠を示したい。②ただし、貢物・人馬は大変重く、一船では遠洋の波濤をしのぎがたいため、二艘に分乗させていただきたい、と。それに対する回答は、各船への水夫の乗員は一〇〇人以内と制限を付けられたものの、それ以外の要請は一六三四年一一月の論旨で承認された(37)。増設した朝貢品の確実な搬送と航海の安全を期すためには、進貢船一艘の増加が必須であるという論理立ては、換言すれば、貢物の重量がかさむよう意図的に設定していたことを物語る。ただ、夜光貝（螺殻）の新規増設は、明国側の要求に応えるものでもあった。というのは、一六三〇年に福建当局から宮中用として螺殻を買い上げる用意があり、進貢船での搬入を打診されていたからである(38)。その螺殻を朝貢品に加えることは、福建当局の要望を十二分に満たすものであったといえよう。また、二年一貢への復旧も、冊封後に要請すれば可能との感触を琉球側は事前に得ていた(39)。

以上の交渉過程から、二年一貢への復旧、朝貢品目・数量の増設を協議した前述の「覚」は、ほぼ実現可能な計画であったことが分かる。要するに、朝貢貿易拡大策は薩摩藩の一方的な琉球への強要ではなく、中国情報を持つ琉球側の提案を盛り込んだ琉・薩合意の拡大策であったということである。もちろん、それらがすべて計画通り運んだわけではない。

進貢の翌年に迎え船を出す（後の接貢船に相当）ことで、毎年、進貢船を派遣する計画は実現しなかった。それどころか一六三六年四月に福建布政司は、尚豊の冊封以来二年の内に四度も謝恩使を派遣してきた琉球側に強い不快感を示し、貢期の厳守を通告した。この年、遭難民の送還名目で派遣された鄭藩献らの船は、ついに上陸を許されず、帰国命令を受けることとなった。短期間に福州へ殺到する琉球船の目的を「中国に貿易して日本に転販」することにある、と福建当局は見抜いていたのである(40)。

4　白糸貿易の挫折

さらに、大量の銀子を元手に白糸（生糸）貿易を展開しようとした計画も失敗した。一六三四年春の鄭子廉らの探問船と同秋の蔡錦らの進貢船に約一、〇〇〇貫、三六年の林国用らの進貢船に約一、〇〇〇貫の銀を投入した白糸貿易は、二度にわたって詐取事件の被害にあった。そのため琉球側は、三四年には「王銀」四、九九八両（四九貫余）を、三六年には約四万両（約四〇〇貫）を委託した福州商人らに持ち逃げされた、とその商人名と損害額のリストを掲げて犯人逮捕と被害額の償還を福建当局へ請願した。近年の研究では、この事件は琉球側が一方的に被害を受けた詐取事件などではなく、牙行（商人）・土通事（中国人通訳）らと結びついた琉球側の貿易活動（密貿易）に疑惑を懐いていた福建当局によって摘発・没収を受けた事件として位置づけられている。(41)

一度目はなお不明ながら、二度目の交易活動において福建当局の摘発・没収があったことは間違いない。その点を貿易額の側面から探ってみよう。前述の林国用らは大小二船に積載した銀の総計を二万一、〇〇〇両と申告して貿易許可を求めていた。それに対して福建当局は、一万両を越える貿易は「約束の法」（＝憲禁、取り締まり規則）に抵触するものとして、一万一、〇〇〇両の超過分を問題視していた。(42)それでもなお、この額は明らかに過少申告であった。実際には申告額の六倍に及ぶ一二万両を持ち込み、白糸を購入しようとしていたからである。(43)定額を大幅に越える交易活動は、結局、「夷人（琉球人）、糸を買いて禁を干〔犯〕す」(44)として福建当局の摘発を受ける大きな要因になっていたのである。

琉球側は、銀一万両以上の交易が不法であることを十分承知していた節が見られる。そのことは、薩摩側との協議の際、銀一〇〇貫目（一万両）以上の交易は困難だとして、それ以上の交易を当初、強く固辞していた点に表れている。ところが、薩摩側から唐は大国であり過分の銀でも目立たないこと、これまで三、〇〇〇貫目内外の御物銀による交易も成功してきたこと、さらに、琉球側の隠し銀二、〇〇〇貫目による白糸購入問題を追求され、最終的に琉球は一、〇〇〇貫目の交易実行を押し切られるという経緯があった。(45)ところが、その結果は、前述の「王銀詐取事件」を引き起こし、さらに一六三七年三月に白糸貿易の全面禁止の処断が下される、という最悪の事態を招くこととなったのである。一六三八年の交易に限り、琉球への通告遅れが考慮されて許容されたが、次回（一六四〇年）からの白糸交易は一切厳禁とされた。(46)

それだけではない。白糸貿易の失敗と、かろうじて購入した商品も二度とも粗悪品を高額で買ってきた、とその責任を琉球側は薩摩藩から追求された。(47)その結果、琉球側は交易担当者らの処分表明へと追い込まれ、(48)未回収の銀は、福州への「残置」銀として当初四〇〇貫余、最終的には二〇〇貫分を現銀か唐物のいずれかでの年賦返済という処理方法で決着を見たのである。(49)

以上のように、二年一貢への復旧と進貢船の一艘増加、進物の変更という点では、貿易拡大策の一部分を達成したものの、大量の銀による白糸貿易の拡大策では大きくつまずいた。その後、白糸貿易の再開を嘆願し続け、それが実現するのは一六四五年、南京の弘光政権の下であった。(50)しかし、それは明清交替の渦中でのできごとであり、琉球はまたたく間に明清交替の動乱に巻き込まれ、朝貢貿易はほぼ機能停止状態に陥るのである。

5　清初の朝貢品変更問題

長い明清動乱の末、一六五三年に至って、琉球は清朝から要求されていた明朝の印勅を清朝へ返納した。そのことは清朝への帰順を意味したが、反清勢力の海賊活動等によって福州・琉球間の往来は阻まれ、琉清関係の本格的樹立は、一〇年後の一六六三年を待たなければならなかった。すなわち、同年に清朝初の冊封使が琉球へ渡航し、翌年からは明末時の二年一貢体制にまでほぼ回復するようになるからである。しかし、清朝との朝貢関係はなお不安定な状

表4　清代東アジア朝貢3国の主要朝貢品（光緒大清会典事例，巻39）

国名	品　　目（数量）
琉球	【正貢】硫黄（12,600斤），紅銅（3,000斤），白剛錫（1,000斤） 【常貢外】囲屏紙（3,000張），蕉布（50疋） 【官生謝恩】囲屏紙（5,000張），蕉布（100疋） 【その他，慶典など】方物（定額無し）
朝鮮	【年貢】白苧布（200疋），白綿布（200疋），紅綿紬（100疋），緑綿紬（100疋），木綿布（3,000疋），5爪龍席（2張），各様花席（20張），鹿皮（100張），獺皮（300張），腰刀（10把），大小紙（計5,000巻），黏米（40石） 【万寿聖節】〈皇帝へ〉黄苧布（10疋），白苧布（20疋），黄綿紬（30疋），紫綿紬（20疋），獺皮（20張），等．〈皇后へ〉紅苧布（10疋），等 【元旦】〈皇帝へ〉黄苧布（10疋），白苧布（20疋），黄綿紬（20疋），等　〈皇后へ〉紅苧布（10疋），等 【冬至】元旦に同じ 【その他，慶典など】〈皇帝へ〉黄苧布（30疋），白苧布（30疋），等　〈皇后へ〉紅苧布（10疋），等
越南	【正貢】象牙（2対），犀角（4座），土紬（200疋），土紈（200疋），土絹（200疋），土布（200疋），沈香（600両），速香（1,200両），砂仁（90斤），檳榔（90斤）

況にあった。その点を朝貢品の変更問題から探ってみよう。

清朝への朝貢品は表4に見るように、通常の朝貢品(正貢)は硫黄・紅銅・白剛錫、それ以外に特別の謝恩を表す場合には囲屏(屏風)紙、芭蕉布などが常貢外の品目として追加された。しかし、この規定は清末時におけるものであり、そこに至るまでには数度の改定が見られた。この朝貢品の変更問題は、琉・清間の朝貢関係にとどまらず、琉・薩間の問題でもあった。そのことを端的に示すのが、一六九二年九月の「口上覚」である。[51] その大意は、次の通りである。

①琉球から大清への朝貢物である螺殻(夜光貝)の免除について、銅と硫黄の進貢だけでは軽少なので、何か見繕って進貢するように、と大清役人から指示された。そのため、螺殻の代わりに錫三、〇〇〇斤を進貢したい、との趣旨を琉球側が(薩摩藩へ)報じてきたが、大清へ差し渡す品々(朝貢品)は、現在、入念に考慮すべき事項である。三、〇〇〇斤の錫を差し渡

すことは公儀（幕府）へお伺いの上、その指示を受けるべきだが、江戸へ伺っていては当年（今年）の進貢に間に合わない。錫は琉球では産出しない。日本で調達する必要があり、今年は錫の進貢を辞退することも可能だが、それでは大清での内約束を違えることになってしまう。そのことから挨拶（交際・外交）が悪化することも考えられるため、今回はひとまず、錫一、〇〇〇斤を琉球へ渡すことにする。

②今後は、（薩摩藩へ）伺った上で（薩摩藩の判断で）許可するか、あるいは却下することもありうる。今回は、大清への挨拶までのことで、右のように処理したことを琉球側は承知するように。今後、清国への朝貢品（の変更）は、こなた（薩摩藩）へ伺わない内に、清国で内約をしたり、あるいは噂（話題）に上せることも禁止する。

③大清への朝貢品（の変更）について、（以前に）是非とも変更しなければ叶わないと色々琉球側は釈明していたが、また今回も同じようにしている。大清でおおよそ内諾の上で（薩摩藩へ）要請しているように思われる。そのような仕方は宜しくない。朝貢の馬と螺殻を清国から免許（免除）されたことを琉球側は清国の高恩のように述べているが、この両品目は大清では無用物であり、銅と錫は彼の地（清）の有用品であるため、次第に清側の都合のよい品目へ変更されているのであって、琉球は近頃（薩摩へ）要望し過ぎである。

④それ以外にも琉球からの要望は、以上のことと類似している。（薩摩が）大清の様子をよく知らないと思い、（琉球は）何を報じても良いと考えているようだが、長崎の唐人たちから色々と情報を得ており、（朝貢品変更には）念を入れるように琉球へ通達せよ、と。

以上、この琉・薩間の交渉から、琉球側が独断で朝貢品を変更してきたことに対して薩摩藩は強い不満を抱いていたことが読みとれる。このことの歴史的意味あいは、対清外交における琉球側の「主体性」回復の表れとして位置づけられている。(52) その理解に基本的に従うものであるが、琉球側の「主体性」回復の動きと同時に、この問題には別の側面も存在した。そのことを一連の朝貢品変更問題から見ると次のようになる。

6　戦略としての朝貢品

明朝に取って代わった清朝は、琉球との朝貢関係を基本的に継承しようとして、一六五四年に『大明会典』の規定通りの朝貢品を琉球へ指示した。ところが、先述のように、この規定は網羅的で、かつ当該期の朝貢状況とは著しく懸け離れていたため、琉球は一六六六年に、馬一〇匹・螺殻三、〇〇〇個・生硫黄二万斤を常貢品とし、その他の烏木・瑪瑙等の東南アジア産品の免除を要請した。と同時に、紅銅六〇〇斤・黒漆竜画螺盤一〇個を「常貢外」に付加することで切り抜けようとした(53)。その要望は了承され、以後、紅銅は一、〇〇〇斤ずつ毎回の常貢にプラスされることになる。ただし、紅銅が朝貢品として登場するのは、初めてではなかった。二年前の一六六四年時に、尚質王の冊封に対する謝恩品の一つとして紅銅五〇〇斤がすでに登場していた(54)。さらに、さかのぼると明末の一六三三年にも紅銅五〇〇斤が尚豊王冊封に対する謝恩品の中に含まれていた(55)。それ以前にも銅は散発的に朝貢品となっており(56)、前例を踏襲していたことが分かる。だが、それだけではなく、むしろ大きな要因は当該期における清朝の制銭鋳造用等の銅不足にあったと考えられる(57)。たとえわずかであっても清側の渇望する銅を定期的に朝貢することによって、朝貢品変更問題を円滑に解決しようとする琉球側の戦略が根底にあったといえよう。

しかし、難関はこれだけではなかった。一六六六年、清朝への初の朝貢使節に対して康熙帝は、使節の「労煩」を憐れみ、皇帝への表文と朝貢品は福州で受領し、北京への上京使節を不要とした。また、以後の朝貢も福州止まりとする勅命に、鄭思善らは明代以来の旧例を持ち出して、その撤回を嘆願し、ようやく次回からの朝貢は旧来通り北京へ赴くことが可能となった(58)。清朝との朝貢関係は、このように波乱の要素を抱えてのスタートであった。

その後、一六八一年に、朝貢品の中の馬と糸煙（煙草）は無用品として除外され、以後は硫黄・螺殼・紅銅のみとされた。(59) つまり、常貢（正貢）外にあった紅銅を正貢内に組み込む措置が採られたのである。それ以上に大きな問題が持ち上がっていた。世子尚質の冊封要請に対して、シャム国の例に準じて請封の使者に勅諭等を携帯させ、冊封使の派遣を取り止めようとする論議（領封論）が起こったのである。琉球使節の懸命な嘆願に対して、結局、康熙帝は琉球への冊封使派遣を裁可した。しかし、明代の領封論(60)の提起が豊臣政権の朝鮮侵略戦争によって攪乱されていたものに対して、今回のそれが平時において提起されたことを、琉球側は冊封関係の弛緩・簡素化につながるものとして危機的に受け止めたことは間違いない。そのことは、前述の朝貢品変更が次のように処理されていたことからも理解されよう。すなわち、清朝は紅銅の数量指定を行わなかったのにも関わらず、琉球はこれまでの数量の三倍に当たる三、〇〇〇斤に増額し、さらに不必要とされた正貢外品に新たに囲屏紙一万張・磨刀石一〇〇個・芭蕉布一〇〇匹等を追加したのである。(61) 薩摩藩への銅の正貢内への繰り換え要請は一六八二年になされ、承認を得ていた。(62)

そして、一六九一年にも朝貢品の見直しが行われた。それが、先述の螺殼を免除する代りとして登場する錫（白剛錫）の問題である。清朝側が、螺殼から錫への変更を公式に要求した訳ではない。琉球側への通達には、たんに螺殼の朝貢免除だけが記載され、その代替品を要求してはいないからである。(63) しかし、表向きの通達とは異なり、前掲「口上覚」には、螺殼免除の代替品を要求され、清側役人との協議の結果、錫の朝貢を内諾していたのである。そのことが、薩摩側の了承を得ずに独断で処理したものとして譴責を受けていたことは前述の通りである。ここで注目されるのは、前掲③に見るように、この錫への変更時だけでなく、それ以前の朝貢品変更に際しても、琉球側は是が非でも変更が必要だとして同様の処理がなされていた点にある。すなわち、前回の紅銅への変更時も同様に大清での内諾の後に薩摩側へ要請してきたとして、薩摩藩は度重なる事後承諾へ強い不満を表し、対清外交において自立性を強める琉球の動向を牽制していたのである。要求する錫三、〇〇〇斤に対して、薩摩側が一、〇〇〇斤のみを許可したのは、その表れといえよう。その結果、琉球から清朝への朝貢錫は一、〇〇〇斤が定額となる。

7 自立と依存

以上、琉清初期の朝貢品変更問題を見てきたが、その変更は薩摩藩抜きにはありえなかった。琉球は朝貢品の変更問題を冊封・朝貢関係の弛緩・簡素化を回避するための対抗手段として、薩摩側の了承を得ることなく独断で対処していたが、そのあり方は一面では対清外交における自立性の回復と同時に、一面では薩摩藩（＝日本市場）への依存をよりいっそう強める結果となった。琉球には金属鉱石はほとんど産出しない。正貢品の中で硫黄のみが琉球産であり、残りの銅・錫はすべて薩摩藩を通じて入手する他なかった。

そのことを端的に示すのが、薩摩藩との次のやり取りである。一七九三年に、竿銅の調達が困難となったことを理由に薩摩藩は、朝貢品の品替えか、あるいは数量の縮減を琉球へ打診した。それに対して「琉球の儀、誠に不自由の小国ゆえに、往昔から自力だけでは渡唐の勤めは叶わない。専ら御国（薩摩藩）の御陰でようやく調えてきた。このたびも（薩摩藩の）御威光を仰ぐしか方法がなく、何とぞ旧来通りの品目と数量で今後とも全て調うように御取り計いをお願いしたい[64]」と回答していた。自力で朝貢関係を維持しえない、という表明は前述の朝貢品変更の結果であったといえよう。

朝貢品（紅銅・錫）ばかりでなく、琉球は渡唐銀（貿易資銀）の入手においても薩摩藩へ依存する側面があった。それらのことは、薩摩藩の支援なくして、清朝への朝貢そして貿易活動を維持することが、もはや困難な経済構造の中に置かれていたことを意味している。清朝への朝貢貿易活動における琉球の自立性回復は、他方では薩摩藩への依存を強めるという両義的であい矛盾する特徴を持っていたのである。

三　王国内支配と貢納制的社会

1　王権への統合―「世の誓い」・神水―

琉球王国は、日本（薩摩藩）への従属的朝貢と中国（明清）への緩やかな朝貢という従属的二重朝貢関係を持っていたが、では国内の支配形態はどのように行われていたのであろうか。その問題を王権への誓約と貢納のあり方から検討してみよう。

琉球での国内支配の特質を探る一つの方法として、まず王権へ収斂する誓約の問題を取りあげる。そのあり方は「世誓（よのちかい）」「世の使者」「神水」と表現されていた。一八世紀初頭に編纂された『琉球国由来記』巻四の「誓」の項には、[65]次のように記されている。

当国（琉球）の誓いは、先代では（国王の）御代替の時、世の誓いとして内裏や平等所で、巫覡が呪した焼灰をウロムと称して水に混ぜ、諸臣男女に飲ませたとの言い伝えがある。中頃からは、御即位の後に護国寺で神水（霊社の神文を焼き）を諸臣下に飲ませるようになり、かつ諸間切や諸島へは検者を派遣して神水を飲ませている。現在では女性にウロムを飲ませることはない。また、諸士が任職の際や宗門手札改めの際は、神徳寺で霊社の神文と血判を行う。（中略）、渡唐役人は全員、護国寺で血判を行う。

国王の即位との関連で要点を記すと、①この「世誓」の儀礼・作法は、明らかに中世日本で盛んに行われていた起請の灰を飲む一味神水とほぼ同じである。②先代（年代不明）では、国王即位時の「世誓」は、内裏（御内原＝後宮）や平等所（裁判所）で、「巫覡」（女・男の神職）によって遂行されており、誓約の範囲はせいぜい首里王府とその周辺に限定されていたと思われる。③中頃（年代不明）から、護国寺での誓約となり、諸間切や周辺離島へ検者（神水検者、世御使者と称された）が派遣され、誓約の範囲が拡大した。以上のことが、さし当たり指摘されよう。

誓約時に琉球でも灰を飲む習慣があったことは中叔舟の『海東諸国紀』（一四七一年）に記されており[66]、薩摩侵攻以前にその慣習が遡ることは確実である。ただし、右の記述は他国へ赴く役人達が国情の秘匿を誓約する際のものであり、国王の即位時における誓約の神水については、なお判然としない。

管見の限りで、国王の即位と関わる最古の例は一六三二年のものである。それは、尚豊王即位の一一年後に当たるが、「世の御使い」兼「仕置の御使者」として三司官の豊見城親方ら一行が八重山島へ派遣されていた[67]。その後の事例をいくつか列挙すると、尚賢王の即位（一六四一年）後、一六四五年九月に「神水の御使者」が宮古・八重山へ派遣され[68]、尚貞王の即位年の一六六九年には、沖縄島北部の国頭や伊江島・伊平屋島へ「神水使者」が派遣され、同時に地域の疲弊状況を併せて検分している[69]。尚益の即位（一七一〇年）に伴い、その三年後に八重山で行われた「世誓」儀礼は、官寺である桃林寺で執行されていた[70]。沖縄島周辺や両先島への神水使者の事例が目立つが、もちろん沖縄島の諸間切や那覇でも儀礼が行われていた。尚泰即位の二年後の一八五〇年八月四日に、識名寺で神水儀礼が行われた[71]。神水の対象者は、王府役人や諸間切・諸島の地方役人層であった。以上のことから、琉球国全域で王の即位ごとに神水（＝世の誓い）儀礼が行われていたことが分かる。

この新王への「世の誓い」儀礼は、琉球国内で完結したものではなかった。というのは、薩摩藩は一六四八年、尚質の王位承認に際して、「琉球国中での神水の儀式は、前々のように執り行うべき事[72]」と前例を踏襲して執行すべきことを命じている。この指示を薩摩藩の一方的命令と解するかどうかは、なお検討の余地が残されているが、少なくともこの服属儀礼は、琉球国内の諸役人層による新王への誓約を第一段階とし、王自身による薩摩藩主への誓約（起請文）を第二段階とする二段階の誓約構造となっていたことは確かである。換言すれば、薩摩征服以前には首里王府とその周辺で限定的に行われていた神水儀礼が、薩摩支配以後、琉球国全域に拡大され、新王への誓約体制が拡充・強化されると同時に、薩摩藩主への服属体制の一環にも組み込まれるという二重構造になっていたのである。

2　王権と貢納制―御捧の論理―

琉球王権は、王国内において王権へ収斂する独自の貢納システムを持っていた。そのあり方を国王への「御捧」（ミササゲ）儀礼から検討してみよう。

王権の中枢である首里城へ貢納される「御捧物」の種類を『混効験集』（一七一一年成立）から示すと、次のようになる。[73]元旦には「元三の御捧物」として、イカ・タコ・コブシメ等の魚類が、三月三日には「干瀬ぐみの御捧物」としてサザエ・海松（ミル）・モズク・むけこ（センナリヅタ、クビレヅタ）等の貝や海藻類が貢納されていた。国頭・慶良間島等からは「山の御初」として山桃や猪、八月朔日には那覇から「しらつな（漁撈）の御初」として生魚が、年末には「歳暮の御捧」として生魚・干魚・ハジカミ（薑）などが貢納されていた。その他、特定の季節に海岸へ押し寄せるイルカ（ヒートゥ）や小魚のスク・スルル等は「寄物の御初」として貢納品のリストに上げられていた。これら山海の産物を国王へ貢納するあり方は、琉球における贄制度と位置づけられよう。

ともあれ、このような貢納制は、国王に限定されたものではなかった。王府の高官も徴収していたからである。その体制が、一六六九年まで続いていたことは「羽地仕置」の同年の禁令に示されている。[74]それによると、①以前は歳暮の礼として三司官・物奉行三人・同筆者六人・代官五人へ、金武・名護・羽地・今帰仁・国頭から猪二枝、はじかみ（薑）を一手籠ずつ納めさせていたが、百姓の疲れとなるので禁止とする、②久米島・慶良間島・粟国島・伊江島・伊平屋島からも歳暮の礼として、夜光貝・干魚を徴収しているが同じく禁止、③東四間切と島尻八間切、浦添・中城・北谷・越来・読谷山・勝連・具志川七ヵ間切から、三月三日の礼として、右の役人達へ貝の類・海草の類を納入しているが、同じく禁止とされた。摂政・向象賢による改革政策によって、琉球における「近世的」社会体制への転換が図られたことは、すでに指摘されているが、右の貢納制的租税システムの廃止ないし制約もその一環に位置づけることができる。換言すれば、一七世紀後半にいたるまでの琉球社会は、貢納制的色彩の濃い租税制度を有していたということになる。

しかし、注意すべきことは、この「御捧」や「御初」による貢納システムが全廃されたわけではなかった。首里城および御内原（後宮）への貢納は、近世期を通じて依然として維持されていたからである。

例えば、一八世紀頃の首里城における正月の「御捧」儀礼は、次のように行われていた。年頭の御祝いとして中頭・島尻二六間切から「御捧」の目録が御物奉行へ提出され、「御捧物」は奉神門の前に積み上げられた。そして、各間切から搬入してきた地方役人らはそれぞれの「御捧物」の後方に並び、三司官による目録の照合後、国王の上覧に供える。それらが完了すると、地方役人らは国王へ拝礼（御拝）し退去する。その儀礼が終わると、生魚（二一五斤）・干魚（一〇〇斤）・生蛸（一六〇斤）は、大台所役人によって御内原へ運ばれたのである。(75)

三月三日には「干瀬組の御初」（海産物の貢納）として、海に面する各村から「塩魚七斤、むけこ二升」ずつを御内原へ、その他、ほぼ同額を聞得大君へも納めていた。(76) 春の御初（麦）や夏の御初（米）の献上儀礼、そして「歳暮の御捧」も首里城で行われていた。両先島の年貢の中から「上布二十疋・下布二十反・米（粟）五俵」が「御初献上」

として区別され、同様に首里城正殿前の広場（御庭）で献上儀礼を終えた後、御内原へ納入されていた。[77]

さらに、興味深い点は、中国との朝貢貿易で購入してきた商品の一部を「唐御買物の御初」として国王へ献上する儀礼も行われていた。[78]

以上のことから、向象賢の改革で貢納制的租税形態が大きく改変されながらも、依然として近世の琉球は、国王および聞得大君への貢納制を残した社会であったことが分かる。[79]

また、八重山の家譜には、首里王府への年貢上納を「朝貢」と記述するものも見られる。[80] 両先島では王宮（首里城）の所在地である沖縄島のことを「御国元」と呼び、また沖縄島へ赴くことを上国と称していた。[81] 沖縄島では薩摩藩のことを「御国元」と呼び、薩摩へ赴くことを上国と呼んでいたことは前述の通りである。御国元の二重性が、そこには表現されており、換言すれば王国内の地域支配が決して一元的なものではなかったことを示している。[82]

近世の琉球王国は、国際関係上は薩摩藩への従属的朝貢、そして明清への相対的に緩やかな朝貢システムの中に置かれながら、他方、琉球国内では両先島からの「朝貢」、そして諸間切・諸島からの「御捧」や「御初」を徴収する多重構造の支配システムを有していたのである。

註

（1）近年の東アジア国際体系については、浜下武志『近代中国の国際的契機』（東京大学出版会、一九九〇年）、同『朝貢システムと近代アジア』（岩波書店、一九九七年）、岡本隆司『近代中国と海関』（名古屋大学出版会、一九九九年）等、参照。

（2）真栄平房昭「十九世紀の東アジア国際関係と琉球問題」（『アジアから考える　［3］周縁からの歴史』東京大学出版会、一九九四年）。横山伊徳「日本の開国と琉球」（『新しい近世史　②　国家と対外関係』、新人物往来社、一九九六年）。

（3）東京大学史料編纂所蔵「琉球外国関係文書」三六。「琉球所属問題関係応接方書類」（洞富雄訳『ペリー日本遠征随行記』雄松堂書店、一九七〇年）。

(4)『沖縄古語大辞典』(角川書店、一九九五年)。

(5)梅木哲人「近世における薩藩琉球支配の形成」(『史潮』一一二号、一九七三年)、上原兼善「琉球の支配」(『講座日本近世史2 鎖国』有斐閣、一九八一年)等、参照。

(6)「御当国御高並諸上納里積記」(『那覇市史』資料篇第一巻の2、一九七〇年)。

(7)同右。

(8)上原兼善「近世中後期の琉球王府財政」(『岡山大学教育学部研究集録』第七二号、一九八六年)。

(9)崎原貢「渡唐銀と薩琉中貿易」(『日本歴史』第三三三号、一九七五年)、安良城盛昭「進貢貿易の特質」(同『新・沖縄史論』沖縄タイムス社、一九八〇年)。

(10)崎浜秀明編『蔡温全集』(本邦書籍、一九八四年)。原文は以下の通り。

一、毎年御国元へ年貢米差上候儀、御当国大分御損亡の様相見ゑ候へ共、畢竟御当国大分の御得に相成候次第、誠以難尽筆紙訳有之候、往古は御当国の儀、政道も黙々(然カ)不相立、農民も耕作方致油断、物毎不自由何篇気儘の風俗段々悪敷、剰世替の騒動も度々有之、万民困窮の仕合言語道断候処、御国元の御下知に相随候以来、風俗引直、農民も耕作方我増入精、国中物毎思儘に相達、今更目出度御世に相成候儀、畢竟御国元の御陰を以、件の仕合筆紙に難尽御厚恩と可奉存候、此段は御教条にも委細記置申候、

一、(前略)且唐・大和の御礼対付而は御分力不相応成御物(公カ)入御座候而、諸事万反不如意之体に候、其上従御国元時々重出米・出銀等被仰付、重畳安堵之思無之、御両国之御奉行全致兼務候儀、誠以大粧成事候(後略)、

(11)慶安元年九月二日付、摂政・三司官宛て山田民部等連署「覚」(『鹿児島県史料 薩藩旧記雑録追録一』、二三五号。以下『追録』と略す)。原文は以下の通り。

一、先王尚賢不慮ニ御薨逝ニ付、継目之儀諸王子・三司官以談合、中城王子ニ即位被成度由、国頭王子幷宜湾両使ニ而被仰越候、其趣薩摩守殿江具申達候、就其江戸御三老江北郷佐渡守・新納右衛門佐ニ而、右之様子被得御意候処、追付被達 上聞、被 仰出 上意之趣者、従薩摩守入念窺上意候、先王継目之儀茂薩摩守領国にて候へハ心次第と被 仰出候、弥以不易 上意ニ候間心次第ニ可被申付由就被仰出、各如被仰上、中城王子即位ニ申定之由、御三老へ御返事御申候事、

(12)菊山正明「琉球王国の法的・政治的地位—幕藩体制との関連において—」(『沖縄歴史研究』一一号、一九七四年)。

(13)「中山世譜附巻」巻一（『琉球史料叢書』第五、井上書房、復刊一九六二年、初出一九四二年）。
(14)同右、巻二〜巻五。
(15)「中山世譜」巻一〇、巻一一（『琉球史料叢書』第四）。
(16)「翁姓家譜（支流）」六世伊舎堂親方盛敞、乾隆五六年の項（『那覇市史』資料篇第一巻7　首里系家譜、一九八二年）。
(17)「案書」道光二五年（『琉球王国評定所文書』第二巻、一九八九年、以下『評定所文書』と略す）。
(18)「大和へ御進物道具図幷入目料帳」同治九年（『那覇市史』資料篇第一巻10　琉球資料上、一九八九年）。
(19)『追録』一、九一六号。
(20)「中城王子江五五三被下候留」「中城王子磯御屋敷江被召呼候次第」「式正料理献立」等（尚古集成館蔵）。
(21)小葉田淳『増補中世南島通交貿易史の研究』（臨川書店、一九九三年復刊、初出一九三九年）。
(22)「万暦大明会典」巻一〇五。
(23)小葉田淳「近世初期の琉明関係―征縄役後に於ける―」（同『増補中世南島通交貿易史の研究』臨川書店、一九九三年復刊、初出一九四一年）、註(5)上原論文、等。
(24)註(9)崎原論文。
(25)『鹿児島県史料　旧記雑録後編五』、五六三号（以下、『後編』と略す）。原文は以下の通り。

覚

一、御借銀七千貫目余御座候、琉球口よりハ唐之才覚ならてハ、御返弁不罷成ニ相究候条、其御分別毛頭御油断被成ましき由、堅申達候通申上候事、
一、其元へ当夏冠船着岸候ハヽ、勅使へ何とそ被成才覚、唐へ船数参候而、御借銀御返弁候様ニ、随分可被入御精之由、各被為申上候事、付勅使送王舅ニ国頭親方、太夫喜友（名）石被差渡、唐にても御侘あるへき由候事、御侘条之事左ニ書記、
一、三年ニ一度之進貢之事、
一、毎年年頭之御礼之事、
一、馬・硫黄相重之事、
一、毎年　御誕生御祝言可被申せ之事、

一、やこ貝之から毎年積渡進上之事、
一、進貢船、前代ハ三年ニ一度ツヽニ而、或馬十五疋或拾疋・八疋充、いわう弐万斤之内外参候処、前ニしやな（謝名）唐へ被渡候而御侘被申、馬四疋硫黄一万斤ツヽニ罷成、御弓箭以後十ヶ年御免にて不通候、其後色々唐へ御理被仰分候へ者、五年ニ一度ツヽニ相定候歟、右五ヶ条之内御侘立候へハ、船余多差渡儀、口能有間敷候間、銀子過分ニ相渡、御為ニ可罷成との各被仰由申上候、進貢之儀ハ前代より定たる儀候条、琉球之失墜たるへき由候、四ヶ条之儀相調候ハヽ、船数可参候、取仕立ハ鹿児嶋より之御失墜たるへき由申談候、進貢三年ニ一度ツヽ可渡御侘立候へハ、一年ニ船一艘充可渡事、其故ハ、今年渡唐申候使者、北京迄被参候故年越にて候、乗船者其年帰帆、次之年迎ニ参候、於其後ハ一年ニ一度ツヽ之賦にて候事、
一、勅使当秋帰唐候刻、船一艘ハ王舅之乗船、又一艘ハ武官之衆百人程冠船ニ乗、其元へ被参之由候、船せき候ハん間、馳走ニ此衆のせ候而渡唐候様ニと談合申候、左候へハ、二艘ニ銀子六百貫め程之代糸可乗由、被仰候、乍去、七百五十貫目程可被渡之由、堅申究候、就夫、唐にて船を大ニ作替、糸買調帰朝候様ニと、御談合申候、若、当秋船二艘ハ送ニ入ましき由、勅使被仰候ハヽ、一艘ハ来春、勅使之船無事ニ帰帆候哉と為可被聞せ、可被遣由、申談候事、
一、当夏冠船若無着津候ハヽ、池城去年四月大明之　帝王・春宮御定候祝言トして渡唐、此迎〔と〕して一艘可被遣由候、若池城当年帰朝申候ハヽ、冠船之迎ニまたよし去々年被指渡候、此迎ニ一艘可被遣由候、又勅使当年無着岸候ハヽ、来春ハ様子為可承、船壱艘可被渡由候事、
一、王舅勅使ニ被相付、当秋渡唐候ハヽ、来年之秋迎として一艘可被遣由候、左候而、此船唐にて才覚候而船大ニ作替、糸過分ニ乗候様ニ可有校量〔候〕之旨、相談申候、船作入目之銀ハ、以御物可被調之由申候事、
一、銀子八拾貫目程ハ、其許王位様御物、毎年唐へ被遣度之由、各被為申上候通、具ニ申上候事、
一、数年鹿児嶋にて糸かけやう計目おもく候て、糸之へり　王位様御物糸にて被成弁候、其上此中渡唐船取仕立遣物、従其元之御失墜にて候、付才府・官舎之手前よりも糸之かけへり弁ニ付、身上迷惑ニ罷成候通、承及たる様子、細々披露申候事、
一、渡唐船二艘ハ、水手等其元ニて可相調候、若三艘ニも罷成候ハヽ、道之嶋之者を水手ニ可被仰付之由、被成御申候、是又具申達候事、

以上
「寛永九年」壬申

八月廿七日　　　　最上土佐守（義時）
　　　　　　　　　新納加賀守（忠清）

金武王子様
国頭親方様
勝連親方様
　　　参

(26) 宮田俊彦「寛永九年の薩琉関係」（同『琉明・琉清交渉史の研究』文献出版、一九九六年、初出一九八六年）。
(27) 『後編』五、五〇七号（ただし、付け年号は検討の結果、寛永一〇年とした）。
(28) 『後編』五、四六六号。
(29) 『後編』五、八五二号。
(30) 註(5)上原論文。
(31) 『歴代宝案』一集、一九・二一号（『歴代宝案』訳注本、第一冊、沖縄県教育委員会、一九九四年、による。以下『宝案』訳注本Ⅰ、文書番号とする）。
(32) 『宝案』訳注本Ⅰ、八・一六号。
(33) 『宝案』訳注本Ⅰ、一九・二一号。
(34) 『宝案』訳注本Ⅰ、八・一五号。
(35) 『宝案』訳注本Ⅰ、二六・二六号。
(36) 『宝案』訳注本Ⅰ、一九・二三号。
(37) 『宝案』訳注本Ⅰ、四・九号。
(38) 『宝案』訳注本Ⅰ、一九・七号。
(39) 同右。
(40) 『宝案』訳注本Ⅰ、八・一七号。
(41) 土肥祐子「中琉貿易における王銀詐取事件―『歴代宝案』第一集より―」（『史艸』三五号、一九九四年）、西里喜行「中琉交渉史における土通事と牙行（球商）」（『琉球大学教育学部紀要』第五〇集、一九九七年）。

(42)『宝案』訳注本Ⅰ、八・二二号。

(43)「中山世譜」附巻一。

(44)『宝案』訳注本Ⅰ、八・二二号。

(45)『後編』訳注本Ⅰ、六、一〇号。

(46)『宝案』訳注本Ⅰ、八・二一号。

(47)註(5)上原論文。

(48)『後編』六、七三号。

(49)『後編』六、六二号。

(50)『宝案』訳注本Ⅰ、三六・一号。

(51)『追録』一、二三六九号。原文は以下の通り。

口上覚

琉球より大清江進貢物之内、螺殻被差免候付而、銅・硫礦迄ニ而者軽少候之間、何そ見合致進貢可然由、大清役人被申候付而、螺殻之代ニ錫三千斤差渡度之由、被申出趣達　貴聞候処、大清江差渡品々之儀ハ当時被入御念御事候、三千斤之錫差渡儀者公儀江被相伺御差図次第被仰付筈候得共、江戸江被　仰越候而ハ当年進貢之間ニ不合儀候、錫ハ琉球之土産ニ而茂無之、日本江致才覚事候得ハ、当年者断申候而茂可相済候得共、於大清内約仕置候儀共茂有之、相違ニ罷成、自然挨拶悪敷儀茂可有之候条、此節者先錫千斤可相渡之候、向後之儀者被相伺候上願之通可被仰付儀も可有之候、又者被差留儀茂可有之候、此節者大清ニ而之挨拶迄ニ、右之通被仰付候条、此旨可承置候、自今以後差渡品々儀、此方江不相伺内於大清内約又ハ噂ニ而茂仕候儀、致無用候様ニ可申渡由被仰出候、大清江差渡候品々前々被申出候節、不遣之候而不叶筋段々申上、此節之儀茂其通候、於大清太抵致内諸置被申出事之様ニ相聞得候、右躰之仕形不可然事候、進貢之馬螺殻免許候儀高恩之様ニ被申候得共、右之両品於大清入用無之候付而、銅・錫者彼地之用物ニ罷成候故、漸々と彼方之勝手能品ニ相替儀候処、近比申立過候様ニ存候、其外琉球より申出候儀ニ右躰之事共有之、大清国之儀者様子不相知筈候得者何様ニ申候而茂相済事之様ニ被存儀茂可有之候得共、唐人共日本ニ而商売懇望之志を以、於長崎者賂賄ニ様々之儀を申立事ニ候間、被入念候様ニ可被申渡之候、以上、

朱カキ
「元録《(禄)》五年」
　　　九月廿二日

(52)　上原兼善「一七世紀末期における琉球国の動向」(『評定所文書』第六巻、一九九一年)。
(53)　『宝案』訳注本I、二二・一〇号。
(54)　『宝案』訳注本I、九・七号。
(55)　『宝案』訳注本I、一九・二二号。
(56)　真栄平房昭「環中国海における琉球の交易品と流通経路」(『環中国海の民俗と文化　第一巻　海洋文化論』凱風社、一九九三年)。
(57)　山脇悌二郎『長崎の唐人貿易』(吉川弘文館、一九六四年)。
(58)　『宝案』訳注本I、九・一〇号、『球陽』(読み下し編、角川書店、一九七四年、一九五〜一九六頁)。
(59)　『宝案』訳注本I、六・四号。
(60)　金城正篤「頒封論・領封論―冊封をめぐる議論―」(『第3回琉球・中国交渉史に関するシンポジウム論文集』沖縄県教育委員会、一九九六年)。
(61)　『宝案』訳注本I、二二・一号。
(62)　「琉球館文書」乾隆五八年四月条(『那覇市史』資料篇第一巻2、一九七〇年)。
(63)　『宝案』訳注本I、六・二一号。
(64)　「琉球館文書」乾隆五八年四月条。
(65)　『定本　琉球国由来記』(巻四、角川書店、一九九七年)。原文は以下の通り。「当国、誓、先代、御代替之時、世誓トテ、於内裏且平等所、巫覡呪而焼灰、ウロムトテ、水ニ和シテ、諸臣男女令呑タルト申伝也。中頃ヨリ、御即位以後、於護国寺令飲神水(霊社ノ神文、焼之和之)于諸臣也。且諸間切・諸島ハ遣検者令飲神水也。今世女飲ウロム止。又諸士任職之時、且手札改之時、於神徳寺、霊社ノ神文血判仕也。(中略)(附、渡唐之人員、都テ於護国寺血判也)。」
(66)　申叔舟著(田中健夫訳注)『海東諸国紀』(岩波書店、一九九一年)。

(67)「八重山島年来記」崇禎五年条（『沖縄県史料』前近代1　首里王府仕置、一九八一年）。
(68)「阿姓家譜」七世阿邦英の項（『那覇市史』資料篇第一巻7、一九八二年）。
(69)「阿姓家譜」八世阿邦卿の項（同右）。
(70)「蘇姓家譜」四世蘇世盛の項（同右）。
(71)「高里唯紀・唯延日記」道光三〇年八月四日条（『那覇市史』資料篇第一巻9、一九九八年）。
(72)『追録』一、二三五号。
(73)池宮正治『琉球古語辞典　混効験集の研究』（第一書房、一九九五年）。
(74)「羽地仕置」（『沖縄県史料』前近代1　首里王府仕置）。原文は以下の通り。
一、前々者歳暮之為礼三司官・物奉行三人・同筆者六人・代官五人江、金武・名護・羽地・今帰仁・国頭より猪弐枝、はしかミ壱手籠持参候処、右調ニ付百姓疲罷成由候間、禁止申付候事、
一、久米島・慶良間島・粟国島・伊江島・伊平屋島より為右礼、やこかい・干魚持参候処、同前ニ禁止申付候事、
一、東四間切、島尻八間切、浦添・中城・北谷・越来・読谷山・勝連・具志川七ケ間切より八、三月三日為礼、右人数江貝之類・海草之類持参候処、右同断之事、
(75)拙稿「史料紹介『琉球国王家年中行事　正月式之内』」（『浦添市立図書館紀要』二号、一九九〇年）。
(76)「美里間切公事帳」（『那覇市史』資料篇第一巻10、一九八九年）。
(77)「八重山島地船上着公事帳」（『沖縄県史料』前近代7　首里王府仕置3、一九九一年）。
(78)『評定所文書』に散見されるが、例えば「道光二七年年中各月日記」（一三八二号）六月中日記目録に、「一、唐御買物之御初御献納之御日柄、御近習方より問合幷向々江通達之事」とある（同、第二巻）。
(79)入間田宣夫・豊見山和行『日本の中世5　北の平泉、南の琉球』（中央公論新社、二〇〇二年）、第2部、4「琉球国内の統治構造」、参照。
(80)「山陽姓小宗系図家譜」五世大浜親雲上長季、乾隆三〇年～三九年の項（『石垣市史』八重山史料集1・石垣家文書、一九九五年）。
(81)ありふれた用語で各種の史料に散見されるが、宮古島から沖縄を「御国元」と呼ぶ例として「白川氏家譜正統」九世下地親雲上

恵是、康熙二三年の項（『平良市史』第三巻資料編1、一九八一年）参照。上国の用例とその職務内容については、八重山から沖縄島へ赴く際の服務規程を取りまとめた「翁長親方八重山島上国役人公事帳」（『沖縄県史料』前近代7、一九九一年）等がある。

（82）　拙稿「琉球国の地域的構造について」（『中世日本列島の地域性』名著出版、一九九七年）において、琉球王国における地域区分の変遷について概観した。註(79)拙稿、参照。

結

本書は主として一七世紀から一九世紀にかけて、中華帝国の冊封体制の下に朝貢国として存立する一方、薩摩藩島津氏の「領分」とされた琉球王国が、どのような対明清外交および対薩摩・幕府外交を展開していたかという視点から、近世琉球王国における政治外交史の実態を実証的に分析したものである。以下、本書で取り上げた論点を要約し、残された課題を述べることにしたい。

旧来の研究では、序において述べたように幕藩制国家の上からの支配の論理に主眼が置かれ、政治主体としての琉球側のあり方には必ずしも十分な注意は払われてこなかった。琉球王国は、薩摩の征服を受ける以前に北は奄美地域から南西の与那国島に至る広大な海域に点在する島々を統治領域とする島嶼国家＝琉球王国として存在していた。その島嶼国家の中心に位置する琉球王権（中山王権）は、国内支配において地方役人や神女組織（ノロ制度）等を基盤とした統治システムを有し、土着の王権観念に支えられ、それと同時に中国の皇帝権威（＝冊封関係）によって対外的に王権の正統性を付与された存在でもあった。すなわち、土着の統治システムと対外的権威の融合によって形成されていたのが琉球王権であり、その王権を行政システムとしての首里王府が支える構造になっていた。それが琉球王国における政治主体の中核を形づくっていたのである。

一六〇九年以後、琉球王国は島津氏の制圧下に置かれ、上位権者としての島津氏と従属的な外交関係を取り結ぶことになったが、旧来説かれてきたような島津氏の「傀儡」王国などではなく、王権を制約されながらも政治主体を保持した存在であった。そのことは、以下の点において示されている。すなわち、①島津支配の開始直後において、尚寧政権は島津氏から日明勘合斡旋交渉を突きつけられたが、琉球側はそれを拒否する外交行動を取り、自国の直面する外交課題である対中国関係の一〇年一貢を旧制の二年一貢へ復旧することに傾注していた。②遷界令撤廃（一六八一年）後、清朝の要請する遭難民の福州直送を琉球側は島津氏に伺うことなく単独の判断で受諾した。その結果、長崎を中心とした幕藩制国家の送還システムから離脱することになった。③琉球統治初期から裁判権への介入が見られ、その最大の事件は一六六〇年代に発生した北谷・恵祖親方一件であったが、島津氏側は処罰の言い渡し権を持つのみで、刑罰執行権は琉球側に存していた。さらに、その後、同様の事件発生においては、琉球側は裁判権へ介入されないよう回避行動を取るようになる。④一七二〇年代における島津氏の年貢増徴要求問題に対して、琉球は冊封使渡来に伴う国内の疲弊状況等を理由に対薩交渉に臨み、一定程度の譲歩を引き出していた。また、海上交通上の琉球・薩摩間の「船法」問題では、先例を楯に交渉し、さらに琉球の馬艦船を新たに那覇・鹿児島間航路に割り込ませることに成功していた、等々。

以上のように琉球王国は強く抑圧されていた政治状況からその政治主体性を徐々に回復していくが、その回復は一直線に突き進んだ訳ではなく、紆余曲折を経たものであった。まず、島津氏へ強く抵抗していた尚寧政権の後を継いだ尚豊政権は、島津氏権力と妥協しつつ中国関係（冊封・朝貢関係）と対薩摩関係のバランスを取ることによって琉球王国を存立させる方策を採り、以後この尚豊政権の施策が基本的な路線となった。しかし、琉球は一六四〇年代半ばに発生した明清交替という対中国関係の危機に巻き込まれ、島津氏・幕府の意向を伺いながら明清両方へ対処するという外交行動を取り、また台湾の鄭氏勢力による海賊行為の被害を受けた際には、幕府を頼ってその被害の償還を図っていた。そして、清初における朝貢品変更問題において、琉球側は独自に朝貢品の変更を行い、その政治主体性を強化していくが、それは一方において銅や錫という鉱物を島津氏（日本市場）へ強く依存することでもあった。対清外交での主体性回復の強化と対薩摩関係における依存性の深まりという矛盾した状況を現出していったのである。

他方、中華帝国との冊封・朝貢関係も安定した強固な関係ではなく、宗主国の状況に左右されることがしばしば発生していた。①島津氏の征服後における一〇年一貢問題、②尚豊の冊封時における明側の警戒、③そして明清交替を乗り切った後の一六八〇年代に発生した冊封使派遣停止措置の「領封」問題、④一八世紀初頭の雍正帝即位に随伴して発生した一貢免除問題、⑤さらに朝貢関係の弛緩につながる四年一貢問題、等々がそれである。このように琉球・中国関係は、決して盤石で安定した関係ではなかった。むしろ、琉球側がその維持・継続を強く図っていたのであり、それを維持する論理は中華帝国の理念、すなわち冊封・朝貢関係の強固な維持によって皇帝の徳化を蒙る朝貢国＝琉球という論理を武器とするものであった。もちろん、それが単なる場当たりで表面的な弥縫策ではないことを示すために、一八世紀以後琉球は中国への志向を強め、イデオロギー面での儒教倫理の導入だけでなく、海船をほぼ中国のジャンク型へ切り替えていく等、王国の中国化志向を打ち出していくのである。

以上のような外交を展開した政治主体としての琉球王権は、根底に各集団の推挙構造の上に成り立つ王権という特質を持っていた。王国内の諸集団を統括する王権として、国内においては古琉球以来の貢納制的システムを保持し、他方、対外関係においては中国への朝貢、そして島津氏への仕上世（年貢）の貢納という二重朝貢を現出させていたのである。

そもそも、島津氏が琉球王権を同氏の領主権の中に最終的に吸収・同化しえなかったことは、薩摩藩の廃藩置県（＝島津氏の領主権の解体）後においても琉球王権が存続していたことからも明瞭である。島津氏が中山王を抹殺・消滅させない限り、その王権は機能していたのであり、島津氏は「起請文」体制によって島津氏への全面的降伏と服属を誓約させていたにも関わらず、現実的には琉球王権は広範な統治権を保持していたのである。そのことは、島津氏の捕虜として日本へ連行された際にも琉球王国には暫定政権が樹立されており、決して島津氏占領軍によって琉球国の政治主体性・自律性が完全に剝奪されていたわけではなかった。薩摩藩権力は琉球王権の存在を前提とした統御システムを構築していたのであり、それは封建的支配関係に止まっていたと見なすことができよう。その一例は、本文で論及したように琉球制服直後の最も軍事的圧力の強い時期に、日明勘合斡旋を拒否する外交行動を取った尚寧政権を結局コントロールしえなかった点などに、薩摩藩による琉球支配の限界性（＝封建的支配関係による限界性）があったといえよう。

近世の琉球王国は、前述のように中華帝国からは冊封関係によって王権の正統性を付与され、その一方で幕藩制国家からは薩摩藩の「領分」として処理されるという政治的二重構造の下にあり、経済的側面においては中国市場と日本市場に深くリンクした構造を形成していた。その点に琉球の「従属的二重朝貢国」としての特徴が現れているのである。

以上のことは、中華帝国の一員としての朝貢国＝琉球という国家形態と、幕藩制国家内においては薩摩藩の「領分」としての附庸国＝琉球、と同時に江戸幕府からは「通信の国」＝琉球としても位置づけられるという、二重三重の相互規定的関係の下に存立した「小国家」として近世の琉球王国を総括することができよう。

最後に本書では、十分に論及することのできなかった点を今後の課題として示し結びとしたい。その第一は、近世日本との関係において、すなわち幕藩制国家と琉球の関係をより厳密な規定においてどのように理解するか、という問題である。ひとつの見通しとしては、前述の相互規定的関係の下にある琉球王国から近世日本をみた場合、幕藩制国家は一小帝国として位置づけることも可能と思われる。幕藩制国家は、北方における松前藩を媒介としたアイヌ民族に対する支配形態をとり、そして南方においては薩摩藩を媒介に琉球王国を従属下に置いていた。幕藩制国家を、異民族としてのアイヌ民族と、日本国家とは別個の小国家・琉球を包括する小帝国として規定することによって、琉球国と江戸幕府（薩摩藩）の関係はより一層、明確になると考えられるが、その詳細な分析と論証は今後の課題として残されている。

第二は、海域論の視座から対中国関係、対日本関係を相対化して捉える問題が残されている。本書は、冊封・朝貢関係論、あるいは島津氏・幕府との政治外交関係の側面から主に近世琉球王国へアプローチしたものであるが、このような政治外交関係を支える、より下位のレベルから琉球王国を捉えることが必要だと考える。やや具体的にいえば、海上交通史と密接に関連する問題、すなわち海運の活発な展開によって引き起こされた中国沿岸や日本その他への夥しい漂流・漂着事故の問題が一例としてあげられる。その問題についての検討は一部、着手しているが、より一層多角的なアプローチの必要性を感じている。

あとがき

琉球史研究は細々としたものではあれ、二〇世紀初頭にさかのぼる長い研究史を持っている。旧来の近世琉球史の対外関係に関する研究では、対日本関係あるいは対中国関係のいずれかに力点を置いた研究方法が採られてきた。序で述べたように、とりわけ幕藩制国家による琉球支配の論理を追究する研究方法は、それ以前の日本史研究と直接交差することなく進められてきた琉球史研究のあり方を、大きく転換させる契機となった。幕藩制国家と琉球国との政治的関係を有機的に解明しようとする実証的研究が、この分析方法によって大きく前進したことは間違いない。

しかし、大学院で本格的に琉球史研究に着手するようになってから、そのような方法論に対する違和感は、より一層強まるようになっていた。近世琉球史へのアプローチ法において、日本史に引きつけた琉球史像は、誤解を恐れずにあえて言えば、琉球の歴史的特性の解明に迫ることを主眼としたものではなく、あくまでも日本史を解明するための一素材でしかないように思われてならなかったからである。当然のこととして研究方法は多様であり、筆者は一概にそのような研究方法を否定しているわけではない。ただ、筆者が問題としているのは、あくまでも琉球史を深く掘り下げるには、どのような方法論がより有効かという点である。

右のような明瞭な問題意識のもとに研究を進めてきたわけでは決してない。旧来の研究方法を克服する方法を模索するなかで、筆者が意識するようになった分析方法は、中国（明清）と日本の両者の対外関係を常に統一して捉えること、そして両者の関係を琉球側に視座を置いて分析することである。平たくいえば、琉球の内政と外交を有機的に結びつけて琉球史を捉えるという、いささか平凡といえば平凡な方法である。

しかし、このような平凡な研究方法ではあっても、そのような方法論で琉球史を追究した研究書はこれまで刊行されてはこなかったように思われる。琉球史研究において方法論的、そして実証的側面において小著の刊行が、多少なりとも一定の前進を促すものとなることを念願しているが、その点は読者諸賢の厳しい批判を仰ぐことにしたい。

小著は、大学院生の頃からの拙稿を本書の表題に即して一書に取りまとめたものである。序および結を除いた初出一覧（原題）は、以下の通りである。

Ⅰ　琉球王国と中華帝国

第一章「琉球王国形成期の身分制について―冊封関係との関連を中心に―」（『年報中世史研究』第一二号、一九八七年）。

第二章「近世琉球の外交と社会―冊封関係との関連から―」（『歴史学研究』第五八六号、一九八八年大会増刊号）。

第三章「琉球の対清外交について―一貢免除問題を中心に―」（『琉球王国評定所文書』第三巻、一九八九年）。

Ⅱ　琉球王国と幕藩制国家

第一章「江戸幕府外交と琉球」（『沖縄文化』第六五号、一九八五年）。

第二章「近世初期における琉球王国の対薩摩外交について」（『琉球大学教育学部紀要』第五四集、一九九九年）。

第三章「近世琉球の王権に関する一考察―薩摩藩支配下の裁判権を中心に―」（『琉球・沖縄―その歴史と日本史像』雄山閣出版、一九八七年）。

第四章「近世中期における琉球王国の対薩摩外交」（『新しい近世史② 国家と対外関係』新人物往来社、一九九六年）。

III　琉球王国と対外関係

第一章「琉球の王権儀礼―祭天儀礼と宗廟祭祀を中心に―」（『史層を掘るIII　王権の基層へ』新曜社、一九九二年）。

第二章「複合支配と地域―従属的二重朝貢国・琉球の場合―」（『地域の世界史』第一一巻、山川出版社、二〇〇〇年）。

右にみるように発表誌も叙述スタイルもまちまちであったため、小著ではそれらを統一した形式に編み直した。具体的にいえば、Iの第二章およびIIIの第二章は、初出誌では註を付けることのできないスタイルであったため、今回大幅に引用史料や研究文献等を付けたものとなっている。また、右の二論考を含むすべての論考は、初出時の誤植や事実誤認等を可能なかぎり訂正し、現在の問題意識から加筆するなど稿をあらためたものとなっている。旧稿の論旨を全面的に変更したものではないが、本書の刊行を契機に旧稿に対するコメントや批判は、改稿した小著にもとづくことを切望したい。

多くの研究者と同じように、筆者の拙い研究も、琉球大学の学部生、そして名古屋大学の大学院生時代以来、今日まで出会った数多くの諸先生や先輩・友人たちから受けた恩恵を抜きにはありえない。その中でもとりわけ、金城正篤、西里喜行、仲地哲夫の三先生、および先学の高良倉吉氏には学部生の頃から現在まで様々な点でお世話になっている。最もエネルギッシュに琉球史に取り組んでいた頃の故安良城盛昭先生からは、琉球史研究に対する厳しい方法論だけでなく、新たな歴史像を構築するには新たな史料の発掘が不可欠であることを実践的に教えてもらった。論争相手への批判は激烈きわまりないものであったが、その一方で、離島での古文書調査に同行を許され、その上、古文書調査を初歩から教えていただくなど、学生時代の私たちにはすこぶる優しかったという思い出がある。今となっては、小著に対する安良城先生からの厳しい反論を聞くことができないのは残念という他はない。

筆者が学問的な方法論を錬磨する上で多くの先生方にお世話になった。短期間ではあったが大学院に進学する直前の学部研究生の頃、そして筆者の修士論文に対して鋭くかつ有益な御指摘をいただいた山口啓二先生、そして大学院生時代に直接指導を受けた三鬼清一郎先生からは、研究に取り組む姿勢や文書史料の厳密な読解の手ほどきを受けることができた。さらに、古代史の故早川庄八、中世史の稲葉伸道、高橋公明、笹本正治の各先生からは古代〜近世にまたがる内外政の諸問題への関心を喚起していただいた。残念なことに最近物故された網野善彦先生からは、研究会等で示唆に富む助言をいただくことができたことも筆者にとっては幸いであった。

多くの個性的な友人たちの中で特に、学部生の頃からの友人である真栄平房昭氏への感謝の念をまずもって記しておきたい。思考が頑なとなり、柔軟さを失っていた筆者に対して、彼の強い慫慂がなければ、筆者が「大和」の大学院へ「留学」することはなかったからである。

大学院生時代にもっとも感化されたのは、ゼミや講義よりも近世の院生仲間の大塚英二、神谷智、秋山晶則、伊藤孝幸、渡辺淳、篠宮雄二、山崎圭の各氏との議論や研究会等においてであった。研究会の終了後、酒の勢いも手伝い夜を徹して議論したことや、歴史学研究会の近世史部会で出会った友人たちから得た刺激も忘れることのできないものとなっている。

週に一回の沖縄歴史研究会（古文書講読会）の古参メンバーからは、琉球古文書に散見される沖縄語（ウチナーグチ）の正確な意味を教えてもらうことも多い。お世話になりながらお名前を控えた方々へも感謝の念を失ってはいないことを記しておきたい。

校正には、漢那敬子さん、深澤秋人さんのご助力を得ることができた。筆者が見逃した数多くのミスを的確に指摘していただき、感謝の念に堪えない。そして、小著の刊行に尽力していただいた阿部幸子さんをはじめとする吉川弘文館編集部の皆さんには、筆者の作業の遅延から多大な御迷惑をかけることになってしまった。そのことへのお詫びとともに、適切なご指摘をいただいたことに深く感謝したい。

最後に、私事にわたり恐縮だが、仕事が立て込むたびに父親不在の生活を強いることになり、父親失格のレッテルを貼られながらも、寛大にみてもらっている妻・愛に対して、心の中でいつも感謝していることを記しておきたい。

二〇〇四年五月

うりずんの候、千原にて

豊見山和行

琉球王国の外交と王権（オンデマンド版）

Digital Publishing

2018年10月1日　発行

著　者　豊見山和行《とみやまかずゆき》

発行者　吉川道郎

発行所　株式会社 吉川弘文館
〒113-0033　東京都文京区本郷7丁目2番8号
TEL　03(3813)9151(代表)
URL　http://www.yoshikawa-k.co.jp/

印刷・製本　株式会社　デジタルパブリッシングサービス
URL　http://www.d-pub.co.jp/

豊見山和行（1956～）
ISBN978-4-642-73387-8

著者略歴

一九五六年　沖縄宮古島に生まれる
一九八〇年　琉球大学法文学部卒業
一九八九年　名古屋大学大学院文学研究科博士後期課程単位取得満期退学
現在　琉球大学教育学部教授、博士(歴史学)

〔主要著書〕
北の平泉、南の琉球(共著)　琉球・沖縄史の世界(編著)

琉球王国の外交と王権

二〇〇四年(平成十六)六月二十日　第一刷発行

著　者　豊《と》見《み》山《やま》　和《かず》行《ゆき》

発行者　林　英　男

発行所　株式会社 吉川弘文館
郵便番号一一三—〇〇三三
東京都文京区本郷七丁目二番八号
電話〇三—三八一三—九一五一(代)
振替口座〇〇一〇〇—五—二四四番
http://www.yoshikawa-k.co.jp/

印刷＝株式会社 精興社
製本＝株式会社 石毛製本所
装幀＝山崎　登

索　　引

く

け

こ

さ

し

す

せ

そ

た

ち

つ

て

ひ

ふ

へ

ほ

ま

み

む・め・も

や

ゆ

よ

ら・り

れ・ろ・わ